# 横沥村志

《横沥村志》编纂委员会　编

苏州新闻出版集团
古吴轩出版社

**图书在版编目（CIP）数据**

横沥村志 /《横沥村志》编纂委员会编. -- 苏州 ：
古吴轩出版社，2025. 6. -- ISBN 978-7-5546-2687-0

Ⅰ. K295. 35

中国国家版本馆CIP数据核字第2025LM9316号

责任编辑：任佳佳
责任校对：李爱华
责任照排：吴　静

书　　　名：横沥村志
编　　　者：《横沥村志》编纂委员会
出版发行：苏州新闻出版集团
　　　　　古吴轩出版社
　　　　　地址：苏州市八达街118号苏州新闻大厦30F
　　　　　电话：0512-65233679　　邮编：215123
出 版 人：王乐飞
印　　　刷：苏州恒久印务有限公司
开　　　本：787mm×1092mm　1/16
印　　　张：15.5　　插页：12
字　　　数：331千字
版　　　次：2025年6月第1版
印　　　次：2025年6月第1次印刷
书　　　号：ISBN 978-7-5546-2687-0
定　　　价：128.00元

如有印装质量问题，请与印刷厂联系。0512-65615370

## 《横沥村志》编纂委员会

主　任：杨建钢　蒋丽琴

副主任：侯　斌　蒋英芳

委　员：邵思佳　黄雅琴　孙佳春

## 编纂组

主　编：沙喜明

撰　稿：吴国良　顾正明

编　务：孙晓晨　梁怡琳　侯美芳

# 资料采集人员（以姓氏笔画为序）

马品其　王秋明　朱国兴　朱耀其　朱耀明　孙惠良　李忠林
李忠俊　杨　岐　吴丰花　吴伟明　吴伙元　吴纪康　吴寿其
吴丽华　吴秀玉　吴金喜　吴家明　吴惠林　吴锦昌　闵寿元
闵寿红　闵家华　沈惠康　张友邵　张惠忠　张耀明　陆永明
陆明元　陆洪飞　陆培娟　陈丽华　陈秀娟　陈忠迪　陈宝元
邵介平　邵锦明　金　红　周文琴　庞兴贵　赵秋良　胡文娟
胡正兴　胡正其　胡松林　胡国民　胡明德　胡瑞章　侯彩明
姚晋良　顾仁明　顾文其　顾明初　顾彩芳　顾惠琴　顾新根
顾耀萍　钱天宏　钱月良　钱桂芬　钱彩娥　唐仁明　唐玉芬
唐家华　展德林　黄汉章　黄汝方　黄建忠　黄洪生　黄耀明
董秋生　蒋　勤　蒋月其　蒋永昌　蒋忠明　蒋建忠　蒋培林
蒋雪芳　蒋耀华　潘月明　戴克勤　戴明秋

# 审定单位

太仓市史志办公室

太仓市人民政府陆渡街道办事处

陆渡街道横沥村

御园名邸

枫泾路

新安康复医院
太仓市社会福利
服务中心

界泾河桥

宇航路

上海东路

富达路

汤泾河桥

汤泾河新桥

奥森尚东花园

横沥村新时代文明实践站

得泰

景湖路

横沥村日间照料中心

景湖花苑四园

横沥佳苑
（洙泾村）

高盟机械（太仓）
有限公司

景湖花苑三园

超汇桂塑传动

横沥桥

横沥路

金南路

景湖花苑
二园

村
太仓鸿泰机动车
检测服务有限公司

胡家港北桥

博宏机械

横沥花园
（红庙村）

佳诚纸箱

景湖花苑
一园

横沥村

市社保局
工人文化宫

黄家湾路

金路

濂辉液压器材
有限公司

金益成集团

润业玲珑湾花苑

景湖桥

综合行政
执法局

金湾河桥

十八港河桥

柏翠悦园

十八港

中园路

市园路

金富路

达路

胡家港
南桥

横沥集宿区

十八港
新桥

鼎盛华庭

路亚

黄家港桥

景湖五区
（陆渡村）

天和雅园

滨河新路

太和大桥

浏河新路

浏河

2022年横沥村区域图

村庄鸟瞰图（2023年摄）

2005年12月13日创建全国环境优美乡镇环境保护组到村指导工作

2006年4月25日国际人口与发展南南合作高级官员到村考察

2006年9月21日苏州市委政法委书记邱岭梅到村指导

2006年11月16日苏州市副市长谭颖到村考察

2007年中国社会科学院领导到村考察

2023年省军区副司令到村检查基层民兵营、连规范化建设

2024年1月30日慰问低保边缘家庭

2024年1月30日慰问重残家庭

江苏省文明村
Civilized Village in Jiangsu Province
1997年、1998年

江苏省精神文明建设指导委员会
JIANGSU PROVINCIAL STEERING COMMITTEE
FOR IDEOLOGICAL AND ETHICAL ADVANCEMENT

江苏省卫生村

江苏省爱国卫生运动委员会
一九九七年

1999 2000
江苏省文明村
Civilized Village in Jiangsu Province

江苏省精神文明建设指导委员会
JIANGSU PROVINCIAL STEERING COMMITTEE
FOR IDEOLOGICAL AND ETHICAL ADVANCEMENT

江苏省百佳生态村

江苏省环境保护厅
江苏省农林厅
二〇〇一年十二月

2001 2002
江苏省文明村
Civilized Village in Jiangsu Province

江苏省精神文明建设指导委员会
JIANGSU PROVINCIAL STEERING COMMITTEE
FOR IDEOLOGICAL AND ETHICAL ADVANCEMENT

2005-2006年度
江苏省创建文明村工作
先 进 村

江苏省精神文明建设指导委员会

授予 太仓市陆渡镇横沥村
2003-2004年度江苏省文明村荣
誉称号。

江苏省精神文明建设指导委员会
二〇〇五年十二月

# 序　一

　　盛世修志,志载盛世! 为赓续乡村本土文化,保留人们的乡愁记忆,在太仓高新区管委会和陆渡街道办事处的统一部署下,在太仓市史志办的工作指导下,《横沥村志》经过两年多的村史收集和辛勤笔耕,数易其稿,终于付梓。这是横沥村有史以来的第一部村志,是横沥文化建设传世工程的一项重要成果,也是横沥人民精神文明生活的一件盛事,值得为之庆贺!

　　早在1500年前,横沥境域已有先人繁衍生息,自明清时形成古村落并延续至今。一代又一代的横沥人,面朝黄土背朝天,历尽艰辛,终于迎来了中华人民共和国,迎来了人民当家作主的新纪元。在中国共产党的领导下,横沥人民艰苦卓绝,励精图治,探索出一条摆脱贫困、强村富民之路。特别是中共十一届三中全会以来,横沥村这块土地变得更加生机勃勃! 全村经济和社会事业发生翻天覆地的变化,一幢幢别有风貌的村居别墅、一栋栋富有现代气息的高楼住宅、一座座时尚的商业大厦拔地而起。剧场里村民笑逐颜开,广场上人们翩翩起舞,到处洋溢着幸福祥和的气氛。如今横沥村道路宽敞,河道清澈,绿树成荫。社会和谐美好,人民生活超越小康水平,让人振奋,为之感叹!

　　《横沥村志》以辩证唯物主义和历史唯物主义的观点,坚持实事求是的原则,立足当代,通贯古今。以图文并茂的方式,记述横沥有史以来的历史沿革、地理自然、民俗风情、政治经济、文化教育、社会民生等方面的变化和发展,具有时代特征和地方特色,融思想性和科学性于一体。这是一部弘扬革命传统和爱国主义精神的志书。对于曾在这块热土上奋斗过的前辈来说,可在其中重温昔日峥嵘岁月;对于子孙后代来说,可以史为鉴知兴衰,以史为镜明事理。

　　《横沥村志》编纂人员不负重托,以强烈的责任感和刻苦认真的态度,两年多来倾心付出，默默无闻，夜以继日，收集了大量文献资料和口述资料，进行分析考证，严格筛选，精心编写。其间得到太仓市史志办领导和专家的指导，横沥村老领导、老同志、村民组长以及社会各界人士的关心与支持。在此，我代表横沥村党总支和村委会一并表示衷心感谢！

今天，历史的车轮已驶入一个崭新的发展时代，赋予了我们新的历史机遇和责任，即：不忘源头，热爱家乡，继承和弘扬前辈艰苦奋斗、自强不息的光荣传统。我们坚信勤劳、智慧的横沥人民在中国共产党的领导下，定能谱写出横沥村社会主义现代化建设的新篇章，描绘出"强富美高"的横沥新蓝图，并将其载入新的史册。

陆渡街道横沥村党总支原书记　杨建钢

# 序　二

《横沥村志》经过编纂人员两年多的辛勤笔耕,众人共襄,终于付梓。这是横沥文化发展史上的一个重要成果,也是传承文明、惠及后人的一项文化工程,值得为之庆贺。

横沥,自明清时期形成古村落,先辈们在这片土地上历经艰苦,开垦荒地,聚族而居。数百年来经过横沥人一代又一代的不懈努力,时至今天,随着时代的进步和经济发展,昔日的穷乡僻壤,已呈现出一派欣欣向荣的景象。面对这沧桑巨变,我们为之振奋,但不能忘记前人的艰苦创造精神,因为没有前人的创造贡献,就没有我们今天的崭新发展。

横沥村是一个看似平凡却充满魅力的地方,每一寸土地都烙印着岁月的痕迹。一方水土养一方人,从家乡的田水草木,到村落小巷,都诉说着我们的故事。在历史进程中,逐渐形成了独具特色的文化传统和社会风貌。这里的村民们,以他们的智慧和勤劳为横沥村编织了一幅幅美丽的生活画卷,承载着一代又一代村民的希望和梦想,造就了一批志士仁人,他们当中不乏优秀干部、模范党员、企业精英、农艺专家、当代军人、辛勤园丁、文人雅士、能工巧匠。在各个时期,为本村发展壮大做出了重大贡献。

《横沥村志》用大量史料,全面、客观、详实地记载了横沥村的经济、文化、社会等诸方面的历史发展状况,展示了乡村古迹、特色文化、村域经济、风土民情、村民生活等重要内容,融思想性、时代性、科学性、地方性于一体。本村志旨在传承文明,弘扬文化,记录历史,借史鉴今,启迪后人。《横沥村志》编纂组的全体人员付出了很大的精力,为了尽可能真实地还原历史,查阅大量的文字和图片资料,走访众多村民,进行分析考证,整理归类,严格筛选,将横沥村历史事件中的细节呈现给读者。其间得到太仓市史志办领导和专家的亲临指导,以及横沥村历任领导和各界人士的关心和支持,这些确保了编志工作的顺利开展，在此一并表示衷心感谢。

以史为鉴，可以知兴替。我们唯有努力工作，甘于奉献，方能在实现社会主义现代化新农村建设的征途上继往开来，创造出无愧于前人、无愧于时代的辉煌业绩，横沥的明天一定会更好！

陆渡街道横沥村党总支书记　蒋丽琴

# 凡　例

一、本志以马列主义、毛泽东思想、邓小平理论、"三个代表"重要思想、科学发展观、习近平新时代中国特色社会主义思想为指导,坚持历史唯物主义立场、观点,力求全面、系统、客观地记述时限内横沥村发展的历史和现状。

二、本志上限尽力溯源,下限至2022年末,大事记延至2023年,部分图片延至2024年。

三、本志记述的地域范围,以2022年横沥村行政区划为限。

四、本志采用章、节、目结构,横分门类,纵记历史,辅以附录、表格、图片。全志以现代语体文记述,以志为主,述而不论,大事记以编年体为主,兼用纪事本末体。

五、本志由序、凡例、目录、概述、大事记、主体正文、编后记列序,记述以自然、经济、政治、文化、社会、人物等为主要内容,其他内容不列入编纂范围。

六、本志地名、政区及机构均用当时名称,专用名称首次出现使用全称,后用简称。

七、本志所用的计量单位,使用国家法定计量单位,保留"亩""平方尺"等的使用习惯。数字以国家颁布的《出版物上数字用法的规定》为准,有关统计数据,以统计部门提供的为准。

八、本志纪年方法,清代及以前用朝代纪年,括注公元纪年;1912年起使用公元纪年。未注明世纪的年代,均指20世纪。

九、人物遵循生不立传的原则,立传人物以卒年为序,在世人物选择重要人士简介入志,较有影响和有突出事迹的人物采用以事系人的方式入志,部分知名人士列表入志。

十、本志资料来源于市级档案馆和镇、村档案,旧志及有关史书、图书、报刊等。所有入志资料包括采访的口述资料,均经考证核实选用,不再注明出处。

# 目　录

序　一

序　二

凡　例

概　述 …………………………………………………………………………………………… 1

**大事记** ……………………………………………………………………………………… 7

　　明以前 …………………………………………………………………………………… 7

　　明 ………………………………………………………………………………………… 7

　　清 ………………………………………………………………………………………… 7

　　中华民国 ………………………………………………………………………………… 8

　　中华人民共和国 ………………………………………………………………………… 9

**第一章　建置区划** ……………………………………………………………………… 26

　　第一节　建置沿革 ……………………………………………………………………… 26

　　第二节　村名由来 ……………………………………………………………………… 27

　　第三节　境域范围 ……………………………………………………………………… 27

　　第四节　行政区划 ……………………………………………………………………… 28

　　第五节　红新村简况 …………………………………………………………………… 28

　　第六节　自然村 ………………………………………………………………………… 30

**第二章　自然环境** ……………………………………………………………………… 56

　　第一节　成　陆 ………………………………………………………………………… 56

　　第二节　地貌土壤 ……………………………………………………………………… 56

　　第三节　气　候 ………………………………………………………………………… 57

第四节　自然灾害 ………………………………………………… 58

第五节　自然资源 ………………………………………………… 61

第三章　居民人口 ……………………………………………………… 64

第一节　人口总量 ………………………………………………… 64

第二节　人口结构 ………………………………………………… 65

第三节　人口变动 ………………………………………………… 70

第四节　人口控制 ………………………………………………… 73

第五节　婚姻家庭 ………………………………………………… 74

第四章　村庄建设 ……………………………………………………… 76

第一节　村民住宅 ………………………………………………… 76

第二节　公用事业 ………………………………………………… 82

第三节　基础设施 ………………………………………………… 85

第四节　公共设施 ………………………………………………… 91

第五章　农业生产 ……………………………………………………… 96

第一节　生产关系变革 …………………………………………… 97

第二节　种植业 ………………………………………………… 103

第三节　肥料使用 ……………………………………………… 112

第四节　农田水利 ……………………………………………… 115

第五节　农机具 ………………………………………………… 116

第六节　养殖业 ………………………………………………… 119

第六章　工业经济 …………………………………………………… 126

第一节　村（队）办工业 ……………………………………… 126

第二节　民营企业 ……………………………………………… 128

第三节　工业园区 ……………………………………………… 129

第四节　三资企业 ……………………………………………… 130

第七章　商贸服务业 ························································· 133

第一节　商业网点 ····················································· 133

第二节　集贸市场 ····················································· 135

第三节　商业开发 ····················································· 136

第八章　村级组织 ························································· 138

第一节　村党组织 ····················································· 138

第二节　村民自治组织 ··············································· 142

第三节　村民自治管理 ··············································· 144

第四节　社会团体 ····················································· 148

第九章　治安、军事 ····················································· 153

第一节　治　安 ························································· 153

第二节　调　解 ························································· 154

第三节　军　事 ························································· 155

第十章　精神文明 ························································· 160

第一节　思想道德建设 ··············································· 160

第二节　普法教育 ····················································· 161

第三节　文明创建 ····················································· 162

第十一章　社会保障 ····················································· 167

第一节　社会保险 ····················································· 167

第二节　优抚救助 ····················································· 170

第十二章　教育、文化、体育 ········································· 172

第一节　教　育 ························································· 172

第二节　文　化 ························································· 174

第三节　体　育 ························································· 182

**第十三章　医疗、卫生** ……………………………………………… 186

　　第一节　医　疗 ……………………………………………… 186

　　第二节　爱国卫生运动 ……………………………………… 188

**第十四章　村民生活** …………………………………………… 192

　　第一节　村民收入 …………………………………………… 192

　　第二节　村民消费 …………………………………………… 195

　　第三节　生活变迁 …………………………………………… 198

　　第四节　方言　风俗 ………………………………………… 201

**第十五章　人物、荣誉** ………………………………………… 212

　　第一节　人物传略 …………………………………………… 212

　　第二节　人物简介 …………………………………………… 214

　　第三节　人物名录 …………………………………………… 216

　　第四节　先进荣誉 …………………………………………… 218

**附　录** ……………………………………………………………… 223

**编后记** …………………………………………………………… 236

# 概　述

横沥村地处陆渡街道西部,距太仓主城区4千米。村域东至万金路与陆渡村比邻,南靠新浏河与向东岛社区相望,西隔十八港与娄东太胜社区交界,北连北浏河与洙泾村相依。区域总面积3.6平方千米。辖区有景湖花苑4个小区,16个村民小组。2010年,横沥村原籍在册人口1634人。2010年后,境内有润业玲珑湾、奥森尚东、御园山庄商品房的开发,外来人口迁入,至2022年,横沥村在册人口2354人,常住人口2200多人,全境外来暂住人口2300多人。

村域水陆交通便捷,地理位置优越。沿江高速公路贯穿南北。区域主要道路有上海路、中市路、滨河路、金湾路、十八港路、万金路、景湖路、富达路,形成四纵四横的路网格局。境内河流众多,水网密布,有胡家港、汤泾河、王家港、北蒋河、孙家港、新浏河、十八港等7条主要河流,总长度约13千米。

横沥人居环境优美,境内有娄江新城滨河公园、十八港湿地公园。小区设有休闲娱乐场所、文化活动中心,路灯、监控、停车位设施齐全,小区绿化覆盖率达40%。

横沥因历史上有横沥河和横沥桥而得名。1929年,始建横沥乡,隶太仓城区。1935年,横沥隶太仓城区,辖6保55甲。1949年,横沥乡辖11个行政村。1956年,并入陆渡中乡,境内成立太丰六社、太丰七社。1958年9月,成立横沥生产大队,隶陆渡人民公社。1961年,横沥生产大队拆分为新庙、黄家湾、曹家滩3个生产大队。1968年,新庙大队更名为横沥大队,黄家湾大队更名为红新大队。1983年,恢复乡、村建制,横沥大队更名为横沥村。2003年,红新村并入横沥村。2011年,撤销陆渡镇,横沥村隶太仓经济开发区娄东街道。2019年6月,成立陆渡街道,横沥村隶陆渡街道。

## 一、农业生产列居前位

中华人民共和国成立前,因受封建土地所有制的束缚,受落后的生产工具、生产方式及水利设施的制约,境内农业生产水平极度低下。中华人民共和国成立后,农村经过土地改革,推行改良品种,兴修水利,改变耕作制度,农业生产水平得到提高。1958年,农业生产受挫。1962年,实行三级所有队为基础的管理体制,农业生产得到发展。1964年,横沥团结队试点种植双季稻取得成功;1975年,桃园农科实验站双季前作稻平均亩产549千克,获太仓县科技奖,并在全县推广。1971年,王巷生产队首先引种蘑菇1500平方尺(1平方米为9平方尺);1980年,王巷生产队种植蘑菇1900

平方尺,每平方尺收益3元,创全县最高纪录;1980年,红新大队种植蘑菇24900平方尺,总产值3.36万元,列全乡第一。1983年,境内推行家庭联产承包责任制,农户开始大面积种植大蒜、毛豆等经济作物;1985年,横沥全境农户种植大蒜面积531亩,农户平均种植1.5亩,收入1000多元;1988年,全境农户种植毛豆808亩,平均每户种植2.3亩,收入1200多元,被太仓"一村一品"特色项目命名为"毛豆村"。是年,横沥、团结、陆宅3个生产队建立水稻百亩丰产方,以高产优质获太仓市农业丰收一等奖。1991年,水稻种植面积916亩,亩产达531千克,位居陆渡镇第一。1996年,全境有9个承包经营大户,承包种粮土地面积955亩,占全境承包种粮土地面积的67%。2000年起,随着城镇化发展,横沥农田陆续被征用。至2016年,横沥村3500亩耕地全部被征用,农业生产宣告结束。

50年代起,横沥境域集体养殖业和家庭养殖业同步发展。规模型的养殖有养猪、养兔、养蚕、养鸡等。1958年起,境内发展集体养猪;1967年,横沥境域集体、个人出栏肉猪1160头;1979年,出栏肉猪增加到1656头;1998年,王巷组顾凤娟、新桥组顾惠平2户农户出栏肉猪300多头。1974年,桃园知青站点养殖意蜂75箱,年产蜂蜜4000千克。1982年,红新大队集体养蚕33张,年收入1.8万元;1993年,农户养蚕108张,年收入7.6万元。1985年,全境农户饲养日本大白兔1120只,年收入5.1万元,饲养德国长毛兔1310只,产毛720千克,年收入6.5万元。1998年,红新南蒋组陆志成、黄金元2户农户开始"温氏养鸡"。至2007年,全境有25户养鸡户,年上市90万羽,经济收入68万元。家庭养殖业提高了农民收入。2011年,横沥境域农户全部拆迁,家庭养殖业随之结束。

## 二、工业经济迅速壮大

清末,境内有家庭作坊,30年代,有金家巷轧花和棉花加工厂、横沥桥轧米厂、黄家湾经布行等。60年代,仅有大队轧米厂、饲料加工厂。70年代,红新大队建办五金加工厂、彩印厂,横沥大队建办玻璃纤维厂。进入80年代,横沥境内村办企业、私营企业迅速发展。1985年,横沥全境有村办企业7家,私营企业2家,职工200多人,工业总产值350多万元,利税33万多元。1995年,太仓冠生园食品有限公司生产各类糖果4000吨,年产值6026万元,利税500万元,占全镇村办企业利税总和的83%,成为横沥村办企业的顶梁柱。2001年,横沥富达路工业区建成,入驻外资企业8家,实有企业19家,固定资产1.1亿美元,从业人员1721人,实现工业产值11.5亿元,占陆渡镇工业总量的7.28%。2007年,横沥村投入650万元,建造标准厂房8幢,总建筑面积12000平方米,入驻企业8家,职工600多人,年产值1.2亿元。至2012年,全境三资企业27家,实现年产值20亿元。2013年后,随着城乡一体化发展,境内企业陆续搬迁。至2022年，境内有三资企业14家，私营企业43家。

### 三、商贸服务业逐步兴旺

横沥境域商贸服务业始于30年代，仅有老横沥桥处一条百米长的商业街。60年代，境内只有大队"双代店"和个体理发店。改革开放后，第三产业逐步兴起，渐有个体户开店经营，境内有饮食、服装、理发、缝纫、家电维修、百姓超市等行业。90年代起，横沥村坚持走物业兴村之路，重点打造三产服务业。1994年，投资建造三星级桃园度假村，开发浏太公路两侧和万金路商业网点，建造商业门面店60套，共5500平方米。2006—2008年，分期建造12000平方米的标准厂房和16000平方米的外来人员集宿区。利用富民合作社载体，引导农户自愿入社投入服务业项目，通过物业租金回报于民。2009年，建造1500平方米景湖农贸市场为村民菜篮子提供便利。2022年，全境个体工商户31家，从业人员80多人。

### 四、社会事业协调发展

**教育资源底蕴浓厚**　清光绪三十年（1904），吴颂南在横沥新庙创办陆渡地区第一所小学太镇新庙小学，学生50人。1948年，在横沥老庙开办永胜小学。1958年，在新庙创办农中，学生26人。1968年，在南蒋队开办红新小学，班级4个，学生160人。1971年，在王巷队建新校舍开办横沥初级中学，占地800平方米，校舍8间，班级3个，学生60多人。1993年，重建横沥小学，占地12亩，建筑面积3260平方米。1998年，横沥小学有6个班，250名学生，8名教师。2000年，横沥小学并入陆渡中心小学。2001年，在横沥小学的旧校址开办外来民工子弟学校。至2014年，有20个小学班，1100名学生，45名教师；有6个幼儿班，160名幼儿，18名教师。2015年，民工子弟学校迁至娄东街道板桥管理区。

**群众文化繁荣发展**　明末清初时期，有堂名鼓手班、江南丝竹班、龙灯舞队等。民国时期有邵家巷书场。60—70年代，"民校演唱队"、大队文艺宣传队等盛极一时，影响深远，村民喜好看戏曲，逛庙会，唱革命歌曲、样板戏，观看露天电影。改革开放后，电视、电脑、手机逐渐普及，村民的文体活动丰富多彩。村办文化活动中心、图书室、电教室、健身室、文化活动广场日臻完善。群众性文化团队应时而生，夕阳红、常青树、童心歌舞队、江南丝竹戏曲社，广场舞队等各支团队活动精彩纷呈，活跃在民间，娱乐于百姓，为横沥文化事业撑起一方天地。

**社会保障全面实现**　2003年，横沥村贯彻《关于印发〈太仓市农村社会养老保险暂行办法〉的通知》，对境内16个村民小组765名符合参保条件的农民，推行农村社会养老保险（简称"农保"）。2004—2008年，失地农民参加农保人数524人。2004

年起,对男满45周岁、女满35周岁的420名失地农民发放征土保养金。2006年,对符合条件的失地农民提前实行土地换保障,直接参加城镇职工养老保险(简称"城保")。至2012年,村内有521名失地农民参加土地换保障,同时有80%的失地农民由农保转入城保,从此农民享受城镇职工同等待遇。2022年,横沥1300多人参加社会养老保险,参保率达98.8%;享受退休人员811人;全境城镇医疗保险、合作医疗保险参保率100%。

**医疗卫生有序推进**  60年代起境内全面开展疾病防治工作,全民性接种牛痘、霍乱、白喉、百日咳、伤寒等预防疫苗。1969年,境内两大队建合作医疗卫生室,配备70平方米的卫生医疗室、赤脚医生2名,为村民医治常见病。1978年起,对婴儿接种卡介苗、百白破疫苗,儿童加接流行性脑炎、乙型脑炎疫苗。90年代起,横沥村依托工业经济,投入大量资金进行村级道路筑建、河道疏浚整治、全境农户改厕、污水处理、绿化环保、生活垃圾清理、违建拆迁等系列工作。1997年,横沥村获评江苏省卫生村。2000年后,村卫生服务站有200多平方米,医疗设施齐全,医务人员由街道医院委派。

### 五、农村建设持续推进

**农民住宅日新月异**  50年代,境内多数农民居住"五路头"平瓦房或草房。60年代,农民在原宅翻建"五路头"小瓦房。70年代,将"五路头"翻建为"七路头"瓦房。80年代起,农村建房和村镇规划相结合,农户建房宅基由镇统一安排。绝大多数农户建造三上三下楼房。2000年后,农户逐步拆迁,村民集中迁入规划区,自建新颖别墅。至2010年,农户全部入住景湖花苑4个小区。

**村内道路越走越畅通**  30年代,境内仅有老横沥桥处一条通往太仓、浏河的2米宽的泥路,村庄都是弯曲不平的小路。1983年,为村民出行方便,村出资筑建境内第一条石子路景湖路,村道中心路(富达路)铺为砂石路。1992年,砂石路通往各生产队农户。1997年,境内道路全部为水泥硬化路。至2022年,全境村级道路有景湖路、横沥路、黄家湾路、闵村路,镇级道路有中市路、金湾路、万金路、富达路,市级道路有上海路、滨河路、十八港路等,交通十分便利。

**公用事业全面发展**  1972年,镇、村出资竖杆架线通电到各农户,解决村民用电问题,从此村民告别油盏灯。1990年,村办深井自来水提供居民饮用水。2000年,接通长江自来水。1993年,建造3260平方米横沥小学。1995年,率先实现电话村。1996年,全境农户完成改厕工作。2003年,为村民炊事供应清洁能源秸秆气。2004年,建造300吨集式式生活污水处理站。2005年,创建农民文化活动中心。2007年,建造16000平方米外来人员集宿区。2008年,全村有线电视全覆盖。

## 六、人民生活水平日趋提高

中华人民共和国成立前,境内农民大都缺地少粮,有的靠打工养家糊口。中华人民共和国成立后,经过土地改革和农业社会改造,农民生活有了较大改善。但1958年之后,农民生活水平提高不快,全境农民人均年收入不到80元。1966年开始,实行"以粮为纲"等计划经济,全靠生产队种田获取单一经济收入,子女多的家庭出现"红灯笼"。1983年,推行家庭联产承包责任制后,实行"以工补农""以工养农"政策,农民承包土地大面积种植经济作物,同时搞副业、经商,农民收入直线上升。1989年,全境人均年收入2000元。90年代后,农业村产业结构向多元化转变,农副业、工商业蓬勃兴起,农民利用闲置房发展了房东经济,并享有村经济合作社红利。2022年,全境农民人均年收入41000元。

## 七、党的组织不断加强

1953年9月,始建横沥乡和柴行乡联合党支部,横沥乡党员3名。1957年,境内成立太丰六社、太丰七社联合党支部。1958年,境内成立横沥生产大队党支部,党员18名。1961年,境内成立新庙大队和黄家湾大队党支部。1968年,境内成立横沥大队、红新大队革命委员会支部委员会。1983年,境内成立横沥村、红新村党支部,党员40多名。1998年,成立横沥村党总支委员会,下设3个党支部。2003年,红新村党支部并入横沥村党总支,党员90名。2022年,横沥村党总支共有党员101名。横沥村党组织在各个历史时期,带领广大群众励精图治、自强不息,在农业、工业各项社会事业方面取得一系列丰硕成果,实现物质和精神文明同步推进。

2002年,横沥村党支部获评太仓市五好党支部;2003年,获评苏州市先进基层党支部;2003—2007年获评太仓先进基层党支部。

## 八、村民自治充分体现

中华人民共和国成立后,人民有了当家作主的权利,但村民参政议政的意识和能力还较薄弱。1983年,实行乡、村制,设立村民委员会,村民代表大会每三年召开一次,村民代表都有选举权和被选举权。2001年起,横沥村党支部、村委会遵照《江苏省宣传城村(居)民依法自治标准》,全面推行村民自治,实行村级民主选举,民主决策,民主管理和民主监督。

1981年,大队正式建立治保委员会。1990年,境内两村设综合治保办公室。1991年建立标准化调解委员会。1995年,组建村级联防队。2004年,配专职联防队员6人,是年组建"护村嫂"队伍。2006年起,横沥村成立"五位一体"(综治办、警务室、治保会、调解、外来人员登记服务站)综治领导小组。2018年,组建平安志愿者队伍,成员60人。在多年的实践中,取得了卓越的成果。

横沥村2000—2006年获评太仓市社会治安示范村,2006年获评江苏省管理民主示范村;2010年,横沥村村规民约获评太仓市优秀村规民约。

### 九、精神文明常抓不懈

60年代,横沥境内开展社会主义教育运动。60年代中期,掀起学雷锋热潮。70年代,全民学习毛泽东著作"老三篇"(《为人民服务》《纪念白求恩》《愚公移山》)。80年代,大力开展"五讲、四美、三热爱"(五讲:讲文明、讲礼貌、讲卫生、讲秩序、讲道德;四美:心灵美、语言美、行为美、环境美;三热爱:热爱祖国、热爱社会主义、热爱中国共产党)活动,开始第一个五年规划法律常识普及工作。90年代后,在村民中开展公民道德规范教育,开展"文明示范新风户""五好家庭户"等评选活动。2003年起,全境开展"家庭美德示范户"评选,以"八荣八耻"为主要内容的社会主义荣辱观教育实践活动。2013年,开展"文明和谐家庭,绿色环保家庭,墨香书韵家庭"评选。2018年,开展"文明家庭标兵户"评选,"乡风文明岗"等实践活动。2020年,横沥村文明家庭户43户。横沥村1996—2008年连续13年被评为苏州市文明村,1997—2006年连续10年被评为江苏省文明村,2005—2006年获评江苏省创建文明村工作先进村。

横沥村沧桑巨变的发展史,见证了横沥人民勤劳和智慧的成果。在村党总支和村委会领导下,全体村民砥砺奋进,开拓创新,取得了物质文明、精神文明和生态文明的辉煌业绩,把横沥建设成环境整洁优美、社会文明和谐、民主法治健全、人民生活富裕的新农村。

# 大事记

## 明以前

秦至西汉　横沥地域属会稽郡。

东汉至南齐　属吴郡娄县惠安乡。

梁天监二年（503）　属信义县惠安乡。

梁大同元年（535）　属吴郡昆山县惠安乡。

元至正十三年（1353）　张士诚为通海运，拓浚浏河塘。

## 明

永乐年间　邑民朱令逊建横沥桥。

弘治十年（1497）　建太仓州，横沥域随属。

崇祯年间　浏河塘严重淤塞，几成平地，境内旱灾严重。

## 清

雍正二年（1724）　隶太仓州镇洋县。

乾隆二十九年（1764）　疏浚浏河塘。

同治元年（1862）　太平军在板桥至横沥桥一带与清军激战，历时30余天，歼灭清军5000多人，世称"板桥大捷"。

**光绪三十年（1904）** 吴颂南在闵家村新庙创办太镇新庙小学。

**宣统二年（1910）** 陆渡始建乡制，实行都图制，横沥为二都，辖一、二、四图。

## 中华民国

1912年1月 横沥隶太仓县陆渡乡。

1917年7—8月 境内60天不下雨，河底干涸，百姓抢水。

1920年6月 米价飞涨。

1929年 横沥始建乡制，隶太仓城区，吴颂南任乡长。

1932年 2000余名日军进犯陆渡，欲占太仓，国民党十九路军六团官兵与日军在十八港西岸交战，日军逃遁。

1933年 张益清在横沥桥开办轧米厂，配蒸汽机1台。

1935年 推行保甲制，横沥乡辖6保55甲。

1936年2月 浏太公路兴筑（9月竣工，10月通车）。通车后，境内交通便捷。

1937年 陆根梅任横沥乡乡长。

1941年7月 日伪"清乡"时，横沥乡划归上海特别市代管。

1942年1月 伪太仓封锁管理所，在横沥境浏太公路筑建竹篱笆设封锁线。

1942年11月 日军入侵蒋家村，打死蒋氏老太，烧掉钱锡香、钱品山2户房屋。

1945年 横沥从上海特别市划出，回归太仓，吴吉云任横沥乡乡长。

1946年5月 横沥乡并入红庙乡。

1947年11月 蒋正林、吴小林被国民党"抓壮丁"入伍。之后蒋正林参加中国人民解放军，吴小林生死不明。

1948年9月 横沥老庙开办永胜小学，朱家礼任校长兼教师。

1949年7月24日 境内遭台风暴雨袭击，黄家湾房屋和农作物受淹，横沥全乡组织人力排水抢险。

# 中华人民共和国

1949年

10月1日　横沥200多名群众在新庙集合,串龙灯、扭秧歌,庆祝中华人民共和国成立。

11月　废除保甲制,重建横沥小乡,隶陆渡区,下辖11个行政村,杨惠钧任横沥乡首任乡长。

1950年

1月10日　土地改革工作队进驻横沥,队长杨碧悟。

2月　成立横沥乡农会,马佰生为首任农会主任。

5月13日　横沥永胜舞龙队、学生秧歌队、江南丝竹队250多人表演节目,庆祝太仓解放一周年。

5月　境内宣传《中华人民共和国婚姻法》。

10月　横沥乡开设办理结婚登记点。

12月　境内各村开办夜校学习班,开展识字扫盲运动。

1951年

2月　土地改革结束,为农户发放土地证。

7月　施纪明、杨惠标等青年首批报名参加抗美援朝志愿军。

1952年

9月　境内取缔烟馆,惩处制造、贩运毒品的罪犯,对吸毒者进行登记并令其限期戒绝。

是年　蒋品兰任横沥乡乡长。

1953年

1月　成立横沥乡调解委员会。

2月　境内青年姚晋良、徐世堂、黄锦华、陆云丰、闵仲达、张健生、杨惠忠等参加抗美援朝志愿军。

7月　横沥乡开展第一次人口普查,境内267户,1159人。

**8月** 境内大旱,浅河断水。螟虫、稻苞虫大爆发,农业受损。

**10月** 境内建常年互助组67个,入组农户占总农户的89%。

**11月** 国家实行粮食统购统销,向境内居民发卡,凭证供粮。郁品华任横沥乡乡长。

## 1954年

**2月** 境内成立初级社。

**8月** 撤销陆渡区,横沥乡划归太仓城区管辖。

**9月** 实行棉花统购统销,按户籍人口发布票,定量供应。

**10月** 成立横沥乡信用社,管品山任主任。

## 1955年

**3月1日** 开始使用新人民币,逐步回收旧人民币,新旧币面值比为1:10000。

## 1956年

**2月** 横沥乡并入陆渡中乡,境内成立2个高级社,周世明任太丰六社社长,黄孝兰任太丰七社社长。

**7月** 境内开展除"四害"运动,捕杀苍蝇、蚊子、老鼠、麻雀。

## 1957年

**11月** 开挖境内十八港。

## 1958年

**3月** 境内开展春季除"七害"(苍蝇、蚊子、老鼠、麻雀、臭虫、蟑螂、钉螺)运动。

**4月** 在横沥新庙开办农业中学,学生28名,政定义任教。

**6月** 在横沥吴家角、金家巷建陆渡公墓,占地70亩。

**7月7日** 境内遭龙卷风袭击。

**9月** 太丰六社、七社合并,成立横沥生产大队,瞿宝贤任党支部书记,周世明任大队长。

**9月** 横沥各生产队办集体食堂,推行"吃饭不要钱"。

**12月** 境内民工参与开挖新浏河。

1959年

6—8月　大旱,连续近百天无雨,大队组织干部群众抗旱。

12月　金卫忠、戴兆华、吴品山等家庭赴新疆支援建设。

12月　为方便境内村民出行,设立胡家宅队至向东岛渡口,有渡船1只。


1960年

1月　度量衡16两制改为10两市制。

6—9月　境内连遭暴雨,雨量达990毫米,粮棉大幅减产。

是年　境内出现浮肿病,发动群众大搞代食品。


1961年

5月　贯彻落实中央"农业六十条"精神,恢复社员自留地,实行三级所有,以队为基础的农村经济管理体制。

9月　横沥生产大队拆分为新庙大队、黄家湾大队和曹家滩大队,陆维震任新庙大队书记,王孝兰任黄家湾大队书记。

9月　在王巷李家宅开办得胜小学,复式班1个,教师李中林。


1962年

9月5日　境内遭14号台风袭击,风力8~10级,连续降雨36小时,雨量达250毫米,农田受淹。

12月　陆维震、管品山参加太仓县第三届党代会。


1963年

3月　境内响应毛泽东提出的"向雷锋同志学习"的号召,开展学雷锋,做好事活动。

5月　境内开展社会主义教育运动。


1964年

7月　境内开展第二次人口普查,全境408户,1405人。

9月　开办新庙大队耕读小学,朱国兴任教。

是年　推行双季稻种植,横沥大队被评为"农业样板大队"。

1965年

**5月** 大队成立贫下中农协会,钱锦如任贫协主席。

**是年** 广播喇叭安装到各生产队和农户,大队配1名专职广播线路员。

1966年

**3月** 陆维震、王孝兰参加太仓县第四届党代会。

**5月** 横沥团结队试种双季稻成功后,在各生产队推广双季稻种植。

**11月** 境内掀起学习毛主席语录热潮。

1967年

**7—10月** 无雨大旱,部分河道干涸。

**是年** 推行殡葬改革,实行火化。

1968年

**5月** 境内两个大队更名,新庙大队改为横沥大队,黄家湾大队改为红新大队。

**6月** 横沥和红新大队分别成立毛泽东思想文艺宣传队,排练革命样板戏《红灯记》和《红色娘子军》。

**9—12月** 93名苏州市区、太仓知青陆续到横沥境内插队落户。

**是年** 撤销大队管理委员会,成立大队革命委员会,负责"抓革命、促生产"。

1969年

**6月** 境内成立大队合作医疗卫生室,首批赤脚医生参加公社卫生机构培训。

**8月** 姚晋良任红新大队党支部书记,陆维震续任横沥大队党支部书记。

1970年

**5月** 掀起学习洪泾大队和学习毛主席著作的高潮。

**是年** 开展"农业学大寨"运动,实行"农田田块方整化"和"大寨式评分"。

1971年

**3月** 境内引进"三水一绿"(水花生、水葫芦、水浮莲、绿萍),以解决养猪饲料和农田积肥。

**7月** 桃园知青点创办养蜂场,养殖意蜂40箱。

**8月** 陆云丰任横沥大队大队长。

**11月** 王巷生产队首批试种蘑菇1500平方尺,获得成功。

**是年** 横沥王巷队建立横沥初级中学,刘振明、周岐祥、冯守中、卫福民任教。

**是年** 横沥、红新大队分别建立20千瓦高压电力灌溉站。


**1972年**

**8月** 水稻纵卷叶虫大爆发,严重减产。

**12月** 废除"大寨式评分",恢复定额记工制度,调整社员自留地。

**是年** 竖杆架电线到各队农户,解决村民用电问题。


**1973年**

**9月** 1—13日连续阴雨,23—30日又接连阴雨,棉花倒伏。是月,开展"农业学大寨"、学"华西"活动。

**是年** 境内清理土地"三扩大"(自留地、宅基地、十边地)。


**1974年**

**8月18日** 第13号台风过境,历时3天,风力9级,棉花大面积倒伏。

**11月** 境内拓浚十八港河道。

**是年** 开办横沥第一个大队办企业玻璃纤维厂。


**1975年**

**10月** 钱月良任横沥大队大队长。

**是年** 开挖黄家港(长1700米,宽16米),开挖、疏浚胡家港(长500米,宽18米),疏浚境内新浏河段二期工程。红新大队成立园林队,开始整地种植桑树。

**是年** 桃园农科实验站双季前作稻平均亩产549千克,获县科委奖励。


**1976年**

**1月8日** 横沥群众悼念周恩来总理。

**8月** 唐山大地震后,境内大队组织群众搭建防震棚。

**9月9日** 毛泽东主席逝世,横沥境域设灵堂悼念毛主席。


**1977年**

**1月3日** 境内极端最低气温降至零下11.5度,创历史最低。

**6月** 境内农户大都砌上沼气池,用于炊事。

8月8日　陆洪德任横沥大队大队长。

8月21日23时至次日8时　境内遭暴风雨袭击,雨量达216毫米,农田受淹,房屋进水。

9月10—11日　8号台风过境,最大风力11级,部分房屋受损。

是年　红新大队开办彩印厂,负责人为姚晋良。


1978年

8月　红新园林队种植桑树25亩,开始养蚕。

9月　横沥小学开设幼儿班,吴丽华任教。

是年　插队知识青年陆续回城。


1979年

1月　贯彻中共十一届三中全会精神,将工作重点转移到社会主义现代化建设上。

是年　境内"地、富、反、坏、右"分子全部摘帽,子女改变成分。


1980年

6—7月　连续阴雨30天,麦、油菜籽霉变。

7月　黄汉章任红新大队大队长。

8月1日　陆维震、姚晋良参加太仓县第五届党代会。

11月　境内开展"五讲、四美、三热爱""文明礼貌月"活动。

是年　王巷生产队种植蘑菇1900平方尺,红新大队种植蘑菇24900平方尺。


1981年

6—7月　开办横沥建材厂、横沥彩印厂。

7月　蒋洪元任横沥大队大队长。

9月　横沥初级中学并入陆渡中学。


1982年

7月　境内组织第三次人口普查,全境有401户,1724人。

11月　境域实行"三田"(口粮田、自留地、责任田)分离。全面推行联产计酬责任制。

**1983年**

5月19日 王秋明任横沥村党支部书记。

7月 恢复乡、村制,横沥大队、红新大队改称横沥村、红新村,生产队改为生产组。

8月 实行家庭联产承包责任制,境内3284亩耕地由448户农户承包种植。

8月 王秋明、金根发参加太仓市第六届党代会。

10月 横沥村中心路(富达路)铺设砂石路6000平方米。

11月 陆渡镇在横沥试点进行改厕工作,农户改建"三格式"厕所。

11月 第一届村委会选举,蒋洪元任横沥村村委会主任,侯仰高任红新村村委会主任。

是年 成立横沥村人民调解委员会。


**1984年**

2月15日 境内文化团队参加"陆渡之春"大型文艺表演活动,观众逾万人次。

7月31日 受台风袭击,境内普降大雨,降水量达259.7毫米。

12月 取消布票、絮票,对棉布、棉絮实行敞开供应。


**1985年**

7月31日至8月1日 连遭6号、9号强台风袭击。

10月 第二届村委会选举,闵寿元任横沥村村委会主任,侯仰高任红新村村委会主任。

是年 境内停止种植双季稻,恢复单季稻种植。


**1986年**

4月 成立横沥村老年协会,陆云丰任会长。

9月 黄惠德任红新村党支部书记。

11月 顾正明任红新村村委会主任。

11月 在全国小学万名创造杯竞赛中,横沥小学六年级参赛学生获优秀奖。

是年 美佳乐食品厂与上海冠生园食品公司签约联营,正式注册太仓冠生园食品有限公司生产"冠生园"品牌产品。


**1987年**

8月 境内年满16周岁常住居民办理居民身份证。

10月　孙惠良任红新村党支部书记。

1988年

4月　村道景湖路铺砂石路6000平方米。

5月3日　境内遭冰雹和暴风雨袭击,三麦大面积倒伏。

10月　第三届村委会换届选举,闵寿元任横沥村村委会主任,顾正明任红新村村委会主任。

1989年

8月　调整农民承包土地面积。

是年　开展"双学双比"(学科学、学技术,比成绩、比贡献)竞赛活动。

1990年

2月10日　沙溪、常熟发生5.1级地震,境内震感强烈,部分农房墙体裂缝。

7月　境内开展第四次人口普查,全境人口1637人,其中男性793人、女性844人。

7月　王巷组李明泉被江苏省公安厅评为"颁发居民身份证先进工作者"。

10月26日　太仓市社会福利中心在横沥落成开业。

1991年

3月　横沥村民开始饮用本村深井自来水。

6月至7月初　境内连降暴雨,降水量达663毫米,河水上涨,洼田受灾。

10月　第四届村委会换届选举,黄文球任横沥村村委会主任,顾正明任红新村村委会主任。

是年　建造胡家港南桥,桥长24米,宽35米。

1992年

5月　横沥村砂石路铺设到各组农户,全长8250米。

7月　杨雪其任红新村党支部书记。

1993年

5月　横沥村投入120万元,在吴角组建造横沥小学新校舍,教育楼面积2180平方米。

11月　境内第一家台资企业兴达公司开工建设,批租土地200亩。

是年　王建林被苏州市政府评为"苏州市优秀企业家"。

1994年

1月21日　太仓市委、市政府决定将横沥村设为农业现代化建设试点村。

1月　横沥村关心下一代工作小组被苏州市关工委评为"苏州市先进集体"。

10月　第五届村委会换届选举,黄文球续任横沥村村委会主任,顾正明续任红新村村委会主任。

12月　第二次开挖胡家港,全长1820米。

12月　中心路红新村段铺设砂石路2800平方米。

1995年

7月　筑建万金路,水泥路面,长1650米,宽25米。

8月　潘根秋任红新村党支部书记。

9月　横沥村投入2000万元建造的三星级桃园度假村宾馆正式开业。

10月　建造浏太公路北商业门面房16间,建筑总面积1500平方米。

是年　太仓冠生园食品有限公司实现产值6026万元,利税500万元,利税占全镇村办企业总和的83%。

是年　建造胡家港北桥,桥长18米,宽10米。

1996年

6月8日　横沥村被列为苏州市现代化试点村。

是年　横沥村党支部书记王秋明被评为"苏州市劳动模范"。

1997年

5月　境内富达路、景湖路由砂石路改建为水泥路。

6月　横沥村被评为"江苏省卫生村"。

11月　第六届村委会换届选举,黄文球续任横沥村村委会主任,顾正明续任红新村村委会主任。

是年　重建界泾河水泥桥。

1998年

5月　横沥村被列入江苏省第一批农村现代化试验区先行示范村。

8月　境内第二次土地确权发证,全境(横沥、红新)发证户448户,承包确权总面积2395亩。

11月25日　成立横沥村党总支委员会,王秋明任党总支书记。

11月　横沥村通往农户砂石路全部改建为水泥路,红新村建成通往各组农户砂石路。

### 1999年

3月9日　顾正明任红新村党支部书记。

3月　横沥村被评为1997至1998年度"江苏省文明村"。

6月23—30日　境内连遭暴雨袭击,总降雨量406毫米,农作物严重受损。

11月　顾正明被太仓市政府评为"抗洪救灾先进个人"。

### 2000年

5月30日　横沥村和太仓市民政局合作建设的"太仓市老年人康复中心"项目正式签约,总投资4000万元,分期建设福利院、老年公寓。

9月　横沥小学并入陆渡中心小学。

10月　第七届村委会换届选举,黄文球续任横沥村村委会主任,顾正明续任红新村村委会主任。

是年　因建设沿江高速公路,横沥组7户农户首批拆迁至景湖花苑小区。

### 2001年

2月　陆明元任横沥村党总支书记。

6月　横沥村先行完成有线电视入户工作,被太仓广电总局评为先进单位。

7月　横沥村调解委员会被评为"太仓市人民调解先进集体"。

11月　陆渡卫生院在横沥设医疗卫生社区服务站,配备医疗设备和医务人员2名。

12月　横沥村被评为"江苏省百佳生态村"。

是年　富达路工业区开发成功,大卫医疗、欧亚马、超汇桂盟、凯德爱依等8家外资企业进驻,总投资7156万美元,批租土地537亩。

是年　横沥村被评为1999至2000年度"江苏省文明村"。

### 2002年

1月30日　红新村被评为太仓市"拥军优属先进集体"。

4月　横沥村被太仓市妇联评为"妇女儿童工作先进集体"。横沥老年活动室被太仓市老龄委评为"老年文明活动室"。

5月　在金湾路南侧建造外来人员住宅区平房70间。

6月　横沥村党支部被太仓市委组织部评为"太仓市五好党支部"。

9月　横沥村投入150万元,在浏太公路南侧吴角组建造商业用房14套,建筑面积1848平方米。

9月　境内筑建金湾路(万金路至富达路)水泥路面,长800米,宽9米。

12月　红新村被评为"太仓市科普文明村",横沥村被评为"太仓市全民健身活动先进集体"。

**是年**　横沥村被评为2000至2001年度"苏州市文明村"。


2003年

3月12日　红新村并入横沥村行政区划。

3月　筑建横沥路(胡家港至富达路)水泥路,长315米。

3月　横沥村妇联被太仓市妇联评为"三八红旗集体"。

4月14日　陆渡镇政府在横沥村召开防非工作现场会。

7月　横沥村党支部被苏州市委评为"苏州市先进基层党组织"。

8月　浏太公路南侧商业用房二期工程建设,投资220万元,建综合楼及商业门面房16套,建筑面积2140平方米。

9月　横沥村党总支换届选举,陆明元任党总支书记。

11月　横沥村第八届村委会换届选举,朱彩亚任村委会主任。

12月　横沥村被太仓市关工委评为"2002至2003年关心下一代工作先进集体"。

**是年**　横沥村被评为2001至2002年度"江苏省文明村"。


2004年

1月16日　黄桂英被评为"太仓市十佳双带妇女干部"。

2月6日　横沥村被苏州爱卫会评为"全国亿万农民健康促进行动"苏州市先进村。

3月19日　苏州市委组织部部长邱岭梅一行到横沥村指导工作。

3月20日　江苏省财政厅厅长包国新到横沥村调研。

4月17日　王巷组顾凤娟被评为"太仓市劳动模范"。

5月10日　太仓冠生园食品有限公司总经理王建林随太仓考察团赴新加坡考察。

8月　横沥村率先完成245户有线电视整转工作。

9月13日　全国生态示范区国家考核验收组到横沥村检查指导。

10月29日　横沥村成立土地股份合作社,属陆渡首例。

12月11日 "民主管理,民主监督"全国现场会参会代表到横沥村考核工作。

12月30日 陆渡瑞德工业园在横沥村建成。

**是年** 横沥村被评为2002至2003年度"苏州市文明村"。


## 2005年

3月10日 苏州市委组织部部长邱岭梅一行到横沥村指导工作。

3月 横沥村被太仓市委、市政府评为"十佳推进农村十项实事工作"先进单位。

5月 横沥村首届工会联合会成立,陆明元任工会主席。

6月7日 江苏省民政厅领导到村指导工作。

8月1日 东湾组一户家庭发生火灾,房屋基本烧尽。太仓慈善基金会和镇、村组织给予援助。

8月5—7日 境内遭9号台风"麦莎"正面袭击,最大风力10级,南蒋组3户养鸡户损失严重。

8月 横沥村秸秆气站开始为境内农户供气。

11月20日 境内开始换发第二代居民身份证。

12月12日 横沥村被评为2003至2004年度"江苏省文明村"。

12月13日 创建全国环境优美乡镇环境保护组到村检查指导。

**是年** 横沥村被评为2003至2004年度"太仓市卫生先进集体"。


## 2006年

2月1日 横沥村党总支被太仓市委组织部评为"党建工作示范点"。

2月27日 太仓市政府命名横沥村为"太仓市农村新型社区试点村"。

2月28日 江苏省爱卫办检查组到村视察污水集中处理厂。

4月25日 国际人口与发展南南合作高级官员到村视察小区建设,并走访蒋洪元、蒋金忠2个农户。

5月 横沥村被苏州市委评为实践"三个代表"实现"两个率先"先锋村。

6月25日 横沥村被评为苏州市"新农村建设示范村"。

7月9日 横沥村被评为江苏省"社会主义建设新农村试点村"。

7月25日 苏州市交通局领导到村指导工作,上海市卢湾区委书记丁海术带领党政考察团到村考察指导。

8月7日 开工建设横沥工业小区,标准厂房8幢,建筑面积12000平方米,投资650万元。

8月28日 横沥村农民文化中心建成揭牌。

9月26日　横沥村党总支换届选举，陆明元续任党总支书记。

10月20日　横沥村第九届村委会换届选举，朱彩亚续任村委会主任。

10月26日　苏州市绿色社区考核组到横沥村考核工作。

10月　横沥村被评为2003至2006年太仓市老年体育工作先进集体，太仓市"十佳敬老先进村"。

11月26日　苏州市副市长谭颖视察横沥村秸秆气站。

12月9日　横沥村自行研制的秸秆净化剂通过鉴定，获太仓市科技进步一等奖。

12月26日　太仓市副市长王永林到村指导工作。

12月　横沥村被太仓市关工委评为"2004至2006年度关心下一代工作先进集体"。

12月　横沥村被评为"苏州市村务公开、民主管理示范村""江苏省民主管理示范村"。

12月　横沥村被评为"江苏省农村集体财务规范化管理示范村"。

12月　横沥村妇联被评为"苏州市基层妇女工作先进集体"。

是年　横沥村被苏州市精神文明建设指导委员会评为2004至2005年度"苏州市文明村"。


2007年

1月9日　太仓市新农村建设现场推进会在横沥村召开。

1月10日　江苏省生态技术考核组到村考核工作。

1月16日　太仓市委书记浦荣皋到横沥村视察工作。

1月　横沥村被评为"江苏省村庄建设整治示范村"，横沥村调解委员会被评为2005至2006年度"太仓市人民调解先进集体"。

2月　横沥村被评为"苏州市建设社会主义新农村示范村"。

3月23日　江苏省康居示范村验收组到村验收指导。

3月　横沥村被评为"江苏省村集体财产规范化管理示范村"。

3月　横沥村被评为"2006年太仓市社会治安村""2003至2006年度太仓市平安建设先进集体"。

4月9日　苏州军分区领导到村指导工作。

4月17日　中国科学院领导到村秸秆气站指导工作。

4月18日　横沥村外来人员集宿楼开工建设，投资2300万元，建筑面积16000平方米。

6月18日　横沥村与常熟蒋巷村签订协议，牵手共建新农村。

7月12日　横沥村被苏州市爱卫会与健康促进会命名为"苏州市健康村"。

8月3日　境内遭9级强台风袭击,降水量280毫米,南蒋组6户养鸡户鸡棚被淹,死鸡1235只,经济损失7.4万元。

8月30日　苏州市委副书记徐建明到横沥村指导工作。

9月18日　境内遭13号强台风"韦帕"袭击,村委会组织人员转移危房户,水稻严重倒伏。

10月25日　陆渡镇第一届外企文化节在桃园度假村开幕。

11月　横沥村被评为"苏州市廉洁文化建设示范点"。

12月4日　山东省乳山市党政考察团到横沥村考察工作。

12月15日　苏州市委农办主任顾杰到村指导工作。

12月　横沥村被江苏省农林厅评为"江苏省农业生态家园示范村"。

12月　横沥村被江苏精神文明办指导委员会评为2005至2006年度"江苏省文明村"。


2008年

1月　横沥村被江苏省建设厅评为"江苏省苏州康居示范村"。

2月　横沥村被太仓市政府评为"2007年度新农村建设试点示范村先进集体"。

7月27日　上海市卢湾区党政考察团到横沥村考察,太仓市委宋建中、周文彬等有关领导陪同。

7月　万金路景湖菜场建成运行。

11月　横沥村被评为"太仓市村民自治标兵村"。

12月　横沥村被太仓体育局评为"2007至2008年度老年体育工作先进集体"。


2009年

2月　横沥村被太仓市政府评为"2007年度新农村建设示范先进单位"。

3月　横沥育才小学扩建工程启动,总投资350万元,建筑面积2100平方米。

6月　横沥村被苏州市精神文明建设指导委员会评为2006至2008年度"苏州市文明村"。

8月　管鸿嘉任横沥村党总支书记。


2010年

5月　横沥村第十届村委会换届选举,杨仁宝任横沥村村委会主任。

8月　境内太仓市新安康复医院对外营业。

10月　横沥村被苏州市政府评为"苏州市保护消费者合法权益先进集体"。

12月　横沥村被评为"江苏省新农村建设档案工作示范村"。

**是年**　境内十八港路建成,沥青路面,长1800米,宽22米。金湾路延伸至兴业路,沥青路面,长1000米,宽26米。

2011年

12月30日　横沥村被江苏省档案局评为《江苏省机关团体企(事)业单位档案工作规范》二星级标准。

12月　陆渡撤镇,实行区镇合一,横沥村隶属太仓经济开发区娄东街道。

**是年**　横沥村被太仓经济开发区管委会评为"2011年度征兵工作先进集体"。

2012年

9月　沿江物业进驻横沥村居民小区进行规范化管理。

**是年**　横沥村汤泾河疏浚工程长1503米,土方量56418立方米。

2013年

9月　横沥村十一届村委会换届选举,蒋丽琴任横沥村村委会主任。

10月　横沥村小区开通天然气,全境居民炊事使用天然气。

10月　境内横沥路至十八港路段筑建,长620米,宽26米,沥青路面。

2014年

10月　境内横沥桥由郑和路迁至上海路。

12月　境内景湖花苑一区、二区增设停车位315个,同时,一至四区新增绿化面积3000平方米。

2015年

6月　横沥村投资55万元,建设景湖花苑小区临时菜场。

10月26日　境内景湖花苑小区物业重新招投标,由博森物业公司接管沿江物业公司。

2016年

5月　横沥村秸秆气站改建为横沥综合文化中心。

6月　横沥村解除境内6个小农场土地种植租赁合同。

9月　王俊任横沥村党总支书记。

11月12日　横沥村十二届村委会换届选举,蒋丽琴任村委会主任。

12月　境内十八港公园建成,占地50亩。

**是年**　景湖花苑各小区进行全面环境整治工作。


2017年

5月18日　薛健锋任横沥村党总支书记。

5月　景湖花苑三区增设停车位和改建文体活动广场。

8月　延伸境内景湖路,中市路至滨河路700米沥青道路。

11月　对境内沿新浏河北侧的14户沙场进行全面拆除补偿工作。


2018年

3月　太仓联动巡察组对横沥村进行巡查。

6月　横沥党总支三个党支部换届选举,蒋英芳任第一党支部书记,侯斌任第二党支部书记,蒋丽琴任第三党支部书记。

10月17日　太仓沪剧团到横沥村进行重阳慰问演出。


2019年

4月22日　横沥村党总支与高新区经发局、海螺水泥公司党支部结对共建。

5月　横沥村开展扫黑除恶排摸工作。

6月7日　陆渡街道成立,横沥隶属陆渡街道。

7月　横沥党总支为80周岁以上50年党龄党员发放纪念册。

8月　横沥村开展辖区河道环境整治工作,对北小河、钱巷河等河道进行冲浆、清淤。

**是月**　横沥村境内实行垃圾分类,每户发放2个垃圾桶,生活垃圾与厨余垃圾分开,由专人上门回收。


2020年

2月10日　横沥村境内实行新冠疫情防控,对居家隔离人员进行上门服务。

6月22日　横沥村全境垃圾分类管理工作由陆渡街道办接管。

6月　横沥村与鼎欣城乡一体化建设发展有限公司签订协议,抱团投资发展。

9月20日　杨建钢任横沥村党总支书记。

10月　景湖花苑小区路灯由太阳能改用电能LED灯。

12月　境内居民户遗留违建小房全面拆除。

是年　在景湖路18号开设横沥村日间照料中心。

是年　境内汤泾河、孙家港、黄家港在十八港出口处分别建造3座节制闸。

是年　境内滨河公园建成，占地23.8万平方米。

2021年

3月13日　横沥村十三届村委会换届选举，杨建钢任村委会主任。

5月17日　太仓市科技局领导慰问横沥村残疾儿童。

是年　横沥村被评为太仓市"民兵营全面建设先进集体"。

2022年

2月21日　景湖花苑一至四区物业招标完成，金玉兰物业中标。

6月13日　横沥村工业区拆除完毕。

8月29日　横沥村召开残疾人协会代表大会，杨建钢任残协主席，侯斌、梁怡琳任残协副主席。

11月16日　横沥村集宿区启动提档改造工程。

2023年

3月5日　横沥村委会联合其他6个村、社区投资成立太仓鼎全商业有限公司。

5月11日　横沥村村委会旧办公用房及门面房动工拆除。

9月4日　省军区副司令到横沥村检查基层民兵营、连规范化建设。

10月　胡家港至新浏河口建节制闸1座。

12月8日　太仓市政协副主席黄浩忠走访慰问横沥村困难群众。

是年　横沥村被评为"2020—2022年太仓市文明村"。

是年　横沥村被评为"2023年度苏州市宜居宜业和美村"。

# 第一章 建置区划

横沥建置自1910年村域都图制,1929年始建横沥乡,1958年建横沥大队,1961年拆分为新庙等3大队,1983年更名为横沥村,2003年红新村并入横沥村,至2022年历时100多年,经过多次区域调整和行政划分。1949—1956年,横沥小乡时期,境域面积6.8平方千米,辖11个行政村,35个自然村。1961年横沥大队拆分后,境域面积2.1平方千米,辖9个自然村。2003年红新村并入横沥村。至2022年,横沥村境域面积为3.6平方千米,辖16个自然村,人口365户,1700多人。

## 第一节 建置沿革

横沥地域历史悠久,在秦至西汉时,属会稽郡;东汉至南齐时,属吴郡。梁天监二年(503),属信义县惠安乡。唐及五代时,隶属未变。明弘治十年(1497)建太仓州,横沥随属。清宣统二年(1910)陆渡始建乡制,下设都图制,横沥为二都,辖一、二、四图,隶属镇洋县陆渡乡。1929年8月,实行区、乡、镇建制,始建横沥乡,隶太仓城区。1935年,推行保甲制,横沥乡隶太仓县一区(城区)。1941年7月,日伪"清乡"实行封锁,横沥等12个乡镇被划至上海特别市代管,至1945年7月回归太仓县。1949年,建陆渡区人民政府,重建横沥小乡,横沥隶陆渡区。1954年8月,撤陆渡区建制,横沥划为太仓城区管辖。1956年,横沥等4个小乡合并为陆渡中乡。1956年,境内成立太丰六社、太丰七社两个高级农业生产合作社,隶属浏河区。1958年9月,成立横沥生产大队,隶陆渡人民公社。1961年,横沥生产大队拆分为新庙生产大队、黄家湾生产大队、曹家滩生产大队,隶属不变。1968年,境内新庙大队更名为横沥大队,黄家湾大队更名为红新大队。1983年,恢复乡、村制,境内两个大队分别更名为横沥村和红新村。2003年3月,红新村并入横沥村。2011年,撤销陆渡镇,横沥村隶属太仓经济开发区娄东街道。2019年6月,成立陆渡街道,横沥村隶陆渡街道,至今未变。

# 第二节　村名由来

横沥因境内有横沥河和横沥桥而得名。其一，据弘治《太仓州志》，宋熙宁三年（1070）郑亶《吴门水利书》记载，昆山之东，地名太仓，俗称冈身，冈身之东，有一塘焉。西彻松江，北通常熟，谓之横沥。又有小塘，或二三里贯横沥。夫南北其塘，则谓之横沥。由此可见，横沥原为南北向水道的泛称（后称十八港）。其二，明永乐年间，邑民朱今逊在境内横沥河上建桥，称横沥桥，此桥是早年村民进入太仓城区的主要通道，因人流众多而闻名。清宣统二年（1910），陆渡建乡制时，横沥为二都。1929年，境内始建横沥乡。1958年公社化时期称横沥大队。1983年，恢复乡、村建制时期称横沥村，延至今日横沥地名从未改变。

# 第三节　境域范围

1935—1948年，横沥乡辖6保55甲，境域面积6.8平方千米。1949—1956年，横沥乡辖11个行政村35个自然村，境域面积未变。东至潮塘湖与陆渡乡相邻，南至老浏河与上海市嘉定县沥江乡交界，西至老十八港与柴行乡接壤，北至洙泾河与板桥乡相连。

1957年，太丰六社时期，境域面积2.1平方千米。东至潮塘湖，南至太丰七社，西至东滩角，北至北浏河。

1958—1961年，横沥生产大队时期，辖3个自然村，境域扩大，总面积5平方千米。东至潮塘湖与陆西大队相邻，南至老浏河与上海市嘉定县沥江乡交界，西至老十八港与东昇大队相邻，北至北浏河与洙泾大队接壤。

1961年，横沥大队拆分后境域缩小。1962—2002年，横沥村（大队）境域面积恢复至2.1平方千米。东至潮塘湖，南至红新村（大队），西至东昇村（大队），北至洙泾村（大队）。

2003年3月，横沥与红新两村合并，境域面积为3.6平方千米。东至万金路，南至新浏河，西至十八港，北至北浏河。

# 第四节　行政区划

1910年，始建陆渡乡，横沥为二都，辖一、二、四图。1929年，建横沥乡。1935年，推行保甲制，横沥乡隶太仓城区，辖区有6保55甲。1949年实行区、乡、村制，横沥乡辖区有生产、团结、常胜、劳动、建设、民主、和平、永胜、互助、新胜、得胜等11个行政村和35个自然村。1957年高级社时期，境内太丰六社、太丰七社辖21个自然村。

1958年9月，陆渡人民公社成立，建横沥生产大队，下辖21个生产小队。1961年，横沥生产大队拆分为新庙生产大队、黄家湾生产大队、曹家滩生产大队。1968年，新庙生产大队、黄家湾生产大队分别更名为横沥大队和红新大队，横沥大队辖北蒋、王巷、横沥、陆宅、团结、吴角、朱宅、闵村、钱巷9个生产队，红新大队辖胡宅、得胜、新村、东湾、西湾、新桥、南蒋7个生产队。1983年，实行政社分设，大队更名为村，生产队更名为村民小组，辖区未变。2003年3月，红新村并入横沥村，辖区有16个村民小组。2000—2016年，自然村全部拆迁，村民小组未变。

# 第五节　红新村简况

## 一、建置区划

1910年，境内建都图制，红新为二都头图，隶陆渡乡。1929年，红新有4个行政村、7个自然村，隶属横沥乡。1949年，实行区、乡、村制，重建横沥乡，红新随属。1956年，撤横沥乡，红新区域成立太丰七社高级农业合作社，隶陆渡乡。1958年建立人民公社时，红新划归横沥生产大队。1961年，红新从横沥大队析出，成立黄家湾生产大队。1968年，更名为红新大队。1983年更名为红新村。2003年3月并入横沥村。

红新村位于陆渡最西端，在太丰七社时期和1961年至并村前，其区域面积无变化，东与陆西村相接，南隔新浏河与向东岛相望，西以十八港为界与太胜村相连，北以黄泥泾为界与横沥村相邻，区域面积1.5平方千米。2002年，有耕地面积1431亩，居住面积146亩，辖胡宅、得胜、新村、东湾、西湾、新桥、南蒋7个村民小组，总人口178户757人，劳动力365个。

## 二、基本情况

红新村地处陆渡地区最低端（吴淞零点基准4.15米），故称"水没头黄家湾"。地质为老沙土，保肥性差，农业生产常年受影响。1949年7月下旬，连降暴雨，大部分农田受淹，部分房屋进水，横沥乡发动群众排涝抗灾。动用150人采用人力踏水、手摇车的方式，用时3天才完成排水。1969—1972年，动用大量劳动力，对1518亩土地进行平整。实现田块方格化，筑建水渠、围沟等。为解决农田灌溉和排水，1975—1976年，开挖黄家港、胡家港、新小泾3条河道，总长2800米，从此农业生产条件有所提高。红新村副业生产较为突出，1975年村成立园林队种植桑树，1978年开始养蚕，至1982年集体养蚕收入1.8万元。1992年，全村35户农户养蚕，平均每户收入1600元。1979年，集体和农户养猪780头。1980年，大队种植蘑菇24900平方尺，总产值3.36万元，单产1.47元，连续两年列全乡第一。1989年，红新村获太仓市农业二等奖、副业一等奖。1998年，境内农户开始温氏养鸡。至2003年，全村有22户农户养鸡，年出售54万羽，收入40万元。

70—90年代，红新村先后建办彩印厂、制钉厂、儿童服装厂、拉丝厂等几个村办企业。1993年，工业产值98万元，利润10万元。2002年，工农业总产值414万元。其中，工业产值207万元，利润21万元，农民人均收入6139元。

1961年，建红新大队（黄家湾大队）部。1968年，建280平方米大礼堂和270平方米的红新小学。1969年，建办60平方米大队医务室。1971年，建造农业电灌站。1972年，解决村民用电问题。1975年，设胡宅至向东岛渡口1个。1990年，村民首先饮用镇办自来水，在南蒋队开办老年活动室。2000年，在黄家港建造梁式水泥桥1座。2001年，村民饮用长江自来水。至2002年，村级主要河道有黄家港、胡家港、新小泾、黄泥泾，总长4520米。主要道路有富达路、新桥路、南蒋路、胡宅路，总长2600米。村委会设在胡家宅新浏河边，建筑面积150平方米。党支部党员24名，村委会班子成员5名。2003—2011年，红新村178户农户陆续拆迁，安置于景湖花苑一至四区。

> **·链接·**

**太仓市人民政府**

**关于撤销红新村、调整横沥村村域范围的批复**

太政复〔2003〕3号

陆渡镇人民政府：

你镇《关于调整横沥村、红新村区域范围的请示》收悉。为了适应农村经济发展的需要,更好的发挥村级组织的积极作用,根据《村民委员会组织法》第八条规定,经研究,同意撤销红新村建制,将其原辖区域并入横沥村,调整后横沥村共有16个村民小组,414户农户,人口1228人,耕地2604亩。

原红新村的经济实体和村干部分别由调整后的横沥村统一管理和安排。横沥村村域范围调整后,仍为村级建制,办公地点不变。镇政府应妥善处理好调整中的具体问题,搞好村委员的民主政治建设和村民自治工作。

此复。

太仓市人民政府
2003年3月12日

## 第六节　自然村

### 一、王家巷

位于横沥村东部,为第一村民小组。村庄东临陆西村,南靠戴家宅,西隔胡家港接蒋家村,北连钱家巷。耕地、人口为横沥村之最。村中有南江、横江贯穿东西。

村庄始建于清末,早年有王姓村民居住,12户王姓为同一祖先后裔,世代以种田谋生。后有李姓、傅姓、陆姓、顾姓、胡姓等几户从南村搬迁而来。

70年代,王巷队蘑菇种植面积及产量位居陆渡乡首位。90年代,陆明元、顾凤娟夫妇带头养鸽、养猪、养兔,规模及产量为陆渡镇之最,顾凤娟在2002年被评为"太仓市劳动模范"。

王家巷人任村党组织书记数量最多、年份最久,从1961年到2009年有三任村党支部书记是王家巷人。

王建林在1984年创办美佳乐食品厂,1986年注册太仓冠生园食品有限公司,1995年实现年产值5151万元,利润500万元,为陆渡镇村办企业创利大户。企业三次获得太仓市明星企业称号。1993年王建林被评为"苏州市优秀企业家"。

李明泉在担任派出所户籍民警时,因工作出色,于1990年被江苏省公安厅评为"颁发居民身份证先进工作者"。

村域总面积442亩,其中耕地面积326亩、居住面积25亩。2000年有村民28户,122人。其中男性56人、女性66人。有王姓12户,李姓5户,陆姓3户,黄姓2户,傅姓2户,胡姓、周姓、顾姓、张姓各1户。

村落于2000—2010年全部拆迁,村民被安置在景湖花苑一至二区。

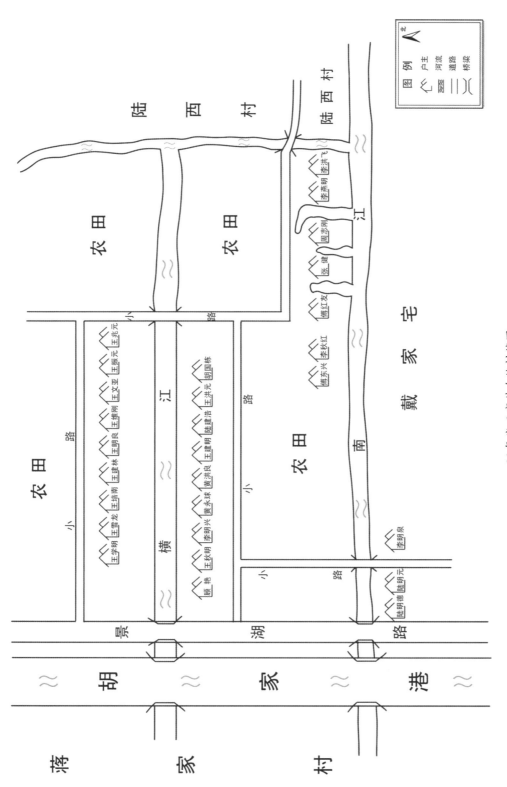

80年代王家巷自然村落图

## 二、蒋家村

位于横沥村中东部，为第二村民小组。东临王家巷，南连侯家宅，西接黄家湾，北至闵家村，村北有北蒋河横贯东西，村西有富达路穿越南北。

蒋家村因蒋姓村民居多而得名。传说清朝中期蒋氏祖辈从南蒋村迁移过来，建立宅院，蒋氏大家族都居住在内。清末，祖辈蒋仁佰从大宅院搬迁又重建新宅。随着家庭人口增多，从60年代至90年代，蒋家出宅分户13户家庭。

太仓解放初期，蒋品兰曾任横沥乡第二任乡长，其子蒋育明在部队服役期间荣立三等功。

除蒋姓之外，早年居住的有钱姓、马姓、陈姓村民。太仓解放初期，马伯生曾任横沥乡农会主任。陈家祖辈陈伯民是针灸郎中，在方圆几里颇有名气，对中暑患者能一针见好，人称"陈一针"。蒋家祖辈蒋炳良，中华人民共和国成立前做贩鸡生意，生意红火，因小名叫阿林，故称"鸡阿林"。马家祖辈马瑞佰画灶花在当地非常有名，灶头画被几代师傅传承下来。

1937年，蒋家村曾遭受日机轰炸，村南70米左右的农田被炸开一个4米深的大坑。1942年，日军欲烧蒋家大院，被蒋氏老太阻止未烧成，老太被打死；又把蒋家西边2户6间草房、2间瓦房全部烧尽。

村庄总面积355亩。其中耕地面积248亩、居住面积22亩。2000年有村民24户，103人。其中男性44人、女性59人。有蒋姓14户，钱姓5户，马姓3户，陈姓2户。

村落于2000—2008年全部拆迁，村民被安置在景湖花苑一至三区。

## 三、钱家巷

位于横沥村中部，村落东北部与陆西村交界，南部与王家巷、蒋家村相连，西部与闵家村相邻。村中部孙家港横穿整个村落，民房大部分坐落于孙家港南线一带。纵向河流有胡家港，沿河有景湖路，村东有万金路，村南有金湾路。

清末有钱姓村民居住在此，世代以种田谋生。50年代，钱品夫开办薄荷作坊，生意兴隆。早年居住的还有两个吴姓家族，其祖辈"吴王"力大无比，能举起250斤的石柱，吴王死后坟地较大，60年代平整土地时被清理。另有黄姓4户，是80年代从黄家巷搬迁至此。

村域总面积304亩，其中耕地面积220亩、居住面积16亩。2000年有村民18户，87人，其中男性41人、女性46人。有钱姓5户，吴姓8户，黄姓4户，朱姓1户。

村落于2002—2017年全部拆迁，村民被安置在景湖花苑二至四区。

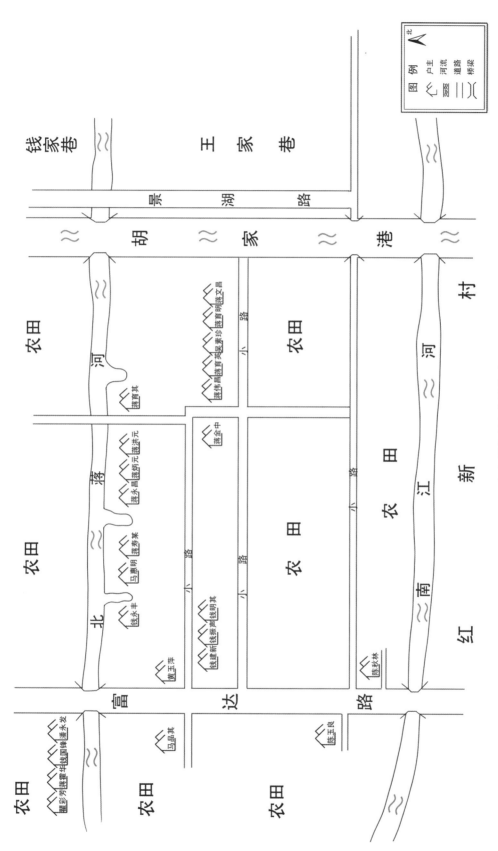

80年代蒋家村自然村落图

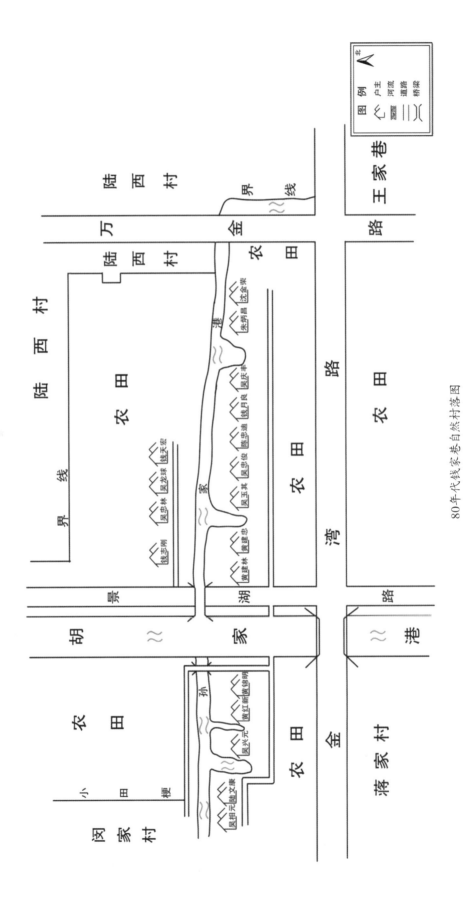

80年代钱家巷自然村落图

## 四、闵家村

位于横沥村中部,东靠钱家巷,南接蒋家村,西邻十八港,北邻金家巷。村中富达路贯穿南北,孙家港穿越东西。

村庄始建于清朝中期,早先有闵姓、吴姓村民,其后有杨姓、蒋姓,后有潘姓、唐姓、胡姓村民。

闵家村村西有新孟江明王庙一座,庙房7间。清光绪三十年(1904),吴颂南在新庙内创办初等小学堂,属单班,学生50人。吴吉云继承父业,直至1961年退职,父子从事教育事业57年。

在孙家港边有吴家大宅,建于清咸丰年间,建筑面积800平方米,有18间正房、12间辅房,建筑结构古典精细。1982年,吴家子女各自出宅,老宅被拆迁。

1953—1954年,闵仲达、吴玉章、杨惠均、杨惠标、张健生先后参加中国人民抗美援朝志愿军。转业后,吴玉章曾任太丰六社监察主任;杨惠均曾任横沥乡第一任乡长。后杨惠标被保送到上海财经大学学习,成为横沥村第一位大学生,其妻倪秀英曾任横沥乡第一任妇女主任。

闵家村从1961年至1991年始终是横沥大队(村)部驻地。1968年后建大队大礼堂、电灌站、轧米加工厂等。80年代,横沥村唯有一条主干道(富达路)穿越闵家村中部。

村庄总面积301亩,其中耕地面积200亩、居住面积22亩。2002年,有村民24户,118人。其中男性57人、女性61人。有闵姓5户,吴姓7户,杨姓4户,蒋姓3户,潘姓2户,张姓、唐姓、胡姓各1户。

村落于2000—2007年全部拆迁,村民被安置在景湖花苑一、二、四区。


## 五、朱家宅

位于横沥村中西部,东连闵家村,南邻娄东太胜村,西靠十八港,北接横沥桥自然村。村庄坐落于旱泾河南北两侧,旱泾河向西连通十八港,河向东是尽头,故称"旱泾头"。村南与闵家村合有一庙,庙前有5棵大银杏树,均有10米高。至1968年,新庙拆除,在原地建造横沥小学。朱国兴曾任10年校长。

村庄形成于清末,早年迁居至此的有朱姓、邵姓和陈姓人家。朱姓为大家族,11户朱姓为同一祖先后裔。中华人民共和国成立前,朱雪斋和朱美斋堂兄弟是有名的木匠,周边村民使用的织布梭子都出自他俩之手。清末民初,陈培兰堂名鼓手班,两代相传,在当地颇有名气,班组6~8人,每逢丧事、喜事便会被邀坐堂演出。

村域总面积303亩,其中耕地面积209亩、居住面积19亩。2000年,村庄有22户,108人。其中男性52人、女性56人。有朱姓11户,陆姓3户,邵姓2户,陈姓2户,

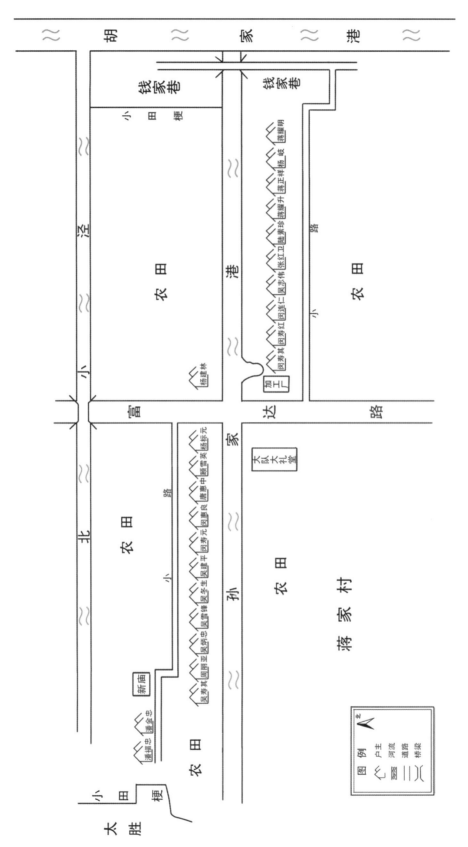

80年代闵家村自然村落图

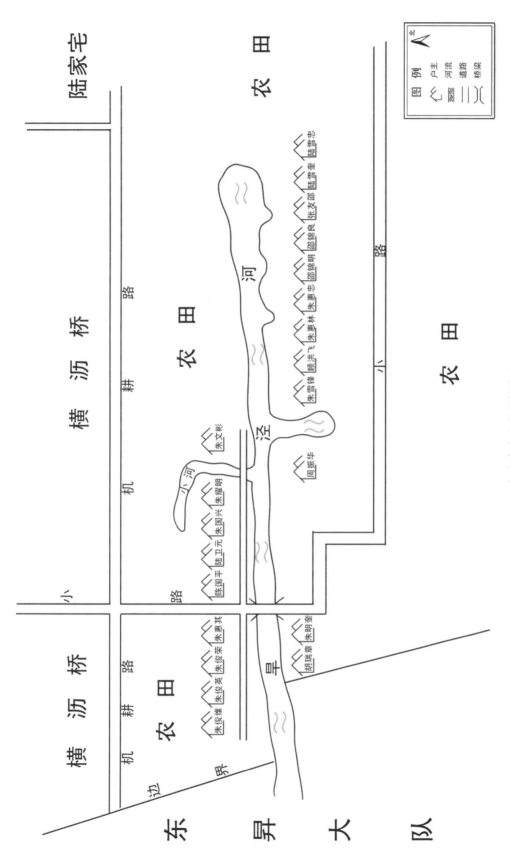

80年代朱家宅自然村落图

顾姓、胡姓、张姓、周姓各1户。

村落于2003—2008年全部拆迁,村民被安置在景湖花苑一至二区。

### 六、横沥桥

位于横沥村西北部,东接邵家巷,南靠朱家宅,西邻娄东太胜村,北连洙泾村。村北部有浏太公路,村中部有横贯全境的汤泾河,大部分民房在汤泾河南北两侧。因村庄坐落于横沥桥附近而得名。

村庄早年居住的有潘姓、邵姓、沈姓、唐姓村民。潘姓人家相对富裕。民国时期,潘贵廷曾任横沥村保长。土地改革时期,潘姓有1户地主、1户富农。潘云如是有名竹匠,手艺精湛。潘耀如出自泥匠之家,手艺三代相传。潘永喜和潘永泉传承灶头画手艺。沈家2户,传说是沈万三后代落脚于此。

横沥桥在历史上是水路交通要道,村西老十八港旧时是条水上航道。中华人民共和国成立前,汤泾河北侧有2米宽的泥路,是境内唯一的连通太仓至浏河的交通要道。1933年,横沥桥东侧有一条3米宽、100米长的老街,街上有蒸汽机轧米厂、棉花行、唐家酒店、理发店和茶馆等。

横沥桥在历史上也是军事要塞。抗战时期,日军在横沥桥周围筑建碉堡3处。其中最大的碉堡群有7间,堡内有水井和地道。日伪军"清乡"时,在浏太公路边筑起竹篱笆,行人通过都要检查,村民潘仲山为穿竹篱笆被日伪军打断腿。

村域总面积359亩,其中耕地面积221亩、居住面积22亩。2000年,村民有24户,102人。其中男性50人、女性52人。有潘姓8户,周姓3户,李姓1户,邢姓、朱姓、邵姓、沈姓、王姓、唐姓各2户。

村落于2000—2003年全部拆迁,村民被安置在景湖花苑一至四区。

### 七、邵家巷

位于横沥村中北部,东接金家巷,南靠朱家宅,西连横沥桥,北与洙泾村交界。汤泾河村后贯通,村民居住在汤泾河南线一带,村北有浏太公路,交通便利。

清朝中期,有邵姓大户在此居住,繁衍子孙,后邵家败落,房子宅基被巷东吴姓祖辈收买。邵家后代散落在横沥桥、吴家角、朱家宅。

旧时,汤泾河北一条大路连接横沥桥路,巷西有官令桥,桥边凉亭是行人歇脚之地。附近有邵家茶馆,人气兴旺,亭西附近有老孟江明王庙,每年举办庙会,热闹非凡。1948年,庙中开办永胜小学,单班,学生20余人,朱家礼任教。1961年,老庙被拆除。

1958年成立横沥生产大队时,因邵家巷历史久远,邵家巷、陆家宅、金家巷合并

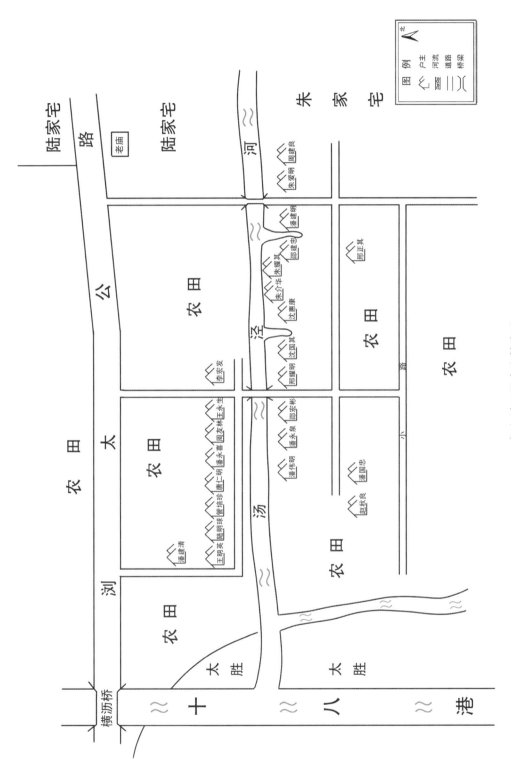

80年代横沥桥自然村落图

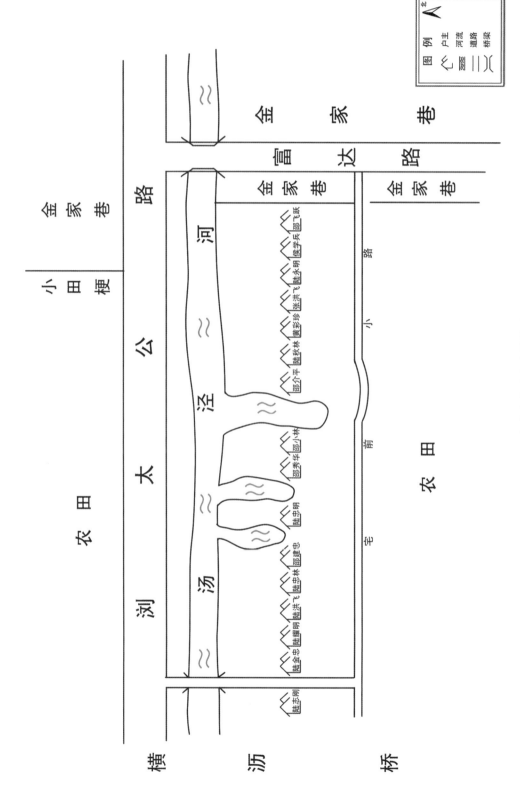

80年代邵家巷自然村落图

称为邵家巷生产队。60年代，因陆家宅人口数量及所占土地面积相对较多，邵家巷队改称陆宅队。70年代，有9户陆姓人家从陆家田垛迁入邵家巷。

村域总面积265亩，其中耕地面积165亩、居住面积14亩。2000年，村民有16户，64人。其中男性30人、女性34人。有陆姓9户，邵姓5户，侯姓、吴姓各1户。

村落于2003年全部拆迁，村民被安置在景湖花苑三区。

### 八、金家巷

位于横沥村中北部，东靠吴家角，南邻闵家村，西接陆家宅，北与洙泾村交界。浏太公路在村后穿过，村东有胡家港，村西有富达路。村庄坐落于汤泾河南线一带。

村庄古名金家巷，但无金姓户。传说在明末清初，金姓曾是当地望族，后来当地暴发瘟疫，金氏族人大多染病去世，幸存者也逃往外地。后金宅被吴家拆除并重建。至1968年，金家巷改称团结生产队。

清末，有两个吴姓家族迁居至此，分别居住在村东和村西。两家族都较富裕，村东吴品兰拥有田地60亩，轧花车1部，棉絮车1部。村西5户吴姓中，有3户在土地改革时期被划为富农。王姓1户，早年从中原迁移至此，范姓、陆姓2户因1958年开挖新浏河搬迁至此。

1942年，境内浏太公路曾被伪太仓政府封锁管理，所设竹篱笆封锁线直至抗战结束才被拆除。

境内桃园一地，在太仓地区有一定知名度。1958年，公墓边种植35亩桃树，所产桃子销售至太仓市区。1961年，浏太公路全线通车，1970年，桃园设立公交车站。

村内老木匠吴星山在中华人民共和国成立前建造农房就颇有名声，他的孙辈吴伟明继承祖业，手艺精湛，收徒10多人，1984年创办永胜美术家具厂。

村域总面积300亩，其中耕地面积191亩、居住面积15亩。2000年，有村民17户，89人。其中男性42人、女性47人。有吴姓14户，范姓、王姓、陆姓各1户。

村落于2000—2005年全部拆迁，大部分村民被安置在景湖花苑一、三、四区，2户被安置在花园新村。

### 九、吴家角

位于横沥村东北部，东部、南部与陆西村交界，西部与金家巷接壤，北部与洙泾村相邻。

吴家角是横沥历史上最早的古村落之一，始建于明末清初。有一吴姓家族5户人家定居在汤泾河和界泾河的交界角，故称"吴家角"，后又有2户吴姓人家迁居至此。随着吴家子孙繁衍，吴家角吴姓村民增多，逐渐扩户出宅。至2000年，45户吴姓分布

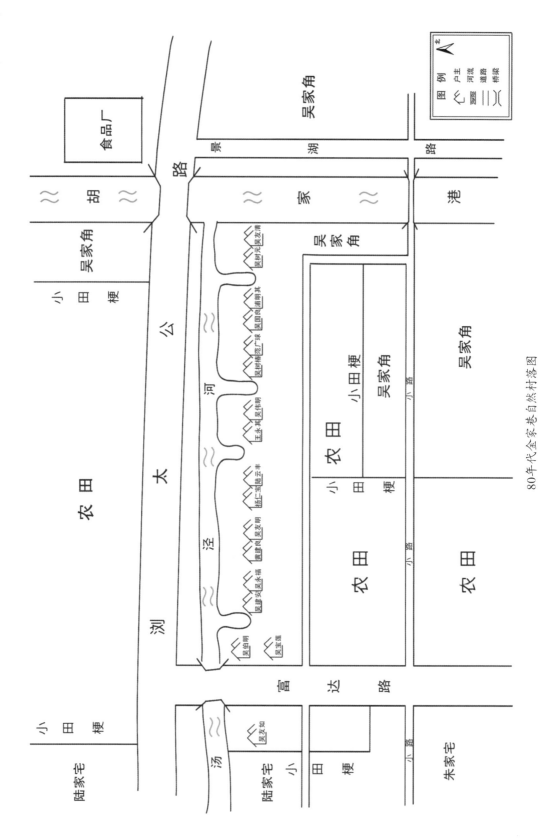

80年代全家巷自然村落图

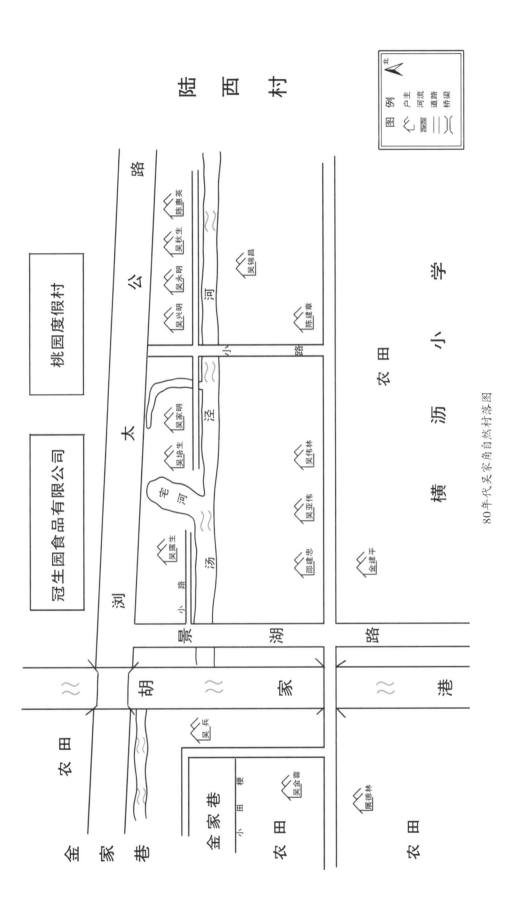

陆西村

图 例
户主 河流 道路 桥梁

桃园度假村

冠生园食品有限公司

横 沥 小 学

80年代吴家角自然村落图

吴家角自然村一角

在吴角、闵村、钱巷、团结4个组，在横沥村原籍人口中，吴姓人数居首位。清道光年间，吴家角村民在宅南界泾河上搭建9米长、2米宽的石板桥，石板桥路连通老横沥桥路，是横沥境内唯一的交通要道，村民出行必须经过吴家石板桥，因此吴家角在周边村民心中留下了很深的印象。清初，在吴家角村东有座总管堂古庙，庙边有棵银杏树，直径1.5米，需三人合抱，树龄250多年。1953年，因地方政府征用木材，此树被砍掉。

村北桃园附近有一片坟地叫"化人台"，是民国政府用于安葬流浪人员的场所。面积50亩，1958年被陆渡公社改造成公墓，种植桃树35亩。1961年后，公墓迁移，改为良田。由于具备地理优势，吴家角历来是横沥发展建设用地。1973年，此地建桃园知青点、农科实验站。80年代，5个村办企业都建在吴家角。90年代后，横沥小学、桃园度假村、横沥村村委会、太仓市社会福利中心、康复医院和娄江新城建设指挥部都设在吴家角。因此吴家角在横沥历史发展中具有一定的地位。

村域总面积291亩，其中耕地面积186亩、居住面积14亩。2000年，村民有16户，63人。其中男性30人、女性33人。有吴姓13户，金姓2户，邵姓1户。

村落于2003—2010年全部拆迁，15户村民被安置在景湖花苑一、三区，1户被安置在横沥佳苑。

### 十、胡家宅

位于横沥村东南部，东临陆西村，南靠新浏河，西依胡家港，北至戴家宅。

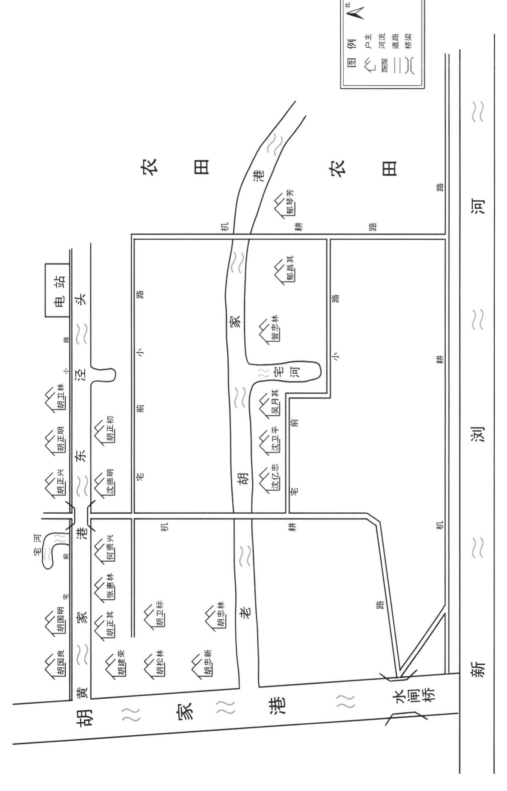

80年代胡家宅自然村落图

胡家宅因胡姓村民居多而得名。13户胡姓人家出自两个家族，因胡姓世代以种田为主，家族贫富比较均衡。早年在此居住的还有郁家，后代郁品华曾在太仓解放初期任横沥第三任乡长。沈家后代沈卫平参加对越自卫还击战，并荣获三等功。

旧时，村落中部有一条贯穿东西的老胡家港自然河，农户都居住在沿河一线，70年代因拓宽新浏河，大部分农户迁至村北黄家港、东泾头河沿线。1959年，为便于村民出行，在新浏河设红新至向东岛的渡口，至1999年，因娄陆大桥建成而停渡。1975年，因水利需要，在村西开挖南北走向的新胡家港，并在胡家港口建防洪水闸1座。1992年，红新村村委会迁至胡宅队，至2003年并入横沥村。

村域总面积304亩，其中耕地面积165亩、居住面积19亩。2000年，村民有21户，99人，其中男性48人、女性51人。有胡姓13户，沈姓3户，郁姓2户，管姓、吴姓、何姓各1户。

村落于2011年全部拆迁，大部分村民被安置在景湖花苑一、三、四区，2户被安置在横沥佳苑。

### 十一、戴家宅

位于横沥境域中东部，东部与陆西村交界，南部与胡家宅相连，北部隔北港河与黄家巷相望。村中东泾头河由东向西流入胡家港，村东南有蒲塘、葫芦头、竖头港绕宅而过。因村形不规则，村民出入不便。

清朝中期，有戴姓大户在戴家宅居住，其祖辈戴永甫兄弟俩靠种田发家，逐渐富裕，后有100多亩土地。1912年，重建戴家大院，有30多间房屋，建筑豪华精致，门窗都是花格子雕花图案，正厅大梁直径有40厘米。1959年，后代戴兆华响应祖国号召，带着妻儿到新疆支边。

另有吴姓、周姓、金姓、徐姓人家早年迁居至戴家宅，周家后代周永年从事市政建设工程，业绩较突出。金家后代金根发曾任陆渡乡、浮桥镇党委书记及太仓水利局局长，儿子金标毕业于清华大学。

村域总面积332亩，其中耕地面积185亩、居住面积19亩。2000年，有村民21户，89人。其中男性42人、女性47人。有戴姓6户，胡姓6户，吴姓2户，周姓2户，徐姓2户，潘姓、金姓、冯姓各1户。

2003年，戴家宅随红新村并入横沥村。2011年村落全部拆迁，村民被安置在景湖花苑一、三区。

### 十二、侯家宅

位于横沥村中南部，东靠胡家港，南至新浏河，西接富达路，北连蒋家村。村北有黄

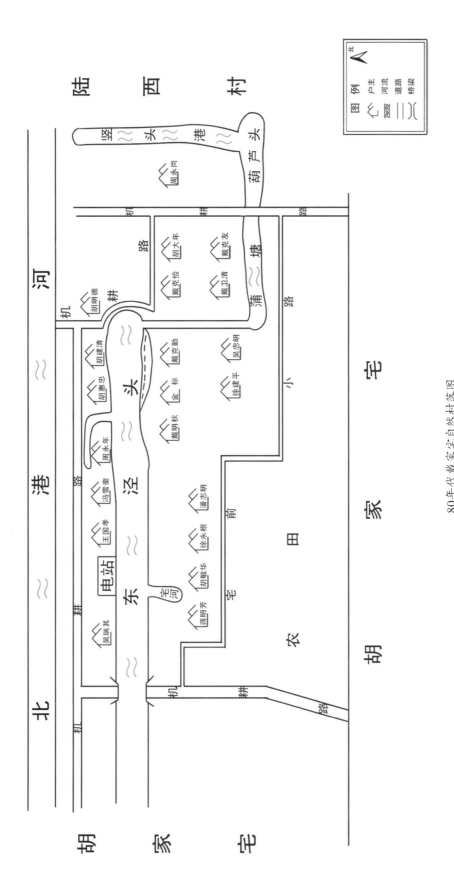

80年代戴家宅自然村落图

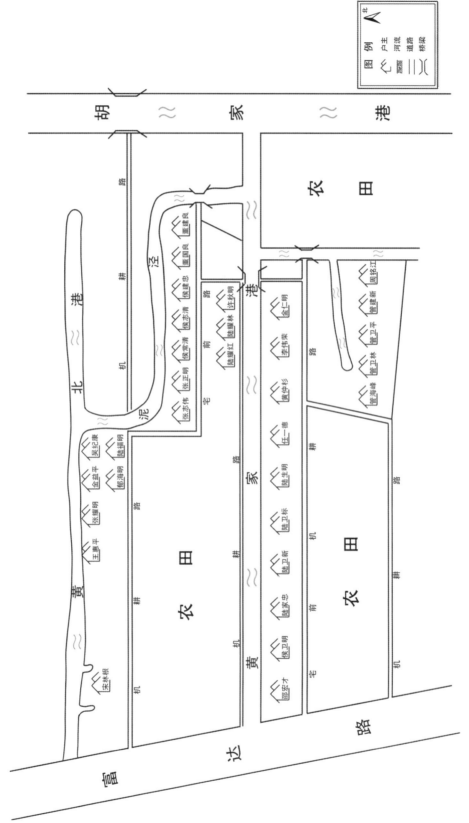

80年代侯家宅自然村落图

泥泾由东南向西北弯曲而行,黄家港横贯整个村落,大部分农户居住在两河南线一带。

侯家宅早年有侯姓、董姓、管姓村民居住。因大部分农户于1958年开挖新浏河时从外村迁居而来,故村中32户有14个姓氏,是横沥境内姓氏最多的一个村落。

抗战时期,董秋生爷爷因脚伤在家养病,被日军误认为是抗日分子,董家遭日军放火烧毁。后又重建房屋。

管品山曾为抗美援朝志愿军。管海峰曾任太仓市委党校三级主任科员、高级讲师。吴纪康是位文化艺人,擅长书法,亦善画花卉,能反弹三弦,在作词谱曲上曾多次获太仓市级奖。

村域总面积467亩,其中耕地面积293亩、居住面积29亩,2000年,村民有32户,134人。其中男性64人、女性70人。有侯姓4户,管姓5户,陆姓6户,张姓3户,黄姓2户,金姓2户,王姓2户,吴姓2户,李姓、任姓、许姓、郁姓、宋姓、浦姓各1户。

2003年,侯家宅随红新村并入横沥村。2000—2008年,村落全部拆迁,村民被安置在景湖花苑一、二、四区。


### 十三、黄家宅

位于横沥境域西部,东临侯家宅,南接蒋家宅,北靠张家宅,北连蒋家村。村南黄家港贯穿东西。村北有黄泥泾河,村中有黄家宅河、姚家宅河、施家宅河。农户房屋依河而建,由于宅河多湾曲折,方向各异,道路没有规则,故有"黄家湾,走进去,摸不出"之说。1983年后,筑建机耕路,部分农户出宅到沿路一带,房屋方向一致。

村落始建于清末,因黄姓村民居多,故名"黄家宅"。黄家11户,由一个祖先相传,其中祖辈黄兴如家境较好,中华人民共和国成立前有轧花车、磨坊、经布坊。早年还有孙姓户,吴姓和沈姓村民于1958年开挖新浏河时迁入。

村域总面积288亩,其中耕地面积198亩、居住面积14亩。2000年,村民有16户,86人。其中男性41人、女性45人。有黄姓11户,孙姓2户,沈姓、吴姓、浦姓各1户。

2003年黄家宅随红新村并入横沥村。2005—2009年,村落全部拆迁,村民被安置在景湖花苑一、四区。


### 十四、张家宅

位于横沥境域西部,东靠黄家宅,南临蒋家宅,西至十八港,北接顾家宅。

村庄始建于清末,早年有张姓、顾姓、姚姓、黄姓村民居住。张姓6户中,张佰成户祖孙三代为油漆匠。张田成、张元龙父子二人从中华人民共和国成立前到80年代一直从事经布行业。顾姓6户中,顾永夫户在中华人民共和国成立前较富裕,家中拥有田地几十亩。姚家后代姚晋良参加抗美援朝志愿军,在朝参战3年,在连队加入中

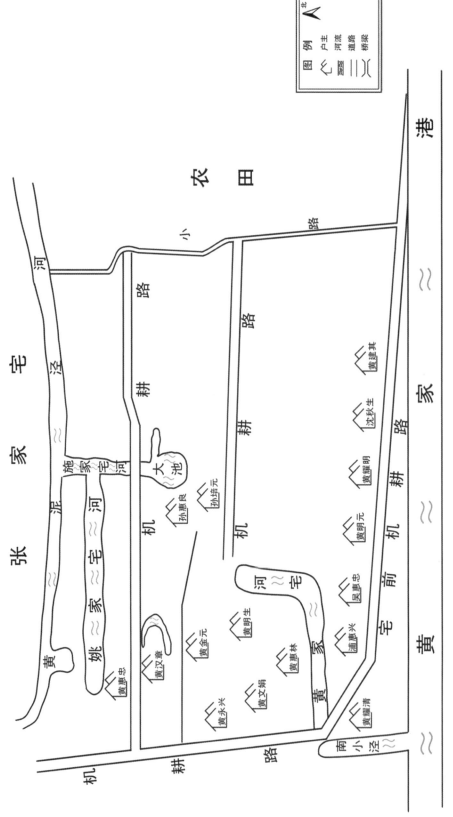

80年代黄家宅自然村落图

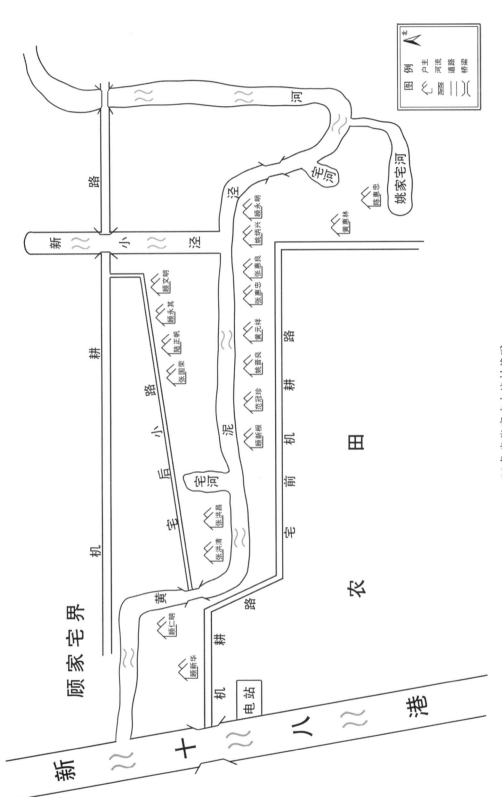

80年代张家宅自然村落图

国共产党。黄家后代黄元祥于1980年开办五金加工厂和榨油小作坊。

村中部黄泥泾河蜿蜒弯曲由东向西进入十八港。大部分农房沿黄泥泾河一带分布。1976年，为解决农田水利，在村东开挖350米新小泾河，连通黄泥泾河。村西十八港边有电灌站1座。张家宅是陆渡境内地势最低的村庄，经常受水灾，60年代经过土地平整和水利建设后得到改善。

村域总面积264亩，其中耕地面积183亩、居住面积16亩。2000年，村民有18户，96人。其中男性47人、女性49人。有张姓6户，顾姓6户，黄姓3户，姚姓3户。

2003年，张家宅随红新村并入横沥村。2006—2008年，村落全部拆迁，村民被安置在景湖花苑一、四区。

### 十五、顾家宅

位于横沥村西部，东南部与张家宅相邻，西靠十八港，北与娄东太胜村交界。黄泥泾河由东南向西北贯穿整个村落，村北有横向老十八港和大水沟河，由于河道弯曲多，村落民房过于分散。

村庄形成于清末，因顾姓村民聚居而得名。顾姓11户分为4个家族。其中顾永明户为清末从苏北迁移而来。另有黄姓6户为2个家族，其中黄洪生户祖辈从太仓东门迁居而来，抗战时房屋被日军烧毁，兄弟二人无家可归，一人到新塘做女婿，另一人被黄家领养。其余黄姓在清末从河北省逃荒而来。后代黄金华在1951年加入中国人民解放军，参加江南剿匪和抗美援朝战役，服役期间加入中国共产党。另外金姓3户居住在老十八港和东昇交界处湾角，此地故称"金家湾"。

村域总面积293亩，其中耕地面积207亩、居住面积19亩。2000年，村民有23户，105人。其中男性51人、女性54人。有顾姓11户，黄姓8户，金姓3户，王姓1户。

2003年，顾家宅随红新村并入横沥村。2006—2008年，村落全部拆迁，村民被安置在景湖花苑一、四区。

### 十六、蒋家宅

位于横沥境域西南角，东临侯家宅，南靠新浏河，西至十八港，北连黄家宅。村北有黄家港，村西有老十八港和老宅河，农房依河而建，排列成"7"字形。蒋家宅人多地多，为横沥境内之最，村落地势低洼，遇大水汛可不用灌溉稻田。

村庄因蒋姓村民居多，故称"蒋家宅"。清末，蒋氏有3个家族居住在此。其中一个家族家境富裕，祖辈修建三宅大院。由于田地较多，土地改革时一户被划为地主，一户被划为富农。蒋氏后代蒋正林曾参加淮海战役，担任炮兵团排长，在部队加入中国共产党。其余早年居住的有陆姓5户，为同一祖先，都以种田谋生。金姓村民为土

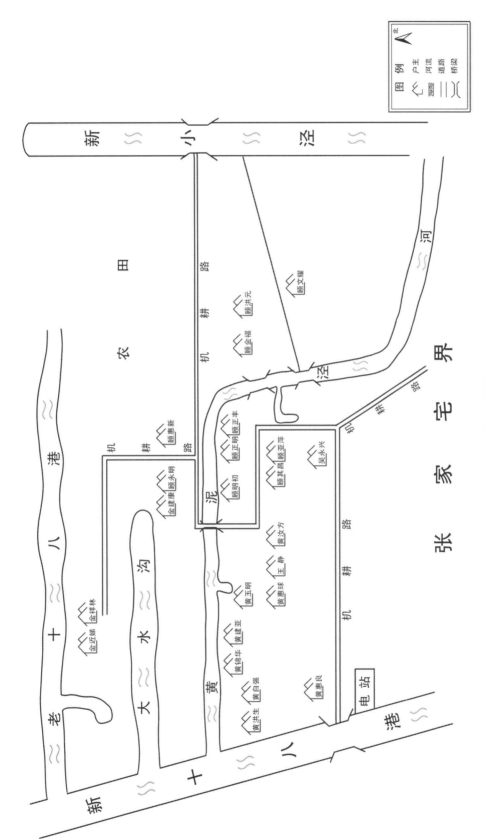

80年代顾家宅自然村落图

图例
户主
河流
道路
桥梁

北

新　小　泾
河

张　家　宅　界

新田
农
耕
机
路
顾文耀
顾洪元
顾金福
泾

顾惠新
顾正明　顾正丰
顾明初
顾建康　顾永明
顾其昌　顾亚萍
吴永兴
机
耕
路
泥
顾汉方
机
黄玉明
黄惠球　王仲
耕
金近琛　金祥林
黄建亚
路
水
黄锦华
黄自强
沟
黄惠良
机
黄洪生
耕
电站
路
老　八　十　港
新　八　十　港

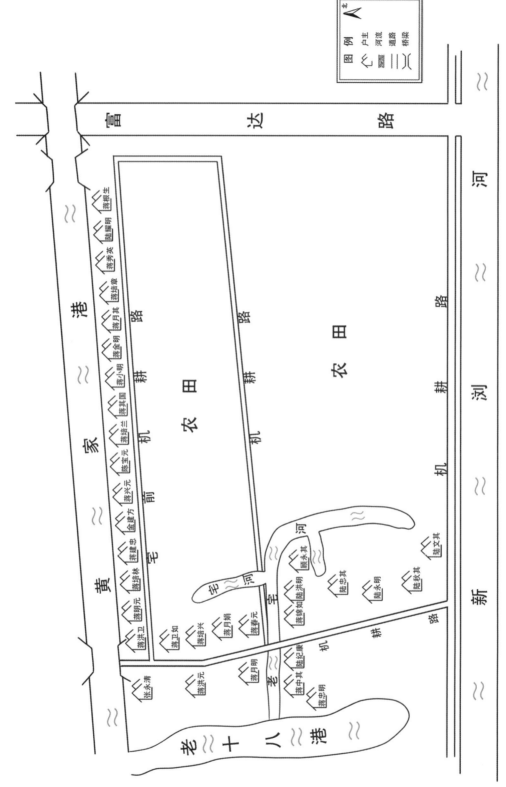

80年代蒋家宅自然村落图

地改革时分进户。张姓、沈姓村民为开挖新浏河时迁入。

村域总面积538亩，其中耕地面积348亩、居住面积30亩。2000年，村民有33户，143人。其中男性69人、女性74人。有蒋姓25户，陆姓5户，沈姓、张姓、金姓各1户。

2003年，蒋家宅随红新村并入横沥村。2009年，村落全部拆迁，村民被安置在景湖花苑一、四区。

表1-1 1990年横沥境域各自然村区域面积一览

| 组别 | 户数（户） | 耕地面积（亩） | 宅基面积（亩） | 水域面积（亩） | 道路、绿化及其他面积（亩） | 区域面积（亩） |
|---|---|---|---|---|---|---|
| 王家巷 | 28 | 326 | 25 | 37 | 54 | 442 |
| 蒋家村 | 24 | 248 | 22 | 35 | 50 | 355 |
| 钱家巷 | 18 | 220 | 16 | 28 | 40 | 304 |
| 闵家村 | 24 | 200 | 22 | 32 | 47 | 301 |
| 朱家宅 | 21 | 209 | 19 | 29 | 46 | 303 |
| 横沥桥 | 24 | 221 | 22 | 37 | 79 | 359 |
| 邵家巷 | 16 | 165 | 14 | 28 | 58 | 265 |
| 金家巷 | 17 | 191 | 15 | 30 | 64 | 300 |
| 吴家角 | 16 | 186 | 14 | 29 | 62 | 291 |
| 胡家宅 | 21 | 165 | 19 | 71 | 49 | 304 |
| 戴家宅 | 21 | 185 | 19 | 80 | 48 | 332 |
| 侯家宅 | 32 | 293 | 29 | 88 | 57 | 467 |
| 黄家宅 | 16 | 198 | 14 | 36 | 40 | 288 |
| 张家宅 | 18 | 183 | 16 | 26 | 39 | 264 |
| 顾家宅 | 23 | 207 | 19 | 26 | 41 | 293 |
| 蒋家宅 | 33 | 348 | 30 | 103 | 57 | 538 |
| 合计 | 352 | 3545 | 315 | 715 | 831 | 5406 |

# 第二章　自然环境

## 第一节　成　陆

　　横沥全境位于太仓城东,地处长江三角洲冲积平原之沿江平原。据《太仓县志》记载,太仓中部有一条自西北至东南走向的沙堤,北起常熟梅李、徐市,经太仓涂松,至上海娄塘、嘉定、马陆、南翔一带。横沥境域在太仓涂松与上海娄塘之间,其成陆年代距今3000年左右。

## 第二节　地貌土壤

### 一、地貌

　　全境地势平坦,大部分地面高程在4.15~4.75米(基准:吴淞零点,下同),最低地为红新村东湾组,地面高程4.15米,地形由东向西略倾斜。

### 二、土壤

　　全境的土地由长江上游泥沙随水冲积演变而成,1983年太仓县水土资源调查表明,境内横沥村为老沙夹垄土种,土色黄棕灰色,中壤质地,保水性优于沙夹垄,旱季地下水位在80厘米左右。稻棉均宜。红新村为老沙土种,土色黄棕淡黄,轻壤黄地,耕层黏粒含量12%左右,该土地肥力较差,且保水性差,旱季地下水位在100厘米以下,耕性发棵好,但易早衰,宜稻棉。

# 第三节 气 候

## 一、气候特点

横沥地区属北亚热带南部湿润气候区,受季风环流支配,具海洋性气候特点。全年四季分明,气候温和湿润。年平均气温为15.4℃,降水量1064毫米,日照1975小时,无霜期为225天。冬季受北方冷高压控制,气候寒冷干燥;夏季受副热带高压影响,天气炎热;春秋两季是季风交替时期,冷暖多变,干湿相间。

## 二、气温

年平均气温15.4℃。极端最高气温38℃,出现在1998年8月11日、8月15日;极端最低气温-8.6℃,出现在1991年12月29日。全年中7月最热,月平均气温27.7℃;1月最冷,月平均气温2.8℃。

## 三、日照

年平均日照时数为1974.6小时,占可照时数的45%。一年中以2月日照时数最少,仅127小时;8月最充足,达254小时;4—6月为春雨、梅雨季节,这一季节多阴雨天,日照率仅38%~39%,是全年日照最少的季节;7—8月,多晴热天气,日照率高达55%~62%,是全年日照最多的两个月。

## 四、降水

年平均降水量为1063.9毫米,平均年雨日125天。日最大降水量226.5毫米,出现在1985年8月1日。

## 五、霜

常年初霜期为11月15日,最早见霜是1960年10月28日;常年终霜期3月28日,最迟终霜期为1962年4月19日;年有霜日140天,无霜日225天。

## 六、雪

年均降雪日数5.9天,最多年13天(2004—2005年度),最少年1天(2000—2001年度、2003—2004年度)。

## 七、雾

年均最大雾日24.3天，12月最多，7月最少。

## 八、风

年平均风速2.3米每秒，最大年3.8米每秒（2001年），最小年2.3米每秒（1999年）。3、4月份最大，4.1米每秒；10月最小，1.7米每秒（1998年）。风速最大的一天2004年7月8日，西北风16.7米每秒。瞬时最大风速28.1米每秒（10级）（2005年8月7日）。大风日数年均6.9天，最多17天（1987年），最少0天（1999年）。

# 第四节　自然灾害

境内自有灾害记载以来，有台风、暴雨、冰雹和地震等自然灾害。

## 一、水旱灾、冻害

明弘治七年（1494）7月，境内发大水，田地被淹。十六年（1503），遭旱灾，秋粮免征三分之一。

清宣统三年（1911）8月间，连降暴雨5天，洪水成灾，田禾被淹，民不聊生。

1919年6—7月间，因连日大雨，河水暴涨，低田成河，棉花、水稻淹死甚多。

1929年9月，连日风雨交作，深夜更剧，河水满溢，与堤岸平齐。禾稻、棉花、豆类及房屋被淹者甚多，灾情之重，实为少见。

1931年10月上旬，降雨129毫米，灾象已成，下旬又降雨276毫米，遂成一片汪洋，水陆不分，最高水位达3.97米。

1946年，入春以来，阴雨连绵，连续数旬，农作物被水淹没。同年9月26日，台风过境，连日风雨，水陆交通受阻，河水陡涨2尺，倒灌农田，秋熟作物淹死甚多。

1949年7月下旬，台风暴雨袭境，农田普遍积水，棉苗受水浸，水退落叶，禾稻受灾腐烂。该年农作物减产严重。

1953年夏，伏旱，7月21日起，42天中降雨量仅25.3毫米，大部分农作物受旱减产。

1954年6—7月间，两次大暴雨，降雨量达469毫米，水位涨至3.88米，区人民政府组织西部横沥、半泾等乡农民千余人次排水抗灾，以减轻秋熟损失。

1955年6—7月间，连日暴雨，降雨量达550毫米，横沥等乡的农田普遍受淹，乡干部带领农民排水抗灾。

1956年6—7月间,连续暴雨10天,降雨量达856毫米;8月中,暴雨3天,降雨量439毫米;9月24日再次暴雨。农业生产合作社组织社员排水抗灾,使灾情减轻。

1959年6—8月间,大旱,境内小河干涸,农田干裂,大队组织社员抗旱保苗。

1960年6—9月间,多次连续暴雨,降雨量达989.2毫米;同时,又遭台风袭击。该年棉花减产30%,水稻减产20%。

1967年夏伏旱,入秋又旱,境内部分小河干涸,农作物受旱。同年11月8—12日,连续阴雨5天,降雨量90.9毫米,境内水稻收割、脱粒受到影响,三麦播种、油菜移栽被迫推迟。

1973年9月1—13日,连续阴雨13天,同月23—30日,又连续阴雨8天,一个月内阴雨21天,造成境内棉铃霉烂,棉花减产。

1977年1月3日,受寒潮袭击,气温骤降。同月下旬,又连续低温10多天,最低气温达-11.5℃,境内三麦、油菜受冻害。同年4—5月间,连续阴雨10天,降雨量128毫米,时值三麦抽穗扬花期,境内小麦因严重赤霉病而烂穗减产。

1985年7月31日至8月10日期间,分别受6号、9号强台风袭击,同时,普降大暴雨3天,降雨量260毫米,造成境内棉株倒伏,落蕾落铃,鱼塘溢水,农田积涝,受损严重。

1988年7月初至21日,境内连续高温无雨,8日最高气温达37.2℃,天气炎热干旱,境内部分棉田干裂。

1991年6月下旬至7月初,连续暴雨半月余,降雨量达663毫米,内河水位涨至4米以上,横沥村组织农民排水救灾,以减轻灾情。

1999年6月23日,遭暴雨袭击,降雨量达366.2毫米。境域范围15公顷水稻、35公顷经济作物、部分农户房屋受损。

2008年1月13日、12月6日及12月22日,出现3次寒潮,48小时降温分别为9.9℃、12.9℃和13.1℃,最低气温分别为1.1℃、-3.6℃和-5.2℃。同年1月25日夜降雪65.1毫米,最大积雪深度23厘米。

2011年6—8月,暴雨3次;6月10日受梅雨带影响,普降暴雨,过程雨量58.2毫米。6月18日,受低空切变线和梅雨锋共同影响,极大风速20.6米每秒,降雨量98.8毫米。降雨过程造成境内道路积水,部分田块内涝。

### 二、风灾、雹灾

1917年5月,一天中午,狂风大作,夹着冰雹自东北方向而来,势猛,小熟受灾严重。

1962年9月5—7日,遭14号台风侵袭,风力6级,降雨量222.5毫米,境内农作物受害。

1971年7月3日16时2分,境内部分地区遭大风袭击,风力8级,农作物受害。

1977年4月4日和15日,遭冰雹袭击,雹径大的如弹子,境内受灾农作物近百亩。

1983年4月28日凌晨和下午,红新等大队连遭冰雹、大风袭击,造成三麦、油菜倒伏减产。

1984年7月31日至8月1日,受6号台风影响,风力8级,降雨量259.7毫米,境内农作物受损。

1997年8月18日,遭11号台风袭击,风力9级,伴有短时大暴雨,过程雨量68毫米,持续长达72小时。境域12公顷棉花倒伏,80公顷水稻受损。

2001年6月20—24日,遭2号台风"飞燕"袭击,普降暴雨,其中6月23日平均降雨量174毫米。7月6日,遭4号台风"尤特"袭击,造成63公顷农田受淹,红新村温氏养鸡户养鸡棚倒塌,经济损失严重。

2002年7月5日,受台风"威马逊"和"森拉克"外围影响,全域有62公顷农作物受损,红新村温氏养鸡棚倒塌。

2005年8月5—7日,遭9号台风"麦莎"正面袭击,又逢农历七月初三天文大潮,降雨量205.5毫米,最大风速28.1米每秒,全村落实防汛工作,成功抵御强台风袭击。

2007年9月18日,横沥村紧急战备13号台风"伟帕",落实防汛应急预案,紧急转移危房户,成功防御台风的袭击。

2013年10月5日,受29号台风"菲特"影响,境内降雨量达239毫米,造成农田水淹。

2022年9月16日3时,台风"梅花"进入境内,风力12级,降雨量达150毫米。


### 三、地震

明崇祯十六年(1643),发生地震,境内有震感。

清宣统三年(1911)五月初九傍晚,发生地震,境内有震感,灯摇晃,人觉眩晕。

1915年11月3日晚,上海江湾发生3.5级地震,境内居民惊醒。

1918年2月3日,广东南沃发生7.25级地震,境内房屋震动,灯摇晃。

1921年12月1日,南黄海发生6.25级地震,境内房屋震动,灯摇动,门窗格格作响。

1927年2月3日11时45分,南黄海瑶沙发生6.25级地震,境内房屋震动,室内器皿作响。同月22日和6月8日,上述地区又分别发生5.5级和5.25级地震,境内有震感。

1940年1月3日18时10分,镇江发生4.75级地震,境内室内悬篮摇晃。

1949年1月14日10时20分，南黄海发生5.75级地震，境内房屋震动，人感眩晕。

1971年12月30日18时47分，长江口发生5.1级地震，境内有震感。

1974年4月22日8时29分，溧阳上沛东发生5.8级地震，境内门窗作响。

1975年9月2日22时7分，南黄海郎家沙发生5.6级地震，境内有震感。

1979年7月9日18时57分，溧阳上沛发生6级地震，境内有明显震感。

1980年8月31日4时11分，太仓浮桥泾附近发生3.1级地震，境内有轻微震感。

1990年2月10日，太仓沙溪镇北发生5.1级地震，境内有明显震感。

## 第五节　自然资源

### 一、土地资源

1990年，横沥全境总面积5406亩。其中可耕地面积3545亩、居住面积315亩、水域面积715亩、道路面积及绿化面积697亩、企业用地98亩、公共设施面积36亩。至2022年，共征用土地4691亩。其中企业占地810亩，农民安置房征地670亩，商住房征地1108亩，公共事业用地327亩，道路征地687亩，绿化面积征地837亩，滨河公园、十八港生态湿地公园建设用地252亩。

### 二、水资源

横沥境域地处长江口南岸，为长江流域，自古被称为"江南水乡"，河流密布，塘浦纵横，通江达海，水资源十分丰富。境内十八港、胡家港两条主流直通新浏河，流入长江。70年代，境内有内河（浜、泾、塘）91条。90年代后，因开发建设需要，大部分小河已被填埋。现境内有胡家港、汤泾河、黄家港、北蒋河、孙家港、新浏河、十八港等7条主要河流，长度约13千米。水系面积占村域总面积的13%，其中自然河道为汤泾河、北蒋河、孙家港。

**胡家港**　位于横沥村东部，南起新浏河，北至洙泾河，流经红新、横沥、洙泾3个自然村。全长3000米，境域内长2200米，宽16米。1975年、1995年2次分段疏浚，使沿河两岸农田受益。

**汤泾河**　位于横沥村北部，西起十八

汤泾河（2023年摄）

港,东至胡家港,长1650米,宽15米。

**孙家港** 位于横沥村中部,东起胡家港,西至十八港,长1650米,宽15米。

**北蒋河** 位于横沥村中北部,东起万金路,西至十八港,长1820米,宽16米。

**黄家港** 位于横沥村南部,东起万金路,西至十八港,长1820米,宽15.5米。

**新浏河** 市级河道,境内东起万金路,西至十八港,长1800米,宽120米。1958年开挖,1975年拓浚。

孙家港(2023年摄)

**十八港** 市级河道,境内南起新浏河,北至上海路,长1800米,宽35米。1975年开挖,2015年拓浚。

据气象部门资料统计,1995—2016年,年平均降水量为1038毫米,年平均水面蒸发量1395毫米。

境内地下水源较为丰富,下水位在1米处以下,水位埋深达30~45米。90年代,由于深层地下水开采剧增,地下水位有所下沉。

### 三、野生植物

**树木类** 有榉树、榆树、楝树、柏树、桑树、槐树、杨柳、重阳树、水杉木、枫杨、梧桐(青桐)、泡桐、悬铃木(法国梧桐)、枸橘、合欢(乌绒树)、刺榆、柞树、松树、乌桕树、枣树、柿树、柿漆树、皂荚树、棕树、朴树、银杏树、香樟和黄杨等。

**花卉类** 有蔷薇、玫瑰、月季、水仙、菊花、天竺牡丹(大理菊)、牡丹、芍药、海棠、栀子、凤仙、紫茉莉(夜饭花)、米兰、荷花、牵牛、鸡冠、美人蕉、金银花、桂花(木樨)、蜡梅、玉兰、广玉兰、石榴、木香、丁香、山茶、杜鹃、一串红、法国冬青、绣球花(斗球、木绣球)、满天星(六月雪)、金鱼草(龙口花)、夹竹桃和迎春花等。

**药材类** 有车前草、金钱草、茺蔚、马鞭草、夏枯草、紫苏、白苏、佩兰、薄荷、留兰香、藿香、茴香、青木香、半夏、半边莲、女贞籽、冬桑叶、枇杷叶、银杏叶、麦门冬、茅柴根、蒲公英、白术、忍冬(金银花)、枸杞、烟草、豆寄生(狗尿黄金草)、五茄、乌敛莓(老鸦眼睛藤)、水莿、黄白菊、鸡冠籽、凤仙籽、荆芥、芦根、板蓝根、紫花地丁、何首乌、苍耳、瓦松、白茅、海州常山(臭梧桐)、灵芝、鸭跖草等。

**杂草类** 有黄花蒿、野艾蒿、鬼针草、苦芙、兰草、剪刀股、野苋、刺苋、空心莲子草(水花生)、大藻(水浮莲)、雨久花(水葫芦)、猪殃殃、车轴草、葎草(割人藤)、积雪草、水芹、野黄薇、燕麦、鹅肠草、马齿苋、野豌豆、紫云英、马唐(蟋蟀草)、鸭嘴草、狗尾草、稗草、蛇莓、红草（观音柳）、木贼草、看麦娘苔、水蜈蚣、小糠草、狼尾草、牛筋（鞭）草、凤尾草、水筛（面条草）、柳叶藻、满江红（红萍）和田字草（萍）等。

### 四、野生动物

**兽类**　有猪獾、狗獾、野猫、野兔、水獭、黄鼠狼、田鼠、家鼠和刺猬等。

**爬行类**　有龟、鼋、鳖和壁虎等。

**甲壳类**　有青虾、米虾、沼虾、龙虾、河蟹、溪蟹、蟛蜞、水蚤（金鱼虫）、田螺、螺蛳、河蚌、蜗牛和蚬子等。

**蛇类**　有青鞘蛇、赤链蛇、水赤链、黄颔蛇、秤星蛇、蝮蛇（地扁蛇）、翠青蛇和蜥蜴（四脚蛇）等。

**鸟类**　有黄雀、喜鹊、云雀、麻雀、黄腾、八哥、燕子、白头翁、翠鸟、杜鹃（布谷鸟）、百灵鸟、画眉鸟、娇凤、腊嘴、偷仓、麦鸡、雉（野鸡）、凫（野鸭）、鸢（老鹰）、乌鸦、猫头鹰、啄木鸟、鹌鹑、鱼狗（偷鱼鸟）、姑恶鸟和鹧鸪等。

**鱼类**　有黑鱼、鲤鱼、鳜鱼、鲈鱼、鳊鱼、鲫鱼、黄鲇、白丝、塘鳢鱼、虾虎、鲦鱼、玉郎季、鲻鱼、鳗、黄鳝、泥鳅、青鱼、鲇（白鲢）、鳙（花鲢）和鳑鲏鱼等。

**多足类**　有蜈蚣（百脚）、蚰蜒（草鞋虫）等。

**昆虫类**　有蚱蜢、纺织娘、摇纱郎、蟋蟀、油葫芦、蝼蛄、蝴蝶、螳螂、蜻蜓、蜜蜂、胡蜂、竹蜂、金小蜂、赤眼蜂、黄蜂、蝉（知了）、叶蝉、天牛、豆牛、金龟子、蝇蚊、跳蚤、白蚕、壁蚤（臭虫）、尺蠖（造桥虫）、刺毛虫、洋辣子、赤豆虫、地鳖虫、萤火虫、蜣螂（屎壳郎）、黏虫、瓢虫、蜉蝣、黑蚁、白蚁、小红蚁、长脚蚁、椿象、蚕、蚜虫、卷叶虫、红蜘蛛、棉铃虫和螨等。

**其他**　有青蛙、姬蛙、蟾蜍、蚯蚓、蚂蟥、水蛭和虎纹蛙等。

# 第三章　居民人口

## 第一节　人口总量

历史上，陆渡横沥地区为滨海滩涂，地僻人稀。伴随陆地延伸，人口逐渐增多。尤其在战乱时期，百姓逃难来此，占地耕种。元时在刘家港开通漕运，建商市，因横沥全境在刘家港腹地，故人口迁徙流动频繁。明清时期，境内人数逐渐增多，因行政区划分不详，无确切人口记载。

1953年全境有267户，1159人。50—70年代，境内人口增长处于高峰期。1975年，全境有535户，1752人。80年代起，计划生育工作的深入开展，有效地控制了人口增长速度，人口素质大有提高。1986年，全境有416户，1673人，比1975年人口减少79人。2010年，横沥村原籍人口有363户，1634人。2011年后，因商品房开发，外来人口迁入。2022年，横沥村在册人口2354人。

90年代后，境内兴办三资企业，工业园区和商业街形成，大批外来务工人员在境域就业，流动人口剧增。2012年，全境暂住外来人口3420人。2013年起，由于境内大部分企业搬迁，外来流动人口减少。2022年，全境流动人口2300多人。

表3-1　1953—2022年横沥境域人口情况（选年）

| 年份 | 横沥大队（村） | | | | 红新大队（村） | | | |
| | 户数（户） | 人口数（人） | | | 户数（户） | 人口数（人） | | |
| | | 总数 | 其中 | | | 总数 | 其中 | |
| | | | 男 | 女 | | | 男 | 女 |
| 1953 | 140 | 596 | 267 | 329 | 127 | 563 | 258 | 305 |
| 1964 | 235 | 762 | 378 | 384 | 173 | 642 | 301 | 341 |
| 1968 | 221 | 881 | 436 | 445 | 186 | 724 | 337 | 387 |
| 1972 | 279 | 925 | 432 | 493 | 232 | 788 | 369 | 419 |
| 1976 | 300 | 930 | 435 | 495 | 234 | 814 | 379 | 435 |
| 1982 | 210 | 940 | 441 | 499 | 191 | 784 | 369 | 415 |
| 1989 | 252 | 904 | 443 | 461 | 164 | 749 | 362 | 387 |
| 1990 | 213 | 899 | 447 | 452 | 160 | 738 | 346 | 392 |

| 年份 | 横沥大队（村） | | | | 红新大队（村） | | | |
|---|---|---|---|---|---|---|---|---|
| | 户数（户） | 人口数（人） | | | 户数（户） | 人口数（人） | | |
| | | 总数 | 其中 | | | 总数 | 其中 | |
| | | | 男 | 女 | | | 男 | 女 |
| 2000 | 207 | 860 | 414 | 446 | 178 | 757 | 365 | 392 |
| 2010 | 363 | 1634 | 770 | 864 | | | | |
| 2022 | 365 | 2354 | 1120 | 1234 | | | | |

注：2010年后的数据反映了横沥村与红新村两村合并的数据。2022年的数据包括外来人口迁入数。

# 第二节 人口结构

## 一、性别结构

从1953年至2003年，男女人口比例表明，横沥村境域历年女性人数多于男性。1964年，全境总人口1405人。其中，男性679人，占总人口的48.4%；女性725人，占总人口的51.6%。1982年，总人口1724人。其中，男性810人，占总人口的47%；女性914人，占总人口的53%。1990年，总人口1637人。其中，男性793人，占总人口的48%；女性844人，占总人口的52%。2010年，总人口1634人。其中，男性770人，占总人口的47%；女性864人，占总人口的53%。

## 二、年龄结构

50—70年代，横沥境域内家庭户年龄结构中，50岁以下的青壮年占比较高，60岁以上的老年人口数量较少，素有"七十古来稀"之说。随着经济社会的发展，人民生活水平的提高，卫生条件的改善和医疗事业的保障，人的寿命普遍延长，老龄化程度明显加深。据1964—2020年人口资料选年对比，村域人口已进入老龄化时代。其中2020年，60~79周岁老龄人口有467人，占总人口的26.4%；80~89周岁的老龄人口有107人，占总人口的6.05%；90周岁以上有17人，占总人口的0.96%。年满百岁老人有2人，闵村组邢林芳、新村组倪凤娣分别于2015年、2016年年满百岁。

表3-2 1964—2020年横沥境域人口年龄结构情况（选年）

| 年份 | 总人口（人） | 17周岁以下（人） | 占总人口比例 | 18~35周岁（人） | 占总人口比例 | 36~59周岁（人） | 占总人口比例 | 60~79周岁（人） | 占总人口比例 | 80~89周岁（人） | 占总人口比例 | 90周岁以上（人） | 占总人口比例 |
|---|---|---|---|---|---|---|---|---|---|---|---|---|---|
| 1964 | 1404 | 364 | 25.9% | 580 | 41.3% | 310 | 22.1% | 148 | 10.5% | 2 | 0.14% | 0 | 0 |
| 1976 | 1744 | 415 | 23.8% | 688 | 39.4% | 425 | 24.4% | 206 | 11.8% | 10 | 0.57% | 0 | 0 |
| 1982 | 1724 | 382 | 22.2% | 641 | 37.2% | 458 | 26.6% | 223 | 13% | 20 | 1.16% | 0 | 0 |
| 1990 | 1637 | 338 | 20.6% | 499 | 30.5% | 512 | 31.3% | 251 | 15.3% | 35 | 2.1% | 2 | 0.12% |
| 1994 | 1643 | 281 | 17.1% | 451 | 27.4% | 588 | 35.8% | 286 | 17.4% | 34 | 2.1% | 3 | 0.18% |
| 2000 | 1617 | 215 | 13.3% | 328 | 20.3% | 696 | 43% | 309 | 19.1% | 63 | 3.9% | 6 | 0.4% |
| 2010 | 1634 | 175 | 10.7% | 325 | 19.9% | 644 | 39.4% | 386 | 23.6% | 95 | 5.8% | 9 | 0.6% |
| 2020 | 1767 | 234 | 13.2% | 276 | 15.6% | 666 | 37.7% | 467 | 26.4% | 107 | 6.06% | 17 | 0.96% |

表3-3 2022年横沥村域90周岁以上老人一览

| 姓名 | 性别 | 出生年份 | 年龄（周岁） | 组别 |
|---|---|---|---|---|
| 黄锦梅 | 男 | 1930 | 92 | 王巷 |
| 李忠进 | 男 | 1932 | 90 | 王巷 |
| 王彩娥 | 女 | 1932 | 90 | 王巷 |
| 梁秀英 | 女 | 1925 | 97 | 北蒋 |
| 朱雪娣 | 女 | 1931 | 91 | 北蒋 |
| 徐彩球 | 女 | 1929 | 93 | 闵村 |
| 蒋彩华 | 女 | 1932 | 90 | 闵村 |
| 汤秀英 | 女 | 1929 | 93 | 朱宅 |
| 潘凤娣 | 女 | 1930 | 92 | 朱宅 |
| 朱秀英 | 女 | 1931 | 91 | 朱宅 |
| 陈阿华 | 女 | 1932 | 90 | 朱宅 |
| 管定丰 | 男 | 1932 | 90 | 吴角 |
| 胡正明 | 男 | 1932 | 90 | 胡宅 |
| 胡秀芬 | 女 | 1932 | 90 | 得胜 |
| 张锦仁 | 男 | 1927 | 95 | 新村 |
| 朱福娣 | 女 | 1932 | 90 | 新村 |
| 张品华 | 男 | 1931 | 91 | 西湾 |
| 黄元祥 | 男 | 1932 | 90 | 西湾 |
| 姚晋良 | 男 | 1932 | 90 | 西湾 |
| 顾桂英 | 女 | 1925 | 97 | 新桥 |
| 黄正川 | 男 | 1925 | 97 | 新桥 |
| 蒋兴华 | 男 | 1931 | 91 | 南蒋 |

### 三、文化结构

中华人民共和国成立前,境内村民大多数为文盲或半文盲。中华人民共和国成立后,在党和政府的重视下,组织大规模的扫盲行动,推广成人教育,普及义务教育,人口文化结构发生巨大变化。

至1995年统计,文盲、半文盲占总人口的32%(其中多数是60周岁以上老人),小学文化占总人口的15%,高中文化占总人口的48%,大专、大学本科学历占总人口的5%。

杨卫标、钱天宏、陆洪德、蒋忠明为60年代第一批高中生。

1983—2022年,横沥村有研究生7名,本科生137名,大专生101名。1986年,王巷组李建青考入南京大学。1988年,得胜组金标以高分考入清华大学。1999年,朱宅组顾健考入南京大学。2002年,王巷组王浩考入日本铃鹿国际大学,北蒋组蒋海斌考入东南大学,王巷组傅寅驰考入东南大学,朱宅组朱红艳考入南京大学。2013年,陆宅组邵柳英考入中国农业大学。2014年,朱宅组朱炜考入德国斯坦拜恩斯大学。2018年,胡宅组沈许睿考入南开大学。

表3-4 1983—2022年横沥村域大专以上毕业生情况

单位:人

| 年份 | 研究生 | 本科生 | 大专生 | 年份 | 研究生 | 本科生 | 大专生 |
|------|--------|--------|--------|------|--------|--------|--------|
| 1983 | 0 | 1 | 1 | 2004 | 0 | 2 | 3 |
| 1984 | 0 | 2 | 1 | 2005 | 0 | 7 | 3 |
| 1985 | 0 | 1 | 1 | 2006 | 0 | 7 | 2 |
| 1986 | 0 | 1 | 1 | 2007 | 0 | 3 | 6 |
| 1987 | 0 | 2 | 1 | 2008 | 0 | 8 | 10 |
| 1988 | 0 | 1 | 1 | 2009 | 0 | 5 | 6 |
| 1989 | 0 | 1 | 1 | 2010 | 0 | 5 | 4 |
| 1990 | 0 | 1 | 1 | 2011 | 2 | 5 | 7 |
| 1991 | 0 | 1 | 1 | 2012 | 0 | 9 | 4 |
| 1992 | 0 | 1 | 1 | 2013 | 0 | 6 | 4 |
| 1993 | 0 | 1 | 2 | 2014 | 0 | 3 | 2 |
| 1994 | 0 | 1 | 1 | 2015 | 0 | 3 | 2 |
| 1995 | 0 | 1 | 1 | 2016 | 0 | 9 | 5 |
| 1996 | 0 | 1 | 1 | 2017 | 0 | 8 | 2 |
| 1997 | 0 | 1 | 2 | 2018 | 1 | 2 | 1 |
| 1998 | 0 | 1 | 2 | 2019 | 1 | 4 | 2 |
| 1999 | 0 | 2 | 1 | 2020 | 0 | 9 | 4 |
| 2000 | 0 | 1 | 1 | 2021 | 0 | 8 | 4 |
| 2001 | 0 | 1 | 2 | 2022 | 3 | 10 | 3 |
| 2002 | 0 | 1 | 2 | 合计 | 7 | 137 | 101 |
| 2003 | 0 | 1 | 2 | | | | |

## 四、职业结构

中华人民共和国成立前,境内无人口就业统计,村民以务农为主,极少有手工艺者和小商贩。从60年代到70年代,劳动力的职业状况基本没有变化,有部分劳动力外出打工,做手艺生意。改革开放后,随着乡村工业的兴办和第三产业发展,劳动力的职业状况开始发生根本性变化。

1976年,全境共有劳动力1066个。其中,从事农业生产的有936人,占总劳动力的88%;在社队办企业从事生产的有64人,占总劳动力的6%;从事副业生产的有66人,占总劳动力的6%。

1985年,全境有劳动力1153个。其中,从事农业生产的有533人,占总劳动力的46%;从事工业生产的有453人,占总劳动力的39%;从事三产服务业的有131人,占总劳动力的11%;从事社会事业的共有26人。

1992年,全境有劳动力1013个。其中,从事农业生产的有344人,占总劳动力的34%;从事工业生产的有490人,占总劳动力的48%;从事三产服务业的有132人,占总劳动力的13%;从事社会事业的有35人。

2010年,全境有劳动力935个。其中,从事工业的有755人,占总劳动力的81%;从事三产服务业的有102人,占总劳动力的11%;从事社会事业的有63人,占总劳动力的6.7%。

表3-5  1978—2010年横沥境域劳动力从业情况(选年)

| 年份 | 劳动力(个) | 农业(人) | 副业(人) | 工业(人) | 建筑业(人) | 交通运输(人) | 商业(人) | 文教卫生(人) | 行政管理(人) | 金融(人) |
|---|---|---|---|---|---|---|---|---|---|---|
| 1978 | 1186 | 963 | 102 | 78 | 21 | 0 | 7 | 14 | 1 | 0 |
| 1979 | 1152 | 921 | 65 | 109 | 33 | 0 | 7 | 14 | 3 | 0 |
| 1980 | 1238 | 1006 | 44 | 127 | 42 | 0 | 6 | 12 | 1 | 0 |
| 1981 | 1175 | 911 | 42 | 139 | 49 | 9 | 8 | 14 | 3 | 0 |
| 1982 | 1163 | 782 | 55 | 175 | 115 | 9 | 9 | 13 | 5 | 0 |
| 1983 | 1190 | 774 | 55 | 180 | 148 | 6 | 9 | 9 | 9 | 0 |
| 1984 | 1148 | 647 | 35 | 307 | 121 | 7 | 10 | 13 | 8 | 0 |
| 1985 | 1153 | 533 | 11 | 453 | 109 | 10 | 11 | 15 | 9 | 2 |
| 1986 | 1129 | 494 | 6 | 482 | 103 | 14 | 9 | 12 | 7 | 2 |
| 1987 | 1052 | 523 | 4 | 381 | 96 | 13 | 14 | 13 | 6 | 2 |
| 1988 | 1097 | 556 | 7 | 376 | 95 | 16 | 16 | 23 | 5 | 2 |
| 1989 | 1101 | 531 | 6 | 394 | 96 | 24 | 18 | 22 | 8 | 2 |
| 1990 | 1009 | 420 | 7 | 442 | 88 | 12 | 12 | 15 | 11 | 2 |
| 1991 | 1104 | 469 | 6 | 473 | 94 | 13 | 16 | 17 | 14 | 2 |

| 年份 | 劳动力（个） | 农业（人） | 副业（人） | 工业（人） | 建筑业（人） | 交通运输（人） | 商业（人） | 文教卫生（人） | 行政管理（人） | 金融（人） |
|---|---|---|---|---|---|---|---|---|---|---|
| 1992 | 1013 | 344 | 9 | 490 | 94 | 12 | 29 | 14 | 19 | 2 |
| 2000 | 912 | 222 | 8 | 533 | 62 | 13 | 35 | 15 | 21 | 3 |
| 2010 | 935 | 0 | 8 | 755 | 42 | 15 | 52 | 16 | 43 | 4 |

### 五、姓氏构成

2022年，全村总人口2354人，姓氏有161个。其中，王姓为第一大姓，有174人；超百人的姓氏有吴姓、蒋姓、张姓、陆姓、黄姓；超50人的姓氏有陈姓、胡姓、顾姓、李姓、朱姓、周姓、邵姓；仅有1人的姓氏有38个。

表3-6　2022年横沥村姓氏构成情况

单位：人

| 姓氏 | 人数 | 姓氏 | 人数 | 姓氏 | 人数 | 姓氏 | 人数 | 姓氏 | 人数 | 姓氏 | 人数 | 姓氏 | 人数 |
|---|---|---|---|---|---|---|---|---|---|---|---|---|---|
| 王 | 174 | 侯 | 25 | 楼 | 9 | 夏 | 5 | 左 | 3 | 廉 | 2 | 宗 | 1 |
| 吴 | 163 | 戴 | 22 | 杜 | 8 | 庞 | 4 | 季 | 3 | 詹 | 2 | 邹 | 1 |
| 蒋 | 136 | 许 | 22 | 魏 | 8 | 汤 | 4 | 沙 | 3 | 仲 | 2 | 丰 | 1 |
| 张 | 136 | 马 | 19 | 傅 | 8 | 肖 | 4 | 别 | 3 | 解 | 2 | 苟 | 1 |
| 陆 | 119 | 范 | 18 | 邢 | 7 | 俞 | 4 | 褚 | 3 | 雍 | 2 | 路 | 1 |
| 黄 | 108 | 何 | 17 | 鲁 | 7 | 贺 | 4 | 及 | 3 | 屈 | 2 | 时 | 1 |
| 陈 | 95 | 冯 | 16 | 吕 | 4 | 黎 | 4 | 林 | 3 | 伍 | 2 | 于 | 1 |
| 胡 | 84 | 闵 | 15 | 郭 | 7 | 罗 | 4 | 阚 | 2 | 薛 | 2 | 臧 | 1 |
| 顾 | 82 | 浦 | 14 | 贾 | 7 | 梅 | 7 | 陶 | 2 | 毕 | 1 | 柴 | 1 |
| 李 | 78 | 姚 | 14 | 严 | 7 | 万 | 4 | 章 | 2 | 卜 | 1 | 单 | 1 |
| 朱 | 69 | 管 | 13 | 丁 | 6 | 汪 | 4 | 姜 | 2 | 补 | 1 | 邓 | 1 |
| 周 | 59 | 倪 | 13 | 熊 | 6 | 袁 | 4 | 鞠 | 2 | 贡 | 1 | 凌 | 1 |
| 邵 | 57 | 孔 | 13 | 任 | 6 | 鲍 | 4 | 廖 | 2 | 景 | 1 | 乘 | 1 |
| 钱 | 43 | 余 | 13 | 武 | 6 | 龚 | 4 | 柳 | 2 | 柯 | 1 | 费 | 1 |
| 刘 | 42 | 宋 | 12 | 卢 | 6 | 曹 | 3 | 苗 | 2 | 屠 | 1 | 符 | 1 |
| 杨 | 41 | 谢 | 12 | 向 | 6 | 叶 | 3 | 盛 | 2 | 韦 | 1 | 青 | 1 |
| 潘 | 39 | 彭 | 11 | 程 | 5 | 赖 | 3 | 项 | 2 | 蔚 | 1 | 侍 | 1 |
| 赵 | 36 | 董 | 10 | 韩 | 5 | 孟 | 3 | 闫 | 2 | 巫 | 1 | 疏 | 1 |
| 徐 | 33 | 郁 | 10 | 毛 | 5 | 牛 | 3 | 尹 | 2 | 成 | 1 | 文 | 1 |
| 金 | 32 | 秦 | 10 | 苏 | 5 | 齐 | 3 | 郑 | 2 | 刁 | 1 | 涂 | 1 |
| 孙 | 31 | 高 | 9 | 殷 | 5 | 石 | 3 | 梁 | 2 | 段 | 1 | 辛 | 1 |
| 沈 | 29 | 瞿 | 9 | 方 | 5 | 田 | 3 | 邱 | 2 | 龙 | 1 | 游 | 1 |
| 唐 | 28 | 施 | 9 | 江 | 5 | 翟 | 3 | 展 | 2 | 占 | 1 | 纵 | 1 |

# 第三节　人口变动

1956—1961年，由于行政区划变化，人口变动无查考资料。1962年，横沥、红新重建生产大队。1964年，全境共有408户，1404人。70年代，人口处于高增长时期。1976年，全境有534户，1744人。80年代起，随着国家计划生育的一系列措施扎实推进，人口自然增长趋于平稳。1995—2000年，境内人口出现过负增长。2010年，横沥村原籍在册人口1634人。2010年后，境内有润业玲珑湾、奥森尚东、御园山庄商品房的开发，外来人口迁入。2022年，横沥村在册人口2354人。

表3-7　1982—2022年横沥境域户籍人口变化情况（选年）

单位：人

| 年份 | 大队（村） | 自然变化 | | 机械变化 | |
|---|---|---|---|---|---|
| | | 出生 | 死亡 | 迁入 | 迁出 |
| 1982 | 横沥 | 3 | 2 | 2 | 0 |
| | 红新 | 2 | 1 | 2 | 1 |
| 1986 | 横沥 | 14 | 3 | 13 | 13 |
| | 红新 | 8 | 4 | 12 | 20 |
| 1990 | 横沥 | 3 | 6 | 2 | 8 |
| | 红新 | 5 | 6 | 4 | 5 |
| 1995 | 横沥 | 8 | 4 | 5 | 7 |
| | 红新 | 4 | 3 | 5 | 4 |
| 1997 | 横沥 | 8 | 3 | 3 | 2 |
| | 红新 | 5 | 4 | 4 | 3 |
| 1999 | 横沥 | 9 | 3 | 6 | 2 |
| | 红新 | 6 | 3 | 3 | 3 |
| 2000 | 横沥 | 6 | 4 | 4 | 1 |
| | 红新 | 5 | 1 | 12 | 0 |
| 2003 | 横沥 | 9 | 21 | 8 | 2 |
| 2010 | 横沥 | 8 | 8 | 15 | 11 |
| 2016 | 横沥 | 19 | 9 | 35 | 5 |
| 2018 | 横沥 | 11 | 15 | 45 | 5 |
| 2019 | 横沥 | 13 | 13 | 48 | 7 |
| 2021 | 横沥 | 29 | 16 | 51 | 12 |
| 2022 | 横沥 | 40 | 8 | 58 | 14 |

**插队青年**　1968年，全国知识青年响应党中央"上山下乡"的号召，到农村插队

落户。横沥境内先后有53名苏州知青和40名太仓知青,插队到16个生产组。另有2户太仓居民和4名下放干部落户在横沥境内。1978年,国家落实知识青年"回城"政策,这批插队青年相继调回城工作。

表3-8　横沥境域知识青年插队情况

| 序号 | 姓名 | 性别 | 家庭所在城镇 | 当时落户地 | 插队时间 | 返城时间 | 说明 |
|---|---|---|---|---|---|---|---|
| 1 | 朱维高 | 男 | 苏州 | 王巷队 | 1968年 | 1978年 | |
| 2 | 钟愚公 | 男 | 苏州 | 王巷队 | 1968年 | 1978年 | |
| 3 | 窦建国 | 男 | 太仓 | 王巷队 | 1968年 | 1978年 | |
| 4 | 高明炎 | 女 | 太仓 | 王巷队 | 1968年 | 1978年 | |
| 5 | 金红 | 女 | 太仓 | 王巷队 | 1968年 | 1978年 | |
| 6 | 王力红 | 女 | 太仓 | 王巷队 | 1968年 | 1978年 | |
| 7 | 端木正熙 | 男 | 太仓 | 王巷队 | 1968年 | 1978年 | |
| 8 | 戴苏生 | 男 | 苏州 | 北蒋队 | 1968年 | 1978年 | |
| 9 | 诸荣尧 | 男 | 苏州 | 北蒋队 | 1968年 | 1978年 | |
| 10 | 张菊珍 | 女 | 苏州 | 北蒋队 | 1968年 | 1978年 | |
| 11 | 冯锦华 | 女 | 苏州 | 北蒋队 | 1968年 | 1978年 | |
| 12 | 朱素琴 | 女 | 苏州 | 北蒋队 | 1968年 | 1978年 | |
| 13 | 张方俊 | 男 | 苏州 | 钱巷队 | 1968年 | 1978年 | |
| 14 | 艾惠清 | 男 | 苏州 | 钱巷队 | 1968年 | 1978年 | |
| 15 | 吴金秋 | 女 | 苏州 | 钱巷队 | 1968年 | 1978年 | |
| 16 | 金贵珍 | 女 | 苏州 | 钱巷队 | 1968年 | 1978年 | |
| 17 | 杨启新 | 女 | 苏州 | 钱巷队 | 1968年 | 1978年 | |
| 18 | 张富林 | 男 | 苏州 | 闵村队 | 1968年 | 1977年 | 保送大学 |
| 19 | 冯根牛 | 男 | 苏州 | 闵村队 | 1968年 | 1978年 | |
| 20 | 章伯泉 | 男 | 苏州 | 闵村队 | 1968年 | 1978年 | |
| 21 | 张英 | 女 | 苏州 | 闵村队 | 1968年 | 1978年 | |
| 22 | 倪国珍 | 女 | 苏州 | 闵村队 | 1968年 | 1978年 | |
| 23 | 鄂春英 | 女 | 苏州 | 闵村队 | 1968年 | 1978年 | |
| 24 | 冯丽亚 | 女 | 太仓 | 朱宅队 | 1968年 | 1978年 | |
| 25 | 张惠丽 | 女 | 太仓 | 朱宅队 | 1968年 | 1978年 | |
| 26 | 鲁德胜 | 男 | 苏州 | 朱宅队 | 1968年 | 1978年 | |
| 27 | 曹永福 | 男 | 苏州 | 朱宅队 | 1968年 | 1978年 | |
| 28 | 倪文龙 | 男 | 苏州 | 朱宅队 | 1968年 | 1978年 | |
| 29 | 张法林 | 男 | 苏州 | 朱宅队 | 1968年 | 1978年 | |
| 30 | 李志明 | 男 | 苏州 | 横沥队 | 1968年 | 1978年 | |
| 31 | 仇立强 | 男 | 苏州 | 横沥队 | 1968年 | 1978年 | |
| 32 | 蔡立松 | 男 | 苏州 | 横沥队 | 1968年 | 1978年 | |
| 33 | 陆芸 | 女 | 太仓 | 横沥队 | 1968年 | 1978年 | |
| 34 | 花静妹 | 女 | 太仓 | 横沥队 | 1968年 | 1978年 | |

续表

| 序号 | 姓名 | 性别 | 家庭所在城镇 | 当时落户地 | 插队时间 | 返城时间 | 说明 |
|---|---|---|---|---|---|---|---|
| 35 | 徐品芳 | 女 | 太仓 | 横沥队 | 1968年 | 1978年 | |
| 36 | 丰凤海 | 男 | 太仓 | 横沥队 | 1968年 | 1975年 | 下放干部 |
| 37 | 丁素娥 | 女 | 苏州 | 陆宅队 | 1968年 | 1978年 | |
| 38 | 邢健静 | 女 | 苏州 | 陆宅队 | 1968年 | 1978年 | |
| 39 | 林金华 | 女 | 太仓 | 陆宅队 | 1968年 | 1978年 | |
| 40 | 林寿福 | 男 | 太仓 | 陆宅队 | 1968年 | 1978年 | |
| 41 | 姜觉明 | 男 | 太仓 | 陆宅队 | 1968年 | 1978年 | |
| 42 | 周福新 | 男 | 太仓 | 陆宅队 | 1968年 | 1978年 | |
| 43 | 范素珍 | 女 | 苏州 | 团结队 | 1968年 | 1978年 | |
| 44 | 吴珍娣 | 女 | 苏州 | 团结队 | 1968年 | 1978年 | |
| 45 | 杜永洁 | 女 | 苏州 | 团结队 | 1968年 | 1978年 | |
| 46 | 张培 | 男 | 太仓 | 团结队 | 1968年 | 1978年 | |
| 47 | 杨士龙 | 男 | 太仓 | 团结队 | 1968年 | 1978年 | |
| 48 | 李其林 | 男 | 太仓 | 团结队 | 1968年 | 1978年 | |
| 49 | 吴树椿 | 男 | 上海 | 团结队 | 1969年 | 1977年 | 回乡青年 |
| 50 | 吴光华 | 男 | 太仓 | 吴角队 | 1968年 | 1978年 | |
| 51 | 薄忠元 | 男 | 太仓 | 吴角队 | 1968年 | 1978年 | |
| 52 | 陆锦华 | 男 | 太仓 | 吴角队 | 1968年 | 1978年 | |
| 53 | 冯琴 | 女 | 苏州 | 吴角队 | 1968年 | 1978年 | |
| 54 | 束惠珍 | 女 | 苏州 | 吴角队 | 1968年 | 1978年 | |
| 55 | 孙英千 | 女 | 太仓 | 胡宅队 | 1968年 | 1978年 | |
| 56 | 朱敏芬 | 女 | 太仓 | 胡宅队 | 1968年 | 1978年 | |
| 57 | 陈桂兴 | 男 | 苏州 | 胡宅队 | 1968年 | 1977年 | 保送大学 |
| 58 | 黄建良 | 男 | 苏州 | 胡宅队 | 1968年 | 1978年 | |
| 59 | 邵志娇 | 男 | 苏州 | 得胜队 | 1968年 | 1978年 | |
| 60 | 徐月南 | 男 | 苏州 | 得胜队 | 1968年 | 1978年 | |
| 61 | 斜定彪 | 男 | 苏州 | 得胜队 | 1968年 | 1978年 | |
| 62 | 王静 | 女 | 苏州 | 得胜队 | 1968年 | | 留在农村 |
| 63 | 张瑞珍 | 女 | 太仓 | 得胜队 | 1968年 | 1978年 | |
| 64 | 尤惠 | 女 | 太仓 | 得胜队 | 1968年 | 1978年 | |
| 65 | 陆秀芳 | 女 | 太仓 | 得胜队 | 1968年 | 1978年 | |
| 66 | 陆妹珍 | 女 | 苏州 | 新村队 | 1968年 | | 留在农村 |
| 67 | 沈卫惠 | 女 | 苏州 | 新村队 | 1968年 | 1978年 | |
| 68 | 吴世祖 | 男 | 太仓 | 新村队 | 1968年 | 1978年 | |
| 69 | 徐炳全 | 男 | 太仓 | 新村队 | 1968年 | 1978年 | |
| 70 | 徐庆兰 | 男 | 太仓 | 新村队 | 1968年 | 1978年 | |
| 71 | 吴仲卒 | 男 | 太仓 | 新村队 | 1970年 | 1976年 | 下放干部 |
| 72 | 吴建娜 | 女 | 苏州 | 东湾队 | 1968年 | 1978年 | |

| 序号 | 姓名 | 性别 | 家庭所在城镇 | 当时落户地 | 插队时间 | 返城时间 | 说明 |
|------|------|------|--------------|------------|----------|----------|------|
| 73 | 戚华珍 | 女 | 苏州 | 东湾队 | 1968年 | 1978年 | |
| 74 | 陈议娟 | 女 | 苏州 | 东湾队 | 1968年 | 1978年 | |
| 75 | 韦福南 | 男 | 苏州 | 东湾队 | 1968年 | 1978年 | |
| 76 | 陈建太 | 男 | 太仓 | 东湾队 | 1968年 | 1978年 | |
| 77 | 徐　辉 | 男 | 太仓 | 东湾队 | 1968年 | 1978年 | |
| 78 | 朱道其 | 男 | 太仓 | 东湾队 | 1970年 | 1975年 | 下放干部 |
| 79 | 沈美英 | 女 | 苏州 | 西湾队 | 1968年 | 1978年 | |
| 80 | 严惠敏 | 女 | 苏州 | 西湾队 | 1968年 | 1978年 | |
| 81 | 钱　新 | 男 | 太仓 | 西湾队 | 1968年 | 1978年 | |
| 82 | 俞　建 | 男 | 太仓 | 西湾队 | 1968年 | 1978年 | |
| 83 | 包君秋 | 女 | 苏州 | 新桥队 | 1968年 | 1978年 | |
| 84 | 张建华 | 女 | 苏州 | 新桥队 | 1968年 | 1978年 | |
| 85 | 周纪平 | 男 | 太仓 | 新桥队 | 1968年 | 1978年 | |
| 86 | 汪得武 | 男 | 太仓 | 新桥队 | 1968年 | 1974年 | 因病返城 |
| 87 | 栾建华 | 男 | 太仓 | 新桥队 | 1968年 | 1978年 | |
| 88 | 徐光林 | 男 | 太仓 | 新桥队 | 1968年 | 1978年 | |
| 89 | 徐　苏 | 男 | 太仓 | 新桥队 | 1969年 | 1975年 | 下放干部 |
| 90 | 殷小燕 | 女 | 苏州 | 南蒋队 | 1968年 | | 留在农村 |
| 91 | 殷解民 | 男 | 苏州 | 南蒋队 | 1968年 | 1978年 | |
| 92 | 欧阳明 | 男 | 苏州 | 南蒋队 | 1968年 | 1978年 | |
| 93 | 刘正明 | 男 | 苏州 | 南蒋队 | 1968年 | 1978年 | |
| 94 | 孙金林 | 男 | 苏州 | 南蒋队 | 1968年 | 1979年 | |
| 95 | 王才生 | 男 | 太仓 | 南蒋队 | 1968年 | 1979年 | |
| 96 | 王惠兰 | 女 | 太仓 | 南蒋队 | 1968年 | 1979年 | |
| 97 | 王孝红 | 女 | 太仓 | 南蒋队 | 1968年 | 1979年 | |
| 98 | 任一南 | 女 | 太仓 | 南蒋队 | 1968年 | 1979年 | |

## 第四节　人口控制

旧时，政府对人口不加控制。1950年，国家颁布《中华人民共和国婚姻法》，规定男性20周岁、女性18周岁为结婚年龄。但群众早生儿子早得福观念尚未根除。生了女孩要男孩，只求多子多福，无法控制生育。境内最多出现过6个孩子的家庭。60年代起，按政府要求，大队开始宣传计划生育。1963年，开始号召党员干部带头实施结扎、放节育环和服用避孕药等节育方法。1973年，成立大队计划生育领导小组，由妇女主任主管,提倡晚婚少生,全大队妇女节育率为77%。1978年以后,宣传晚婚、晚育、节育和"一对夫妇只生一个孩子"的政策,规定男满24周岁、女满23周岁的晚婚年龄,并颁发计划生育证,凭证怀孕。广大育龄夫妇采取节育措施,节育率上升到80%。1980年起,采取婚前教育培训,普及优生优育知识,禁止近亲、遗传病患者结婚,实施婚前健康检查和孕妇定期检查等。1990年,贯彻《江苏省计划生育条例》,落实计划生育责任考核制度,村内计划生育工作进一步完善,对育龄妇女立档管理,对围生期妇女做好跟踪随访服务,做到优生优育。1994年,全村节育率达到100%,有效控制了人口的增长。2004年,贯彻《中华人民共和国人口与计划生育法》,采取切实有效措施,稳定低生育水平,提高出生人口素质,境内计划生育率维持在100%,期内综合措施率100%,生产访视率100%,已婚育龄妇女B超服务率90%以上,知识普及率、随访服务率均为95%。截至2015年,村域内领取独生子女证夫妇为97%。

2016年1月1日起,国家实行全面二孩政策,横沥村当年户籍人口办理生育服务登记14人,其中一孩5人、二孩9人。是年,横沥村继续开展计划生育宣传教育,发放计生政策和保健知识资料,加强计划生育基础管理和队伍建设,责任落实到人。认真做好填报对象服务和随访工作,帮助计生困难家庭提供"绿色通道"服务,强化流动人口服务管理,落实计划生育奖励政策。2018年,育龄妇女564人,出生11人,其中女孩6人,申请计划生育家庭奖励9人。退休职工享受独生子女一次性奖励13人。办理生育登记29人,其中,户籍人口一孩8人、二孩5人,流动人口一孩2人、二孩14人。2019年,全村户籍人口2224人,育龄妇女550人,出生19人,其中男孩13人。办理生育登记39人,其中户籍人口12人、流动人口27人。办理独生子女奖励金发放29人,其中,企业退休人员一次性奖励18人,农村人员奖励11人。2022年,出生人口15人,其中男孩7人,计划生育率100%。办理生育登记40人,其中户籍人口18人、流动人口22人。办理独生子女奖励发放34人。

# 第五节 婚姻家庭

## 一、婚姻

中华人民共和国成立前,境内青年通行早婚,男18岁、女17岁可结婚。1950年,中华人民共和国第一部《婚姻法》颁布,法定婚龄男20周岁、女18周岁。70年代后贯彻计划生育、晚婚、晚育政策,政府一度提出男满25周岁、女满23周岁和男女双方年龄相加满50周岁才能允许结婚的政策。1980年,全国人大颁布第二部《婚姻法》,

规定婚龄为男22周岁、女20周岁。进入90年代,由于社会文明程度的逐步提高和人民婚姻观念的转变,已婚青年男女的离婚率和再婚率逐步上升。2009年,境内离婚男女有11对;2010年后,境内每年有已婚男女离婚。2022年,境内结婚登记平均年龄为30.5岁,而女性则为29.8岁。其中24岁以下的结婚登记占结婚总数的18.97%,25~29岁结婚的占比为42.99%,30~34岁结婚的占比为16.92%,35~39岁结婚的占比为8.52%,40岁以上结婚的占比为12.59%。而离结比已超过50%。

### 二、家庭

旧时,多子多福的传统观念束缚人们的思想,境内6人以上的家庭居多,四世同堂的家庭也屡见不鲜。70年代后,随着生产生活方式的改变,计划生育工作的深入开展,家庭结构趋于小型化。1983年,全境平均每个家庭的成员数为3.7人。1986年后,家庭组成人员大多为父母加独生子女。平均每个家庭的成员数为3.4人。随着经济的发展和住房条件的不断改善,大部分家庭子女结婚后和老人分居生活。出现2个老人家庭和3人小家庭,2010年后,境内平均每户3.2人。

# 第四章　村庄建设

## 第一节　村民住宅

### 一、自然村住房

中华人民共和国成立前,横沥境域村民多数居住土木结构的平瓦房或草房,少数富裕户居住砖木结构的大瓦房,人均居住面积约15平方米。60年代,农户普遍在原地翻建砖木结构"五路头"小瓦房。70年代,多数农户又将"五路头"小瓦房翻建成"七路头"瓦房。经济条件较好的农户在正屋前东西侧加建夹厢(称三间一转),建筑面积约120平方米。1978年钱巷队钱月良、钱仲良兄弟合宅建造五上五下楼房,为横沥境域建造的第一户楼房。

60—70年代,住宅由农户自行选址,村落分散,其中以三四户合一个宅基的居多,也有少数独宅居住。农户住宅一般依河而建,宅前有场地,宅后留竹园。80年代初,农村建房和村镇建设规划结合起来,农户建房宅基由镇政府统一安排,分批建造,以改造老村为主,由乡(镇)土地建筑管理部门颁发建房许可证并实地打桩,方可动工建房,宅基占地面积不得超过0.35亩。80年代中期,境内建楼房进入高峰期,农户陆续建造三上三下加转厢的"七路头"楼房,建筑面积为180~200平方米,造价为0.8万~1.5万元。90年代中期,农户建房趋于平稳,村民建房向高、大、上发展,造型讲究美观、新颖、别致,楼房式样转向多边形、庭院式格局。建筑面积在260平方米左右,造价在5万元左右。70年代建房户占总户数的36%,80年代建房户占总户数的48%,90年代建房户占总户数的23%。

表4-1　70—90年代横沥境域村民自建房统计

| 组别 | 70年代 | | | | 80年代 | | | | 90年代 | | | |
|---|---|---|---|---|---|---|---|---|---|---|---|---|
| | 平房 | | 楼房 | | 两层楼 | | 三层楼 | | 两层楼 | | 三层楼 | |
| | 户数(户) | 间数(间) | 户数(户) | 间数(间) | 户数(户) | 间数(间) | 户数(户) | 间数(间) | 户数(户) | 间数(间) | 户数(户) | 间数(间) |
| 王巷 | 13 | 49 | 0 | 0 | 10 | 76 | 0 | 0 | 6 | 41 | 3 | 29 |
| 钱巷 | 11 | 31 | 2 | 7 | 17 | 102 | 1 | 9 | 0 | 0 | 0 | 0 |

| 组别 | 70年代 | | | | 80年代 | | | | 90年代 | | | |
|---|---|---|---|---|---|---|---|---|---|---|---|---|
| | 平房 | | 楼房 | | 两层楼 | | 三层楼 | | 两层楼 | | 三层楼 | |
| | 户数（户） | 间数（间） | 户数（户） | 间数（间） | 户数（户） | 间数（间） | 户数（户） | 间数（间） | 户数（户） | 间数（间） | 户数（户） | 间数（间） |
| 北蒋 | 17 | 59 | 1 | 6 | 2 | 166 | 1 | 9 | 2 | 12 | 0 | 0 |
| 闵村 | 10 | 31 | 0 | 0 | 21 | 157 | 0 | 0 | 8 | 63 | 0 | 0 |
| 朱宅 | 19 | 81 | 0 | 0 | 7 | 38 | 2 | 15 | 3 | 18 | 0 | 0 |
| 横沥 | 7 | 26 | 0 | 0 | 4 | 29 | 2 | 12 | 5 | 30 | 0 | 0 |
| 陆宅 | 12 | 48 | 0 | 0 | 10 | 66 | 0 | 0 | 2 | 14 | 0 | 0 |
| 团结 | 8 | 38 | 1 | 7 | 9 | 57 | 0 | 0 | 4 | 26 | 3 | 33 |
| 吴角 | 4 | 21 | 0 | 0 | 10 | 75 | 0 | 0 | 6 | 36 | 0 | 0 |
| 胡宅 | 6 | 24 | 0 | 0 | 6 | 43 | 0 | 0 | 13 | 78 | 1 | 9 |
| 得胜 | 16 | 53 | 0 | 0 | 20 | 154 | 0 | 0 | 0 | 0 | 0 | 0 |
| 新村 | 12 | 33 | 0 | 0 | 23 | 157 | 1 | 9 | 3 | 18 | 0 | 0 |
| 东湾 | 3 | 12 | 0 | 0 | 12 | 85 | 0 | 0 | 2 | 13 | 0 | 0 |
| 西湾 | 13 | 30 | 0 | 0 | 10 | 64 | 0 | 0 | 5 | 34 | 0 | 0 |
| 新桥 | 11 | 39 | 0 | 0 | 10 | 72 | 0 | 0 | 10 | 73 | 0 | 0 |
| 南蒋 | 17 | 59 | 0 | 0 | 17 | 119 | 1 | 10 | 5 | 31 | 5 | 43 |
| 合计 | 179 | 634 | 4 | 20 | 188 | 1460 | 8 | 64 | 74 | 487 | 12 | 114 |

## 二、住房动迁

2000年开始，因太仓市开发区城镇开发建设用地需要，横沥村域农田分期、分批被征用，农户陆续拆迁，村民统一迁居于景湖花苑自建房集中规划区。

2000年，因江苏沿江高速公路建设以及境内富达路延伸、拓宽，横沥组8户、北蒋组8户、闵村组1户、团结组3户成为横沥村域第一批拆迁户，分别被安置在景湖花苑一区和四区。2001年3月，因中市路延伸拓宽工程，王巷、北蒋、新村16户动迁，被安置于景湖花苑一区和二区。2003年6月，因城乡一体化建设需要，涉及王巷、钱巷、北蒋、闵村、朱宅、横沥、陆宅、团结8个村民小组104户农户拆迁，分别被安置在景湖花苑二区、三区。2006年，因中市路延伸工程，王巷、西湾、新桥3个村民小组19户农户拆迁，被安置于景湖花苑一区。2007—2011年，因城乡一体化建设需要，王巷、钱巷、闵村、朱宅、吴角、胡宅、得胜、新村、东湾、西湾、新桥、南蒋等12个村民小组195户农户拆迁，大部分农户被安置于景湖花苑一区和三区。

## 三、集中居住区

横沥村作为太仓市城市副中心的接合部，按照太仓市城市发展方向，在社区功能上定位为城市社区型，在建设形态上定位为苏州市乡村别墅型。同时，按照农田向规模经营集中,工业向专业园区集中,居民向城市社区集中的"三集中"原则,确定集中居住区、工业区、三产服务区布局。依托道路和水系"一带、两心、五廊、五片"的总体格局,做好布局,设有农民别墅、公寓房、村民广场、社区服务中心、集贸市场等公共设施,与外界道路、河道连接并使之畅通,体现江南水乡特色。

**景湖花苑** 位于胡家港东侧,万金路西侧,南至中市路,北至上海路,区域总面积684亩,其中居住面积364亩,分设4个小区。景湖花苑建设从2000年开始,至2011年结束。首先规划建筑小区道路,铺设开通水电管道,制订拆迁农户住宅置换移地自建别墅楼房实施方案,住房统一设计、统一规划、统一安排,其中一区、二区农户迁入时间为2000—2011年,三区农户迁入时间为2003—2011年,四区公寓房农户迁入时间为2000—2011年。建造农户单体别墅138幢,连体别墅209幢,建筑总面积9.8万平方米。居民357户1600多人,其中四区安置房10户52人。2003—2010年,景湖花苑基础设施和公共服务设施分段建设,区内道路"二横二纵",河道"三横一纵"。区内电线、有线电视、电话等"三线"和自来水管、气管、污水管等"三管"全部入地,雨水、污水管道分流。建立日处理能力300吨集中式生活污水处理站,完善路面监控,安装路灯,设垃圾分类点3个,建公厕3座,区内设社区卫生服务站、社区警务室、社区邻里驿站、农民文化活动中心、居民健身房、标准篮球场、休闲广场。小区公共绿化面积达40%。2010年,经太仓地名办批复,正式命名为"景湖花苑"。

**景湖花苑一区** 位于景湖花苑最南端,前靠中市路,有2个公交车站点,东侧是陆渡中心小学和幼儿园。境内有横港河和潮塘湖,小区面积156亩,为四区之中面积最大、居住人口最多的小区。2000年,因沿江高速公路建设和富达路拓宽,横沥组、北蒋组、团结组、闵村组14户村民,在一区自建单体别墅,经镇政府同意安置宅基地置换农户,每户宅基占地200平方米。2006—2011年,先后有13个村民小组,194户755名村民迁居于景湖花苑一区连体别墅,全区共建单体别墅14幢、连体别墅201幢(其中外来居住户7户)。

表4-2 横沥村景湖花苑一区动迁户安置情况

| 组别 | 动迁年份 | 户数(户) | 人数(人) | 入住年份 |
| --- | --- | --- | --- | --- |
| 北蒋 | 2000—2008 | 9 | 27 | 2001—2008 |
| 闵村 | 2000—2007 | 21 | 82 | 2001—2008 |
| 横沥 | 2000 | 4 | 15 | 2001 |
| 团结 | 2000 | 1 | 6 | 2001 |
| 王巷 | 2006—2010 | 18 | 76 | 2007—2011 |
| 西湾 | 2006—2008 | 16 | 68 | 2007—2009 |

| 组别 | 动迁年份 | 户数（户） | 人数（人） | 入住年份 |
|---|---|---|---|---|
| 新桥 | 2006—2008 | 21 | 75 | 2007—2009 |
| 朱宅 | 2008 | 1 | 1 | 2009 |
| 新村 | 2008 | 27 | 105 | 2009 |
| 东湾 | 2009 | 16 | 63 | 2010 |
| 南蒋 | 2009 | 35 | 137 | 2010 |
| 钱巷 | 2010 | 2 | 9 | 2011 |
| 吴角 | 2010 | 5 | 19 | 2011 |
| 胡宅 | 2011 | 13 | 54 | 2012 |
| 得胜 | 2011 | 19 | 68 | 2012 |

景湖花苑一区连体别墅

**景湖花苑二区**　位于景湖花苑一区北部，万金路西侧，胡家港东侧，南起金湾路，北至孙家港。小区面积78亩，绿化面积5166平方米，园内车位、路灯、监控设备配套齐全，设立2个门卫，1个垃圾分类站，有公共健身路径和运动跑道800米。2000—2003年，王巷组12户、新村组3户、北蒋组16户、横沥组7户、闵村组3户、钱巷组12户、朱宅组22户拆迁至景湖花苑二区，自建单体别墅75幢，入住居民75户283人。

表4-3 横沥村景湖花苑二区动迁户安置情况

| 组别 | 动迁年份 | 户数（户） | 人数（人） | 入住年份 |
|------|---------|-----------|-----------|---------|
| 王巷 | 2000 | 12 | 35 | 2001 |
| 新村 | 2000 | 3 | 15 | 2001 |
| 钱巷 | 2003 | 12 | 44 | 2004 |
| 北蒋 | 2003 | 16 | 57 | 2004 |
| 闵村 | 2003 | 3 | 10 | 2004 |
| 朱宅 | 2003 | 22 | 92 | 2004 |
| 横沥 | 2003 | 7 | 30 | 2004 |

景湖花苑二区单体别墅

**景湖花苑三区** 位于景湖花苑二区北部，万金路西侧，胡家港东侧，南起孙家港，北至景湖花苑四区，东侧万金路有公交107、116路。小区面积75亩，绿化面积4500平方米，2005年实行"三线""三管"入地，雨污水管道分流。2016年车位全面改造，设门卫2个，路灯、监控设备配套齐全，小区内有社区邻里中心和健身广场。2003—2011年，先后有横沥组9户、陆宅15户、团结组14户、吴角组10户、北蒋组2户、钱巷组5户、胡宅组4户、得胜组2户拆迁至景湖花苑三区，共建单体别墅44幢、连体别墅17幢，入住居民61户235人。

表4-4　横沥村景湖花苑三区动迁户安置情况

| 组别 | 动迁年份 | 户数（户） | 人数（人） | 入住年份 |
|------|---------|-----------|-----------|---------|
| 北蒋 | 2003 | 2 | 3 | 2004 |
| 横沥 | 2003 | 9 | 32 | 2004 |
| 陆宅 | 2003 | 15 | 54 | 2004 |
| 团结 | 2003 | 14 | 57 | 2004 |
| 吴角 | 2003—2010 | 10 | 38 | 2004—2011 |
| 钱巷 | 2010 | 5 | 24 | 2011 |
| 胡宅 | 2011 | 4 | 21 | 2012 |
| 得胜 | 2011 | 2 | 6 | 2012 |

景湖花苑三区单体别墅

**景湖花苑四区**　位于景湖花苑最北部，万金路西侧，胡家港东侧，南接景湖花苑三区，北至陆渡村万金组，距上海路300米，公交站有201、109、202路等。小区面积53亩，绿化面积1700平方米，门卫2个，路灯、车位、监控、活动广场等配套齐全。区内共有单体别墅5幢，连体别墅2幢，多层住宅7幢260套，会所1幢。2000—2011年，先后有横沥组4户、团结组1户、胡宅组2户迁入别墅区，其余横沥村12户安置在多层住宅。此外，陆渡镇其他村拆迁户和部分外来人口居住在多层住宅。

表4-5　横沥村景湖花苑四区动迁户安置情况

| 组别 | 动迁年份 | 户数（户） | 人数（人） | 入住年份 |
|------|----------|-----------|-----------|----------|
| 横沥 | 2000 | 4 | 15 | 2001 |
| 团结 | 2003—2005 | 2 | 5 | 2004—2005 |
| 东湾 | 2005 | 1 | 6 | 2005 |
| 闵村 | 2007 | 1 | 4 | 2007 |
| 新村 | 2008 | 1 | 3 | 2008 |
| 西湾 | 2008 | 2 | 8 | 2008 |
| 新桥 | 2008 | 3 | 7 | 2008 |
| 南蒋 | 2009 | 1 | 4 | 2009 |
| 钱巷 | 2010 | 2 | 4 | 2010 |
| 胡宅 | 2011 | 2 | 6 | 2012 |

景湖花苑四区公寓房

## 第二节　公用事业

**一、通信网络（邮政、电信）**

中华人民共和国成立前后，陆渡仅有一个邮政代办所，境内村民的邮件和信件由代办所分发或派人代办查取,故邮件递送周期长。1958年,陆渡公社正式创办公社邮电所,设农村投递线路2条,配投递员2名。每天一次将村民的信件、邮包发送到大队代办点,再分发给收件人。村民寄出的信件或邮件同样可放大队代办点,由投递员带回,或到邮电所直寄。

60年代,横沥大队仅有一部分手摇电话,拨打电话必须由邮电所总机转接。1986年,由4位数拨号电话,固定电话总机转接变为程控数字电话。1989年,电话号码从4位升至6位数,村域开通跨省区电话专线,建成镇、村内外电话线网络。1990年,横沥村团结组吴伟明家庭安装第一部私人电话机。1995年,横沥村农户全部安装上电话机,成为名副其实的"电话小康村"。是年,电话号码由6位转为7位数;2002年4月,电话号码上升为8位数。2000年后,移动网络走进百姓家庭,公用电话网、广播电视网、计算机网"三网"融合发展。2005年后,横沥村达到家家有电脑,人人有智能手机,网络平台为村民医疗、卫生、教育、养老、安全提供全方位服务。

### 二、广播、电视

**广播** 1957年2月,陆渡乡始有广播,每晚播放2小时节目,横沥高级社配有广播喇叭。1964年,陆渡公社设广播站。1965年,架建广播专线,安装舌簧式喇叭到各生产队和农户。1969年7月,开设"自办广播节目",村民早晚两次收听"陆渡消息",大队设业余线路管理员1名,协助做好广播线路的维护工作。1971年,更新广播线路,横沥境域各生产队都装上15瓦的高音喇叭1只。1983年,横沥大队、红新大队开办大队播音室,配置150瓦扩大机1台。广播喇叭主要作用是传达县级以上文件精神,听取公社、大队会议和农业生产指示等。90年代后,广播逐渐被淘汰。

**电视** 1976年,横沥境域各生产小队仅有1台自备天线9寸黑白电视机,村民晚上只能合看一台电视节目。1978年,北蒋组村民陈玉良步行12千米到上海嘉定,购买14寸进口彩色电视机1台,然后用扁担把电视机挑回家。这成为陆渡乡全境农户拥有的第一台电视机,为此《新华日报》刊登报道。1982年,横沥境内家庭黑白电视机拥有率为6.8%。1990年后,随着村民生活水平提高,彩电逐步进入农户家庭。2000年,农村有线电视开通,横沥村有线电视入户率25%。2001年,横沥村安装有线电视户107户,每户安装费600元,其中村补贴300元。2003年有线电视入户率为65%;2004年,农户出资200元,镇、村财政补贴400元。2007年,入户数353户,入户率达99.5%。2008年,有线电视实现全覆盖,全面实现有线电视整转工作。

### 三、供水、供电、供气

**供水** 70年代前,村民淘米、洗菜、洗衣、洗澡等生活用水以河水为主,少量农户饮用井水，户户备有水缸，盛满后放少许明矾沉淀水污。80年代后，由于河道水质开始被农药、化肥等污染，农户建房也进入高峰期，绝大部分农户自挖水井，村民的饮用水、生活用水以自家井水为主。1990年，太仓冠生园食品有限公司开凿180米的深井1眼，起初提供食品工业用水，1991年3月开始提供居民用水，横沥村村民饮用本村深井自来水。2000年初，村域重新铺放输水管道，连接太仓市"村村通"水管网，从此村民均饮用卫生洁净的长江自来水。

**供电** 中华人民共和国成立之初，境内村民用油盏碟照明。60年代前后，逐渐改用煤油灯、小方灯，逢婚丧之事用汽油灯照明，出门用桅灯。1971年，分别在横沥闵村队和红新南蒋队建立电灌站，当时只供灌溉农田之用。1972年，由村、队出资竖电线杆，架线通往各生产队公场，先解决生产用电，配上电动脱粒机，实现稻麦脱粒电气化。然后竖杆架线通电到各农户，解决村民用电问

 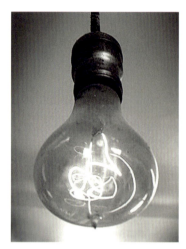

60年代前后照明灯　　　　70年代照明灯

题，从此村民告别油盏灯，但受到电量限制，频繁出现停电避峰现象。1973年，横沥大队、红新大队分别建6600伏高压线，增用100千伏安的变压器1台，自此，农业生产用电、村办企业用电、村民照明用电趋于正常。1976年，境内改建1万伏的高压线1000米，把原6米电杆统一换成7米电杆，共352根，通往生产队380伏电压。1980年，在横沥大队增设30千伏变压器1台，用于农业生产用电。1985年，全境农户更新三箱标准脱粒表箱、照明电表箱并加装触电保护器。1992年，将7米电杆更换为8米电杆，更换25平方电缆线。2000年后，村民动迁集中规划区，供电线路统一入地。不仅用电更安全，而且环境更美观。

**供气** 80年代前，横沥境域村民做饭、做菜均以稻麦柴草、油菜萁、树柴做燃料，灶台为砖砌2眼或3眼土灶，少数人家兼用泥涂行灶。90年代后，部分农户使用瓶装液化气炊事，兼用土灶。1997年，境内大部分农户砌上沼气池用于炊事。2000年后，瓶装液化气逐渐普及农户。2005—2010年，境内村民使用本村开发的秸秆气。2012年，居民开始开通天然气管道。2013年，横沥全境363户家庭全部用上管道天然气。

**横沥村秸秆气站** 横沥村党支部、村委会为实现秸秆综合利用，方便群众生活

燃气,2003年起筹建清洁能源秸秆气站,总投资128万元。2004年工程结束,2005年投入使用,开始为农户炊事供气,有244户家庭使用再生能源秸秆气。为解决焦油问题,秸秆气站自行研制成净化剂、驱虫剂,并通过科研部门的鉴定,得到高度评价。秸秆气综合利用率大于90%,农村可再生能源普及率大于60%,经济、社会和生态效益显著。

横沥村秸秆气站

## 第三节 基础设施

### 一、道路

70年代前,村庄道路都是弯曲不平的小路。80年代起,村内筑建砂石机耕路。1983年,村出资筑建第一条石子路胡家港路(景湖路),并将村道中心路(富达路)铺为砂石路。1992年,砂石路通往各生产队农户。1997年,村道全部为水泥硬化路。至2023年,村级道路有景湖路、横沥路、黄家湾路、闵村路,镇级道路有金湾路、万金路、富达路、中市路,市级道路有上海路、十八港路、滨河新路。

**景湖路** 村级道路,位于胡家港东侧,南北走向,全长1750米。北段路(上海路至中市路)长1050米,宽9米。初建于1983年,由村自筹资金筑建石子路,便于村民出行。经3次修建,至1997年扩建成9米宽的水泥路。南段道路于2017年由太仓经济开发区投资筑建沥青道路,长700米,宽25米。

**横沥路** 村级道路,东西走向,东起胡家港,西至十八港,全长935米。东段水泥路长315米,宽9米,于2003年由陆渡镇政府出资筑建。西段沥青路长620米,宽26米,于2013年由太仓经济

景湖路南段

开发区出资筑建。

**黄家湾路** 村级道路,南北走向,南起黄家港,北至横沥路,全长1300米,宽22米,沥青路面,于2020年由太仓高新区出资筑建。

**金湾路** 镇级道路,位于横沥村中部,村域段东起万金路,西至十八港路,全长1800米。东段水泥路(万金路至富达路)长800米,宽9米,于2002年由陆渡镇政府投资筑建。西段路(富达路至十八港路)长1000米,宽26米,沥青混凝土道路,于2010年由陆渡镇政府出资筑建。

**万金路** 镇级道路,位于横沥村与陆西村交界处,南北走向,南起滨河路,北至上海路,水泥路,双向四车道加非机动车道,全长1650米,宽25米。

**富达路** 镇级道路,位于横沥村中西部,南北走向,南起新浏河,北至上海路,全长1750米,宽23米。始建于1983年,由横沥村出资铺砂石路,1995年改建为水泥路,2002年由陆渡镇政府出资建成双向四车道路,2007年再次拓建绿化带和非机动车道。

**中市路** 镇级道路,因穿越陆渡街道而被称为中市路,村域段全长1800米,宽26米。东段800米(万金路至富达路)为水泥路,西段1000米(富达路至十八港)为沥青路,分别于2002年和2008年由陆渡镇政府出资筑建。

横沥路

黄家湾路

金湾路

富达路

上海路（原名浏太公路）　市级道路，位于横沥村北部，建于1936年，从1957年至2010年经过6次改造拓宽，建成混凝土沥青路面，村域段道路全长1800米，宽55米。

十八港路　市级道路，位于横沥村西侧，十八港边，南起滨河路，北至上海路，沥青路，村域段全长1776米，宽26米。2010年由太仓经济开发区出资筑建。

滨河新路　市级道路，位于新浏河沿边处，村域段东起万金路，西至十八港路，沥青路，长1800米，宽27米。2017年由太仓经济开发区出资筑建。

表4-6　横沥村境内道路一览

| 序号 | 道路名称 | 道路结构 | 方向 | 起止 | 长×宽（米） | 建设年份 |
|---|---|---|---|---|---|---|
| 1 | 万金路 | 水泥混凝土 | 南北 | 滨河新路至上海路 | 1650×25 | 1995 |
| 2 | 景湖路（北段） | 水泥混凝土 | 南北 | 中市路至上海路 | 1050×9 | 1995 |
| | 景湖路（南段） | 沥青 | 南北 | 滨河新路至中市路 | 700×25 | 2017 |
| 3 | 富达路 | 水泥混凝土 | 南北 | 新浏河至上海路 | 1750×23 | 2002 |
| 4 | 黄家湾路 | 沥青 | 南北 | 黄家港至横沥路 | 1300×22 | 2020 |
| 5 | 十八港路 | 沥青 | 南北 | 滨河新路至上海路 | 1776×26 | 2010 |
| 6 | 中市西路（东段） | 水泥混凝土 | 东西 | 万金路至富达路 | 800×26 | 2002 |
| | 中市西路（西段） | 沥青 | 东西 | 富达路至十八港路 | 1000×26 | 2008 |
| 7 | 金湾路（东段） | 水泥混凝土 | 东西 | 富达路至万金路 | 800×9 | 2002 |
| | 金湾路（西段） | 沥青 | 东西 | 富达路至十八港路 | 1000×26 | 2010 |
| 8 | 横沥路（东段） | 水泥混凝土 | 东西 | 胡家港至富达路 | 315×9 | 2003 |
| | 横沥路（西段） | 沥青 | 东西 | 富达路至十八港路 | 620×26 | 2013 |
| 9 | 上海路 | 沥青 | 东西 | 万金路至十八港路 | 1800×55 | 2010 |
| 10 | 滨河新路 | 沥青 | 东西 | 万金路至十八港路 | 1800×27 | 2017 |

## 二、桥梁

横沥村域内有历史古桥4座，分别是老横沥石板桥、横沥公路木桥、老十八港里新桥、界泾河桥。1995—2020年境内共建桥梁27座。

胡家港南桥　位于中市西路，跨胡家港。1991年由陆渡镇政府出资建造，2005年拓宽中市路时重建为梁式水泥桥，桥长24.2米，宽35米，净空高度1.3米，类型为公路桥。

胡家港北桥　位于金湾路景湖花苑二区西侧，跨胡家港。1995年胡家港拓宽时由陆渡镇政府出资建造，为梁式水泥桥，桥长18米，宽10米。

*胡家港南桥*

**界泾桥** 位于上海路,跨胡家港。1954年始建木桥,此后几次翻建,1996年重建为水泥桥。2010年扩建为梁式水泥桥,沥青桥面,桥长18.5米,宽55.5米,类型为公路桥。

**汤泾河桥** 位于富达路北段,横沥佳苑东侧,东西走向,跨汤泾河。2002年因拓建富达路,由陆渡镇政府出资建造,为梁式水泥桥,桥长22米,宽21.5米,净空高度1.5米,类型为公路桥。

**汤泾河新桥** 位于十八港路,横沥佳苑西北处。2011年,因筑十八港路建此桥,为梁式水泥桥,桥长37.4米,宽42米,净空高度1.5米,类型为公路桥。

汤泾河新桥

**万金路1号桥** 位于万金路北段,跨潮塘河。2001年拓建万金路时由陆渡镇政府出资建造,为梁式水泥桥,桥长16米,宽28.5米,类型为公路桥。

**孙家港新桥** 位于黄家湾路横沥花园南侧,跨孙家港。2020年因筑建黄家湾路而建造,为梁式水泥桥,桥长24米,宽21.5米,类型为公路桥。

**富达路1号桥** 位于富达路横沥佳苑东侧,跨北小泾。2002年因拓建富达路而建造,为梁式水泥桥,桥长16米,宽21.5米,类型为公路桥。

**富达路2号桥(闵家桥)** 位于富达路,跨孙家港。2002年因拓建富达路而建造,为梁式水泥桥,桥长20.1米,宽21.5米,类型为公路桥。

**黄家港桥** 位于富达路南段、新浏河北,跨黄家港。2000年因拓建富达路而建造,为梁式水泥桥,桥长18.5米,21.5米,类型为公路桥。

**黄家港新桥** 位于十八港路,跨黄家港。2011年因筑建十八港路而建造,为梁式水泥桥,桥长37.4米,宽32米,类型为公路桥。

**太和大桥** 位于富达路,跨新浏河。2007年因开发向东岛,由陆渡镇政府出资建造,为3孔水泥拱桥,桥长275米,宽20.5米,净空高度12米。

**金湾河桥** 位于十八港路横沥佳苑西南处,跨孙家港。2011年由陆渡镇政

黄家港新桥

府出资建造，为梁式水泥桥，桥长31.3米，宽45米，净空高度2.3米，类型为公路桥。

**十八港新桥** 位于中市路十八港河段，2006年因中市路延伸至兴业路，由太仓经济开发区出资建造，为梁式水泥桥，沥青桥面，桥长52米，宽35米，净空高度2.5米，类型为公路桥。

**十八港河桥** 位于金湾路十八港河段，2013年因金湾路延伸至朝阳东路，由太仓经济开发区出资建造，为3孔梁式水泥桥，沥青桥面，桥长54米，宽42米，净空高度2.5米，类型为公路桥。

**横沥桥** 位于上海路十八港河段，1936年浏太公路上建老横沥木桥，1975年因开挖十八港改建为水泥桥。1984年和1998年浏太公路两次拓宽，桥梁同时拓宽。2010年，老横沥桥拆除，南移至上海路，建造3孔梁式水泥桥，沥青桥面，桥长53米，宽35米，净空高度2.6米，类型为公路桥。

**景湖桥** 位于景湖花苑一区西侧，跨横港河，2006年因拓宽横港河而建造，为梁式水泥桥，桥长18.9米，宽6.6米，类型为人行桥。

**同福桥** 位于滨河路，跨胡家港，2017年因筑建滨河新路而建造，为梁式水泥桥，桥长27米，宽37米，类型为公路桥。

金湾河桥

横沥桥

十八港新桥

景湖桥

表4-7　2020年横沥村境内桥梁一览

| 序号 | 桥名 | 坐落位置 | 跨越河道 | 长×宽（米） | 桥型结构 | 建造年份 |
|---|---|---|---|---|---|---|
| 1 | 万金路1号桥 | 万金路 | 潮塘河 | 16×28.5 | 梁式水泥桥 | 2001 |
| 2 | 万金路2号桥 | 万金路 | 钱巷河 | 15.2×28.5 | 梁式水泥桥 | 2001 |
| 3 | 万金路3号桥 | 万金路 | 北蒋河 | 10.5×28.5 | 梁式水泥桥 | 2001 |
| 4 | 万金路4号桥 | 万金路 | 横港河 | 16×28.5 | 梁式水泥桥 | 2001 |
| 5 | 横沥1号桥 | 景湖路 | 汤泾河 | 10.7×5 | 梁式水泥桥 | 2004 |
| 6 | 横沥2号桥 | 景湖路 | 潮塘河 | 10.6×5 | 梁式水泥桥 | 2004 |
| 7 | 横沥3号桥 | 景湖路 | 钱巷河 | 9.8×5 | 梁式水泥桥 | 2004 |
| 8 | 横沥4号桥 | 景湖路 | 北蒋河 | 10×6 | 梁式水泥桥 | 2019 |
| 9 | 景湖桥 | 景湖路 | 横港河 | 18.9×6.6 | 梁式水泥桥 | 2006 |
| 10 | 汤泾河桥 | 富达路 | 汤泾河 | 22×21.5 | 梁式水泥桥 | 2002 |
| 11 | 富达路1号桥 | 富达路 | 北小泾 | 16×21.5 | 梁式水泥桥 | 2002 |
| 12 | 富达路2号桥 | 富达路 | 孙家港 | 20.1×21.5 | 梁式水泥桥 | 2002 |
| 13 | 富达路3号桥 | 富达路 | 北蒋河 | 14×21.5 | 梁式水泥桥 | 2002 |
| 14 | 黄家港桥 | 富达路 | 黄家港 | 18.5×21.5 | 梁式水泥桥 | 2000 |
| 15 | 太和大桥 | 富达路 | 新浏河 | 275×20.5 | 3孔水泥拱桥 | 2007 |
| 16 | 孙家港新桥 | 黄家湾路 | 孙家港 | 24×21.5 | 梁式水泥桥 | 2020 |
| 17 | 汤泾河新桥 | 十八港路 | 汤泾河 | 37.4×42 | 梁式水泥桥 | 2011 |
| 18 | 金湾河桥 | 十八港路 | 孙家港 | 31.3×45 | 梁式水泥桥 | 2011 |
| 19 | 黄家港新桥 | 十八港路 | 黄家港 | 37.4×32 | 梁式水泥桥 | 2011 |
| 20 | 横沥桥 | 上海路 | 十八港 | 53×35 | 梁式水泥桥 | 2010 |
| 21 | 界泾桥 | 上海路 | 胡家港 | 18.5×55.5 | 梁式水泥桥 | 2010 |
| 22 | 胡家港北桥 | 金湾路 | 胡家港 | 18×10 | 梁式水泥桥 | 1995 |
| 23 | 十八港河桥 | 金湾路 | 十八港 | 54×42 | 梁式水泥桥 | 2013 |
| 24 | 胡家港南桥 | 中市路 | 胡家港 | 24.2×35 | 梁式水泥桥 | 2005 |
| 25 | 十八港新桥 | 中市路 | 十八港 | 52×35 | 梁式水泥桥 | 2006 |
| 26 | 同福桥 | 滨河新路 | 胡家港 | 27×37 | 梁式水泥桥 | 2017 |
| 27 | 黄家港新桥 | 景湖路 | 黄家港 | 24.5×25 | 梁式水泥桥 | 2014 |

### 三、水闸

　　1976年，因防洪需要，在胡家港河道新浏河出口处建单孔节制闸1座，2002年、2023年分别重建。2019—2020年分别在十八港、黄家港、孙家港、汤泾河各建造单孔节制闸1座。

十八港水闸

表4-8　横沥村境内水闸一览

| 闸名 | 坐落位置 | 跨越河道 | 长度（米） | 闸型结构 | 建造年份 |
|---|---|---|---|---|---|
| 十八港水闸 | 十八港新浏河口 | 十八港 | 28 | 单孔节制闸 | 2019 |
| 胡家港闸 | 胡家港新浏河口 | 胡家港 | 10 | 单孔节制闸 | 2023 |
| 黄家港闸 | 黄家港十八港口 | 黄家港 | 15 | 单孔节制闸 | 2020 |
| 孙家港闸 | 孙家港十八港口 | 孙家港 | 15 | 单孔节制闸 | 2020 |
| 汤泾河闸 | 汤泾河十八港口 | 汤泾河 | 15 | 单孔节制闸 | 2020 |

# 第四节　公共设施

## 一、村（大队）部

1961年横沥大队部设立于闵家村生产队朱家大院内，1970年搬入闵家村东3间"七路头"平房，1971年迁入富达路西侧7间"五路头"平房，1982年在原址建五上五下280平方米的楼房。1995年搬迁至桃园度假村商业网点内，2002年迁地景湖花苑一区，2004年迁地浏太公路南边商业楼，面积350平方米。2020年搬迁至原横沥小学教育楼，面积1000多平方米。组织机构有横沥村党总支委员会、横沥村村民委员会、横沥村股份经济合作社、横沥村监督委员会。设便民服务中心、民政、计生、人社、党建、残联、综合治理、外来人员管理服务窗口。

2020年横沥村党总支、村委会

1961年，红新大队（黄家湾大队）部设在南蒋队，3间房40多平方米。1968年，重建大队部"七路头"房，2间70平方米，大礼堂280平方米。1978年，大队部迁至红新小学，面积270平方米。1989年，在原址扩建5间房150平方米。其中，2间医疗室，1间老年活动室，1间代销店，1间村委会档案室。1992年，迁至胡宅队原园林队4间"七路头"房，面积150平方米，直至2003年并入横沥村。

## 二、文化中心

2005年，创建横沥村农民文化活动中心，建筑面积370平方米，硬件设施投资30

万元,设置有图书室、电子阅览室、影视厅、健身房、老年与未成年人活动室。2017年迁至横沥村景湖路18号。

横沥村农民文化活动中心

### 三、日间照料服务中心

建于2020年,地址为景湖路18号,建筑面积150平方米,内设活动室、理疗室、接待室、阅读室、棋牌室、休息室、银龄餐厅等。

### 四、老年活动室

1987年横沥村老年活动室设在闵村组西侧,面积30平方米;2002年迁移至王巷组,面积70平方米;2009年迁址景湖花苑一区76号文化中心楼下,面积50多平方米。1989年红新村老年活动室设在南蒋组村委会边,面积30平方米。至2010年迁入横沥村。

日间照料服务中心

### 五、村庄绿化

70年代前后,生产队在机耕路和河道两边种植少量水杉木、柳树等树木。90年代,村庄道路、河道绿化面积有所增加,1995年,全境绿化种植面积3000多平方米。2000年,随着城乡一体化发展,农户集中居住,横沥村按照新农村建设"生态、绿化、美化"的环境要求,以"三绿"(绿色通道、绿色基地、绿色家园)为抓手,重点开展清洁水源、绿化社区等工程建设。2005—2006年,投入350万元,实施河道疏浚4000米,河道绿化2万平方米,建造汤泾河千米绿化风光带。投入100万元,实施景湖花苑小区景观绿化1万多平方米。2008年,实现境内主要道路河道绿化25.85万平方米。2010年后,横沥村重点进行居住小区提档改造,对小区空地增补景观绿化。2016年,新增绿化面积5000平方米。2017年后,重点对老区搬迁空地进行平整植绿,在小区公共区域增设景观绿化,新增绿化2000平方米。2022年,新增绿化1500平方米。横沥境域河道、道路、小区绿化覆盖率达40%。

小区绿化　　　　　　　　　　　　　　　　道路绿化

表4-9　横沥境域道路绿化一览

| 序号 | 道路名称 | 绿化长度（米） | 宽度（米） | 绿化面积（万平方米） | 年份 |
|---|---|---|---|---|---|
| 1 | 万金路 | 1650 | 20 | 3.30 | 1995 |
| 2 | 景湖路 | 1750 | 13.6 | 2.38 | 1996 |
| 3 | 中市路 | 1800 | 20 | 3.60 | 2008 |
| 4 | 富达路 | 1750 | 13 | 2.27 | 2002 |
| 5 | 浏太公路 | 1800 | 16 | 2.88 | 2010 |
| 6 | 金湾路 | 1800 | 15 | 2.68 | 2010 |
| 7 | 十八港路 | 1776 | 24 | 4.26 | 2010 |
| 8 | 横沥路 | 935 | 15.5 | 1.45 | 2013 |
| 9 | 滨河路 | 1800 | 25 | 4.50 | 2017 |
| 10 | 黄家湾路 | 1300 | 12 | 1.56 | 2020 |

表4-10　横沥境域河道绿化一览

| 序号 | 河道名称 | 绿化长度（米） | 宽度（米） | 绿化面积（万平方米） | 年份 |
|---|---|---|---|---|---|
| 1 | 胡家港 | 2286 | 6 | 1.37 | 1996 |
| 2 | 北小泾河 | 340 | 5 | 0.17 | 1996 |
| 3 | 钱巷河 | 350 | 15 | 0.52 | 1996 |
| 4 | 北蒋河 | 820 | 7 | 0.57 | 1996 |
| 5 | 孙家港 | 1100 | 15 | 1.65 | 2005 |
| 6 | 汤泾河 | 1170 | 8 | 0.94 | 2006 |
| 7 | 黄家港 | 1700 | 10 | 1.70 | 2006 |
| 8 | 横港河 | 350 | 8 | 0.28 | 2007 |
| 9 | 十八港 | 1776 | 40 | 7.10 | 2008 |

## 六、路灯、监控

2000年前，境内农村道路无路灯。2006年，村内富达路、万金路、中市路开始安装路灯。2012年，境内小区道路安装太阳能路灯60盏。2018年，小区新增路灯6处。

2022年,景湖花苑4个小区将太阳能路灯全部更换成市电LED路灯。全区共有LED路灯240盏。

2015年,小区安装治安监控32处,至2022年4个小区安装治安监控230处。

### 七、健身场所

2010年起,横沥村村委会在各小区建设健身广场、健身跑道和健身路径。健身广场总面积900多平方米,健身跑道2000多米,健身路径40多件。社区文化中心设健身房,配健身器材和乒乓室、室外篮球场等。

景湖花苑二区健身广场

景湖花苑三区健身广场

### 八、会所

2004年,在景湖花苑四区建造两层楼房会所,占地350平方米,建筑面积800平方米,可容250人用餐。2021年停用,改建为陆渡街道未成年人保护工作站。

### 九、公园

**娄江新城滨河公园** 2018年建成,全长2.75千米,占地28万平方米,境内

娄江新城滨河公园

占地20万平方米,是娄江新城的滨水生态廊道。整个公园围合出多个花园空间,有槭树花园、樱花花园、运动花园、儿童花园,还有阳光大草坪等。是广大居民观光休闲、健身及娱乐的理想场地。

**十八港湿地公园** 2016年建成,位于十八港上海路南,公园全境在横沥地域,占地3.3万平方米。公园建有池塘、假山、3条景观桥、景观绿化和健身跑道等。

十八港湿地公园

# 第五章　农业生产

中华人民共和国成立前，因受封建土地所有制和落后的生产工具、生产方式及水利设施的制约，农业生产水平极度低下，俗称"稻谷石疲佬，棉花朝天包"（指稻谷亩产1石，约160市斤；籽棉亩产1蒲包，约50市斤），加上苛捐杂税和地主的盘剥，农民生活在水深火热之中。中华人民共和国成立后，横沥境域农民经过土地改革，走上农业合作社的道路，推行改良品种、兴修水利、改变耕作制度，农业生产水平得到提高。1958年成立人民公社。1961年起，为贯彻中央"调整、巩固、充实、提高"的八字方针，实行公社、大队、生产队三级所有制，以队为基础各计盈亏的三级核算，调动社员积极性，村域农业生产得到恢复发展。"文化大革命"时期，农业产量虽有提高，但农民收入不多。

中共十一届三中全会以后，农村首先实行经济体制改革。1983年，横沥境内实行家庭联产承包责任制，实行分田到户、分户经营、集中服务，农民有了生产经营的自主权，生产积极性极大地提高。农业生产结构得到调整和发展，农作物产量稳步提高，农业经济开始全面振兴。1988年，横沥境内农业生产开始实行集约化规模经营模式。1996年全境有9个小农场，承包种粮土地面积955亩，占全境承包种粮面积的67%。2000年起，随着工业化和城镇化进程的加快，横沥全村实施土地征用集中统管，农户动迁集中安置。境内土地陆续被征用。至2016年，全部土地被征用，农业生产历史结束。

表5-1　1962—2015年横沥境域人均耕地情况（选年）

| 年份 | 村（大队）名 | 耕地面积（亩） | 劳动力（个） | 总人口（人） | 人均耕地（亩） |
|---|---|---|---|---|---|
| 1962 | 横沥 | 2262.5 | 503 | 804 | 2.81 |
| | 红新 | 1854 | 422 | 696 | 2.66 |
| 1967 | 横沥 | 2228 | 543 | 878 | 2.54 |
| | 红新 | 1852 | 466 | 732 | 2.53 |
| 1973 | 横沥 | 2180 | 642 | 927 | 2.35 |
| | 红新 | 1852 | 533 | 775 | 2.39 |
| 1978 | 横沥 | 2182 | 660 | 928 | 2.35 |
| | 红新 | 1556 | 483 | 806 | 1.93 |

| 年份 | 村（大队）名 | 耕地面积（亩） | 劳动力（个） | 总人口（人） | 人均耕地（亩） |
|------|------|------|------|------|------|
| 1983 | 横沥 | 2118.9 | 613 | 899 | 2.36 |
| | 红新 | 1562 | 551 | 758 | 2.06 |
| 1988 | 横沥 | 1995 | 565 | 889 | 2.24 |
| | 红新 | 1669 | 480 | 745 | 2.24 |
| 1990 | 横沥 | 1990 | 539 | 899 | 2.21 |
| | 红新 | 1605 | 470 | 736 | 2.18 |
| 1995 | 横沥 | 1572 | 549 | 846 | 1.86 |
| | 红新 | 1585 | 416 | 687 | 2.31 |
| 2000 | 横沥 | 1334 | 392 | 698 | 1.91 |
| | 红新 | 1427 | 318 | 539 | 2.65 |
| 2006 | 横沥 | 1527 | 623 | 1207 | 1.27 |
| 2007 | 横沥 | 1442 | 916 | 1670 | 0.86 |
| 2008 | 横沥 | 1442 | 912 | 1665 | 0.87 |
| 2009 | 横沥 | 1205 | 906 | 1670 | 0.72 |
| 2010 | 横沥 | 1205 | 917 | 1668 | 0.72 |
| 2015 | 横沥 | 642 | 920 | 1690 | 0.38 |

# 第一节 生产关系变革

## 一、封建土地所有制

中华人民共和国成立前，境内的土地系封建土地所有制。土地改革前，横沥乡共有11个村，可耕地7838亩，其中地主、富农、半地主式富农占总耕地的30%以上。地主、富农把土地出租给贫农、雇农，收取地租，地租以实物地租为主，分单租和双租两种，单租是雇农向地主买租种权，租金为田价的一半，一般年景每亩交大米20~25千克。双租是雇农因连续3年交不出租米而被地主收回的耕地被地主租给二地主，然后由二地主转租给雇农耕种，雇农就要交双倍地租。

表5-2　土地改革前横沥乡永胜、常胜、新胜各阶层占有土地情况

| 阶层 | 户数（户） | 人数（人） | 土地（亩） | 人均占有土地（亩） |
|------|------|------|------|------|
| 地主 | 3 | 16 | 187 | 11.7 |
| 富农 | 18 | 92 | 503 | 5.47 |
| 半地主式富农 | 1 | 8 | 86 | 10.75 |

续表

| 阶层 | 户数（户） | 人数（人） | 土地（亩） | 人均占有土地（亩） |
|------|-----------|-----------|-----------|---------------------|
| 中农 | 64 | 265 | 1111 | 4.19 |
| 贫农 | 51 | 216 | 475 | 2.20 |
| 雇农 | 13 | 41 | 38 | 0.93 |

如上表所示，土改前横沥乡永胜、常胜、新胜三村总人口150户，638人，土地面积2400亩，其中地主、富农、半地主式富农人均占有土地6.7亩，中农、贫农、雇农人均占有土地3.1亩。

### 二、土地改革

1949年5月，太仓全境解放，1950年11月，陆渡区政府工作队进驻横沥乡（队长陈碧悟），开展土地改革运动，贯彻"依靠贫雇农、团结中农、孤立富农、打击地主"的政策。经过群众诉说，自报互评，人民政府清查登记土地，划分阶级成分，没收地主的多余土地、房屋、财产，将没收的土地分给无地、少地的贫雇农，并颁发土地证。从此铲除几千年的封建土地所有制，实现了农民耕者有田的愿望。

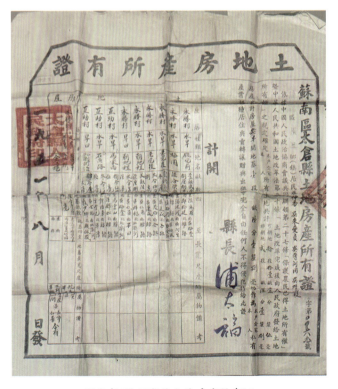

1951年8月颁发的土地房产所有证

**表5-3 横沥乡永胜、常胜、新胜三村土地改革时期土地、房屋、人口统计**

| 村名 | | | | 永胜村 | 常胜村 | 新胜村 | 合计 |
|---|---|---|---|---|---|---|---|
| 人口 | 户数（户） | | | 54 | 40 | 56 | 150 |
| | 人数（人） | 总人数 | | 256 | 172 | 210 | 638 |
| | | 性别 | 男 | 104 | 86 | 98 | 288 |
| | | | 女 | 152 | 86 | 112 | 350 |
| | | 其中 | 农业人口 | 243 | 171 | 209 | 623 |
| | | | 非农业人口 | 13 | 1 | 1 | 15 |
| 土地（亩） | 原有土地 | | | 833.3 | 562 | 650.5 | 2045.8 |
| | 土地改革中分得土地 | | | 155.6 | 73 | 126.2 | 354.8 |
| | 土地合计 | | | 988.9 | 635 | 776.7 | 2400.6 |
| 房屋（间） | 原有房屋 | | | 273.5 | 149 | 251.5 | 674 |
| | 土地改革中分得房屋 | | | 20.5 | 0 | 11.5 | 32 |
| | 房屋合计 | | | 294 | 149 | 263 | 706 |
| | 其中 | 瓦房 | | 219 | 100 | 165 | 484 |
| | | 草房 | | 75 | 49 | 98 | 222 |
| | | 草房占比 | | 25.5% | 32.9% | 37.3% | 31.4% |

### 三、农业合作化

**互助组** 土地改革后，农民虽分得土地，但仍是小农经济农户，缺少生产资料和生产资金，有的缺少劳动力，生产搞不好，逐渐出现农田荒废、贫困户卖田的现象。1951年12月，中共中央发布《关于农业生产互助合作的决议（草案）》，引导农民走互助合作的道路。实行几个农户农忙临时自愿组合和自愿常年组合两种合作模式，互助组规模为3~5户或8~10户不等。1953年10月底，横沥乡共有67个互助组，540户家庭。互助组有效调剂了劳动力和农具双方的余缺，解决了贫雇农缺劳力、少农本的困难，缓解了两极分化的矛盾，促进生产发展。

**初级社** 1953年12月，中共中央发出《关于发展农业生产合作社的决议》，引导农民走具有半社会主义性质的初级农业生产合作社道路，初级社一般以20~30户为一社，规定土地入社，每亩折股金2~3元，入社农户的耕牛、大农具折价入社；初级社生产统一经营，年终结算，在扣除农本，提取公积、公益金后，按"土三劳七"的比例分红。初级社能解决互助组一时无法克服的困难，但还存在规模小、土地分散的不合理性，在一定程度上不利于大范围的生产作业。

**高级社** 1956年3月，党中央发布《农业生产合作社的示范章程》，同年6月又发布《高级农业生产合作社决议》，在初级社扩社、并社的基础上，建立以土地和生产资料归集体所有，取消土地分红，实行按劳分配的具有社会主义性质的高级社。1956年，横沥境域建立太丰六社、太丰七社，入社农户247户，人口914人，劳动力542

个。高级社的建立,基本实现农业社会主义改造。

### 四、人民公社化

1958年,建立陆渡人民公社,实行"政社合一"的新体制,在农业规划上,一度搞"大跃进",订"高指标",吹"浮夸风",公社实行一级核算,搞半供给制,谓之实行组织军事化、生产战斗化、生活集体化,吃饭在大食堂不要钱,并取消自留地。1960年前后,农业生产连续3年出现滑坡,出现生产大队、小队断粮现象。1962年,横沥大队贯彻公社、大队、生产队三级所有制政策,以生产队为基础的基本核算单位的管理体制,采用定额记工,年终按各生产队实际收益,按劳动得分取酬。生产队在农机具、牲畜、劳动力和土地等方面享有调配的自主权。自此,农业生产逐步得到恢复发展。1966年起,一度取消定额记工,提倡"政治挂帅,思想领先",推行"大寨式"评分记工法,即"一天一评一记",社员按当日劳动、思想表现的标准得分,社员对照标准自评后,再由全队评议确定得分,因定量标准难以把握,难以公平公正,结果挫伤了社员的积极性。1972年,此方式被废除,恢复记分制度。

### 五、家庭联产承包责任制

1978年中共十一届三中全会后,农村首先进行经济体制改革,1979—1982年,横沥境域先后推行"定额到人、按件记工、小段包工"和"包工、包产、包费用到组"的分配办法,实行"联产计酬"全奖全赔和"分田到劳、联产到劳"的生产责任制,虽有一定成效,但依然存在"吃大锅饭"的弊端。1983年推行家庭联产承包责任制,实行分田到户,包工到户,人分口粮田、劳分责任田。是年,横沥村共有耕地1892亩,扣除全村口粮田389亩、饲料田93亩,共有责任田1410亩,劳动力621个,平均每个劳动力分得责任田2.3亩。农户承包土地,所有权归集体所有,承包土地无权买卖,只有经营权。承包户每年必须完成国家下达的征购、超购、议购粮油的任务,多余粮食可以自由支配、自主经营、自负盈亏,依法缴纳农业税,上缴公积金、公益金、管理费,余下部分归农户所有。村成立农业经济服务站,为农作物的布局、供应粮种、机械作业、灌溉排水、防病治虫、肥药供应等提供配套服务。实行"农户包任务,集体包服务",统分结合、双层经营的家庭联产承包责任制,从此,农民生产积极性得到空前释放。1984年,全村粮食征购任务185690千克,超额完成"三购"任务97110千克。

表5-4 1984年横沥村责任制合同方案汇总

| 队名 | 土地 | | | | | | 1984年农业税 | |
| --- | --- | --- | --- | --- | --- | --- | --- | --- |
| | 自留田（亩） | 社员竹园（亩） | 耕地 | | | 纳税面积（亩） | 纳税总额（元） | 每亩平均（元） |
| | | | 口粮田（亩） | 饲料田（亩） | 责任田（亩） | | | |
| 王巷 | 22.66 | 2.6 | 58.5 | 14.55 | 217.33 | 293.38 | 2764.19 | 9.42 |
| 钱巷 | 16.16 | 2.58 | 37.3 | 10.35 | 154.54 | 209.31 | 1915.02 | 9.33 |
| 北蒋 | 17.42 | 3.35 | 50.4 | 12.25 | 180.13 | 246.13 | 2235.94 | 9.23 |
| 闵村 | 16.59 | 1.48 | 42.76 | 13.5 | 158.94 | 216.49 | 2019.29 | 9.33 |
| 朱宅 | 15.75 | 1.85 | 39.15 | 10.3 | 129.39 | 180.66 | 1730.88 | 9.56 |
| 横沥 | 16.35 | 1.34 | 44.95 | 10.25 | 165.45 | 222.09 | 1904.78 | 8.58 |
| 陆宅 | 12.23 | 1.34 | 27.45 | 6.83 | 128.25 | 163.56 | 1447.74 | 8.85 |
| 团结 | 14.88 | 3.56 | 37.3 | 8 | 131.43 | 180.2 | 1653.65 | 9.15 |
| 吴角 | 12.89 | 4.79 | 31.5 | 6.84 | 144.58 | 187.6 | 1559.44 | 8.31 |
| 桃园 | 0 | 0 | 19 | 0 | 0 | 45.5 | 405.81 | 8.85 |
| 合计 | 144.93 | 22.89 | 388.31 | 92.87 | 1410.04 | 1944.92 | 17636.74 | 90.61 |

| 队名 | 上缴粮食 | | | | | | | |
| --- | --- | --- | --- | --- | --- | --- | --- | --- |
| | 国家包购 | | | 总计（斤） | 承包夏粮 | | 承包水稻 | |
| | 征购（斤） | 超购（斤） | 合计（斤） | | 面积（亩） | 数量（斤） | 面积（亩） | 数量（斤） |
| 王巷 | 56276 | 29474 | 85750 | 119591 | 89.54 | 46920 | 89.54 | 72671 |
| 钱巷 | 41555 | 21764 | 63319 | 88238 | 68.85 | 32738 | 68.25 | 55500 |
| 北蒋 | 47065 | 24650 | 71715 | 99401 | 75.35 | 39107 | 73 | 60294 |
| 闵村 | 42641 | 22333 | 64974 | 92828 | 69.3 | 35863 | 69.3 | 56965 |
| 朱宅 | 36608 | 19173 | 55781 | 82769 | 63.1 | 32654 | 62.1 | 50115 |
| 横沥 | 39856 | 20874 | 60730 | 81352 | 64.7 | 35262 | 61.7 | 46090 |
| 陆宅 | 33309 | 17157 | 50466 | 66219 | 56.25 | 26661 | 53.25 | 39558 |
| 团结 | 36340 | 19039 | 55379 | 72000 | 62.2 | 29110 | 59.2 | 42890 |
| 吴角 | 37730 | 19756 | 57486 | 88106 | 67.19 | 36282 | 64.69 | 51824 |
| 桃园 | 0 | 0 | 0 | 0 | 0 | 0 | 0 | 0 |
| 合计 | 371380 | 194220 | 565600 | 790504 | 616.48 | 314597 | 601.03 | 475907 |

## 六、土地规模经营

1983年，横沥实行家庭联产承包责任制，境内兴起以农户为单位的小而全的经营模式。随着农业自身产业结构的调整，生产趋于专业化，而工业生产又与之争劳动力，诸方面的矛盾使劳动力开始转移到二、三产业。由于农民在市镇购房，居住地变化等，出现承包地转让他人代

村干部指导农场主生产

耕、代管现象。一些有种田能力的农户成为大农户，开始建立小农场。1988年，横沥村有120亩农户责任田转包种植大户。1996年，横沥、红新两村家庭承包户土地流转共955亩，占全境承包种植面积的67%，分别由浙江、江西等地9个种植大户承包经营。

表5-5 1996年横沥境域大农户承包经营土地面积及粮食征购任务

| 姓名 | 承包人原籍 | 承包土地所在村民小组 | 承包面积（亩） | 征购任务 | | |
|---|---|---|---|---|---|---|
| | | | | 三麦（斤） | 水稻（斤） | 合计（斤） |
| 付宝根 | 江西新余 | 新村、得胜、胡宅 | 130.3 | 74505 | 77374 | 151879 |
| 丁春根 | 江西新余 | 南蒋、东湾、新村 | 85.2 | 48717 | 50438 | 99155 |
| 吴生根 | 江西新余 | 东湾、西湾、南蒋 | 92.7 | 53005 | 54878 | 107883 |
| 张福庆 | 浙江绍兴 | 北蒋、闵村、朱宅 | 131.6 | 75248 | 77907 | 153155 |
| 王春兵 | 江西新余 | 闵村 | 62.4 | 35680 | 36941 | 72621 |
| 张仁忠 | 浙江绍兴 | 横沥、朱宅、陆宅 | 110.6 | 63242 | 65475 | 128717 |
| 范财江 | 浙江绍兴 | 新村、南蒋、胡宅 | 140.3 | 80223 | 83057 | 163280 |
| 张福庆 | 浙江绍兴 | 北蒋、闵村 | 113 | 64590 | 67009 | 131599 |
| 孙杭州 | 江苏盐城 | 闵村、钱巷 | 89 | 51086 | 53044 | 104130 |

### 七、土地确权发证

1998年，横沥村域按照太仓市委《关于进一步稳定和完善农村土地承包及发放经营权证书的意见》，进行第二次土地承包和确权发证，按照五个坚持原则：坚持土地所有权权属不变原则，坚持农民享有土地承包权原则，坚持稳定现有土地规模种植原则，坚持大稳定、小调动原则，坚持三权分离（明确土地所有权、稳定承包权、搞活土地使用权）原则。经过仔细调查、核实，实行统一登记、统一发证，横沥全境（横沥村、红新村）发证总户448户，承包确权总面积2395.5亩。

表5-6 1998年横沥境域各村民小组土地承包经营确权情况

| 序号 | 组别 | 户数（户） | 确权人数（人） | 承包确权面积（亩） |
|---|---|---|---|---|
| 1 | 王巷 | 37 | 122 | 182 |
| 2 | 北蒋 | 31 | 102 | 160.9 |
| 3 | 钱巷 | 23 | 83 | 132 |
| 4 | 闵村 | 31 | 103 | 129 |
| 5 | 朱宅 | 28 | 107 | 152 |
| 6 | 横沥 | 31 | 97 | 99 |
| 7 | 陆宅 | 21 | 55 | 46 |
| 8 | 团结 | 22 | 76 | 93 |
| 9 | 吴角 | 21 | 62 | 75 |
| 10 | 胡宅 | 26 | 92 | 141 |

| 序号 | 组别 | 户数（户） | 确权人数（人） | 承包确权面积（亩） |
|------|------|-----------|---------------|-------------------|
| 11 | 得胜 | 27 | 72 | 150.2 |
| 12 | 新村 | 39 | 120 | 236.5 |
| 13 | 东湾 | 20 | 73 | 160.6 |
| 14 | 西湾 | 22 | 82 | 163.3 |
| 15 | 新村 | 27 | 81 | 172 |
| 16 | 南蒋 | 42 | 153 | 303 |
| 合计 | | 448 | 1480 | 2395.5 |

### 八、农村股份经济合作社

为适应社会主义市场经济发展，巩固集体经济发展成果，拓展农民增收渠道，突现共同富裕目标。根据国家有关法律和政策规定，2008年，"太仓市横沥富民合作社"更名为"太仓市横沥社区股份合作社"。2012年，横沥村根据清产核资结果和集体资产股份量化方案，将集体经营性资产折股量化到本社成员，实行"量化到人，固化到户"，主要对象为土地二轮承包时取得土地承包经营权，且户口一直在本村的人员。横沥村农户入股总数4948股，其中人员股1478股、土地股3470股。2013年合作社分红总额14.8万元，每股30元。2021年更

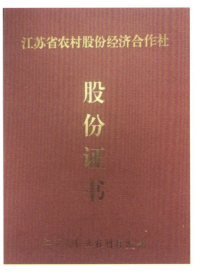

经济合作社股份证书

名为"太仓市横沥村股份经济合作社"，村集体净资产总额为6916.33万元，其中集体经营性净资产为5660.72万元。2022年合作社分红总额59.4万元，每股120元。

## 第二节　种植业

### 一、耕作制度

60年代前，境内农作物一般是以夏秋两熟为主，夏熟作物以小麦、大元麦、油菜、蚕豆为主，辅之少量大蒜、绿肥；秋熟作物以水稻、棉花为主，辅之少量大豆、玉米、山芋等旱地小杂粮。1954年，国家对粮、棉、油等主要农作物实行统购统销，农业生产始行计划种植，实行"棉三，稻麦三，杂粮蔬菜三"耕作制。60年代初，贯彻"以粮

为纲"方针,水稻面积逐年增加,棉花面积逐年减少。1977年,双季稻种植占水稻总面积的78%。从而由一年两熟改成一年三熟耕作制,但由于农时季节、劳动力、农本、土壤结构等诸多因素,随着家庭联产承包责任制的推行,双季稻面积逐年减少。1985年,境内实行稻麦(油菜、大蒜)、棉麦(大蒜)两熟制和稻棉水旱轮作制,部分农户在间作麦田里套种毛豆等经济作物。1994年起,调整作物布局,棉花面积逐年减少,蔬菜面积逐年增加,两熟制面积减少,多熟制面积增加,板田麦、板田油菜面积扩大,土壤免耕面积随之扩大,土壤实行一年一季耕翻制。

## 二、水稻种植

**品种** 50—60年代,横沥域内主要以早熟籼稻为主,品种有矮南早1号和2号、广陆矮4号、原丰早等早、中、晚早熟籼品种以及杂交籼稻南优3号、籼优3号等。70年代,改种中粳和晚粳,主要品种有苏粳2号、沪选19、南粳33号等。80年代,品种改良,苏粳品种退化,主要品种有中熟晚粳、秀水04、盐粳早熟2号。90年代,推广早单八、武育粳2号,既耐肥,又抗病、抗倒伏。

**育秧** 旧时境内农民有"秧好丰收年"的农谚。育秧关键是种子处理、秧田制作和落谷3件事。种子处理:一般将谷种浸淘,除去瘪谷与杂质即可。50年代后提倡泥水选种和药粉浸种,以除杂质和附在谷壳上的病菌,然后装入蒲包(蛇皮袋)内催芽备用。秧田制作:早用河泥和红花草等作基肥,谷雨后秧田上水、翻耕、人工削平,四周起沟,再用门板拖平秧田。70年代后,双季稻采用露天育秧,利用场地铺上泥浆育秧,后又采用温室育秧,田间用尼龙地膜打孔覆盖育秧。落谷:60年代,推广陈永康落谷经验,每亩秧田落谷40~60千克,落谷后用泥浆塌平,面上撒草木灰,之后对秧田做好水浆管理,早灌晚排,随秧苗生长,保持适当水层。80—90年代,杂交水稻仍行泥浆落谷,播种量为每亩9~10千克,大大省下种子量。用泥浆塌谷后喷除草剂,第二天盖上营养土或草木灰。2000年后,由人工插秧改为机器插秧,落谷改为塑料秧盘育秧。具体做法:闲时提前搞好营养土,整平秧田,做好塄头,秧盘排放在塄头上,秧盘里放好营养土,刮平后上水,然后均匀落谷(每亩稻种仅3千克左右),再盖上塑料薄膜。由于落谷前已催芽,加上保温、保湿,4~5天就可以揭去薄膜,秧龄缩短为15~20天。

**移栽** 50年代,一般于6月下旬至7月初移栽,中粳在6月下旬左右结束移

机插秧

栽。发展"双三制"后，双季早稻在5月下旬结束移栽，后季稻在8月上旬结束移栽，单季晚粳于6月20日左右至6月底结束移栽。密度：人工移栽历来以6棵为一行，行距大小不一致，一般田栽1.5万棵左右。60年代中期，移栽采用一行一根绳，统一尺寸，行距一致，株距在18~20厘米，亩栽棵数3万左右。70年代，曾试用机插秧，因存活率低暂时停止。进入90年代，开始试行抛秧和直播新技术，因省工、省力、效果好而被推广。水稻直播技术一直延至2015年农业生产结束。

**田间管理** 旧时，一般在秧苗活棵后拔一次草，耘糙稻3次（除草、松土），追肥、搁稻。50年代后，推广陈永康"三黄三黑"（分蘖、拔节、孕穗3个不同生长期）视苗势施肥的经验。70年代后期起施用除草剂，始废拔草、耘糙工序。水浆管理采用深水活棵、浅水发棵、适时搁稻方法。之后，干干湿湿，以水调气、控肥，以气促根调肥。孕穗期，足水灌浆，成熟期以"跑马水"养老，增加稻谷千粒重，到收割前5~6天停水，待田干收割。

**施肥** 水稻施肥分基肥和追肥两种，旧时，水稻用肥都是有机肥（草塘泥、红花草、野草、猪窠灰、人畜粪尿、豆饼和菜饼）。60年代后，投入大量劳动力开展罱河泥，到上海运黑泥，收集生活垃圾，割野草，拾集禽类粪等。之后随着化肥普及，有机肥与无机肥并用。至80年代中期，施肥以化肥为主，晚粳化肥用量亩均标准肥（以硫酸铵标准）达80千克。

**植物保护** 水稻病害有纹枯病、稻瘟病和白枯病。其中纹枯病较为普遍，危害较大，高温季节最易发生，拔节、孕穗期为发病高峰。防治方法：用井冈霉素、多菌灵、稻脚青加水喷洒，稻瘟病用稻瘟净防治。水稻虫害有纵卷叶虫、稻飞虱、稻蓟马、稻苞虫、三化螟、二化螟、大螟等。其中，稻飞虱在境内一年产生5~6代，危害盛期为8至10月；纵卷叶虫一年产生4~5代；大螟一年产生4代。防治方法：用"1605"混合粉、叶蝉散、杀螟粉、甲胺磷等农药加水，按要求喷洒。

**收割** 旧时，境内种植以早熟晚粳品种为主，村民一般在10月中下旬收割。60年代后，单季晚稻一般在10月下旬至11月初开始收割，农民自古一直沿用镰刀收割，一般人均1天收割2亩，割稻后晒3天，稻干后进行捆稻、挑稻、人工脱粒。70年代，用电动脱粒机，社员白天收稻，晚上在生产队大场轧稻。80年代，境内有了联合收割机，从此取代人工收割。

**农业样板大队** 1964年，在横沥团结队试点种植双季稻取得成功后，被陆渡公社树立为农业样板大队，横沥成为推广农业新技术的示范点，双季稻种植首先在横沥各生产队推广。1971年，横沥大队100%种植双季稻。1972—1976年，公社党委书记吴卫国带班蹲点横沥大队，县农业局技术员万年生，公社农业技术员邢熙皋、袁斗强常住横沥大队指导农业技术。1973年，在桃园知青点成立农业科技实验站。1975

年,实验站双季前作稻平均亩产549千克,其中广六矮4号品种取得600千克高产记录,获得县科委奖励。双季稻栽培技术在全县得到推广。1988年,横沥、陆宅、团结3个生产队建立水稻百亩丰产方,以高产优质获太仓市农业丰收一等奖。

### 三、三麦种植

**品种** 小麦品种先后有无芒小麦、吉利、华东6号、万年2号、阿富、杨麦1号、杨麦2号、杨麦3号、杨麦4号、杨麦5号、杨麦9号。大麦品种以紫皮大麦为主,60年代中期,引种早成熟214、早熟3号和泾大1号。元麦主要有红茎、立新、浙114等品种,种植品种以小麦为主。

**播种** 旧时,境内以撒播密麦为主,农业合作化时期,为适应接种茬口,改为条播。60年代初,试行打潭麦,俗称"脚壳麦"。之后改为宽幅条垄,一垄两边种0.8尺麦幅,中间种1.2尺麦幅,土地利用率提高35%。70年代后期,实行普耕碎土浅播,阔幅平垄。80年代,试行免耕稻板麦。90年代,种植棉花茬条垄麦,以提高土地利用率。

**田间管理** 麦籽出苗后,抓紧开好三沟(围沟、腰沟和竖沟),这是确保三麦丰收的关键,沟泥捣碎可用来压麦促分蘖。肥料以有机肥为主,腊月用河泥浇浆。90年代起,改为以施化学肥料为主,开春回暖追施返青肥,同时做好防病治虫工作。

**植物保护** 三麦病害有赤霉病、白粉病、麦锈病和黑穗病,其中赤霉病危害最为普遍,用多菌灵、井岗霉素、硫磺石灰合剂加水喷洒防治。三麦虫害有行军虫、蚜虫和红蜘蛛,其中蚜虫危害最为严重,可用"1605"混合粉、乐果加水喷雾防治。

### 四、棉花种植

**品种** 中华人民共和国成立前,境内普遍种植亚洲棉(俗称"小棉")。1931年,境内试点推广朝鲜金字380号棉种,株距1尺,行距2尺,亩产达60斤(籽棉),比当时小棉增产20斤。1946年,境内推行美棉种籽。1949—1952年,试种德字棉531号。1953年,引进岱字棉15号品种。1955—1957年,岱字棉全面推广。1977年后,引种宝棉114号和中棉所7号棉,其间曾推广杂交棉种植。90年代,境内当家品种为"8893"、岱字棉15号。

**育苗** 境内棉农历来采用直接撒播,清明整地,立夏播种的农作方式。农业合作化后,农民重视品种的更替和育苗技术的更新。一般播种前,需经种籽粒选、温水浸泡、河泥草木灰灭菌剂拌种等三道工序的种籽处理。70年代以前,将处理好的棉种直接套种在麦垄里。之后,采用尼龙薄膜营养钵育苗法。80年代起,全面推行棉籽播种前经硫酸脱绒法,以提早出苗和提高出苗率。苗床冬耕深翻,正常年景,于清明前后在两边筑土岗,压实制钵后下种,细土覆盖,平盖薄膜。出苗后,用竹竿或细钢筋撑成弧形棚,上盖薄膜封住,视气温高低,适时启闭,通风透气,以防棉苗烧死。苗齐后间苗,每钵留一株。以后做好通风、透气、防病、控苗(俗称"蹲苗")和追肥等工作,以培育壮苗。

**移栽** 一般套种在麦垄中。1976年起一改过去条直播为育苗移栽。早茬于5月10日前后,中茬于5月20日前后,晚茬于5月底至6月初完成移栽。棉垄宽2.4米,排4条2行,行距为40~60厘米,株距为20~25厘米,每亩约4500株。开深5~6厘米的沟,施入磷肥,棉苗带钵移入、覆土,天旱年份浇水2~3次。80年代后期起,横沥村棉农在棉花移栽前,在棉田每垄两边套种花脸豆苗或西瓜秧,错开两种作物生长期对光、肥、水的需要,待棉花蕾期前,采收青毛豆上市,供城乡人民食用。一般一亩棉田棉农可增加经济收入600~700元。

**田间管理** 棉苗成活后,抓紧中耕灭茬,接着除草松土,同时进行培土,以防棉株倒伏。生长旺期,要及时剥去雄枝;大暑前后摘顶心;花蕾期喷洒矮壮素,控制疯长。其间,根据棉花病虫害预报,用药防治。

### 五、油菜种植

**品种** 中华人民共和国成立前,油菜有三月黄、四月黄两种品种。50年代推广甘蓝型油菜(即胜利油菜、宁波油菜)。1966年起改种太仓璜泾新华1号、2号油菜。70年代初,又引进宁波2号、3号良种。到80年代初,普及率在90%以上。进入90年代,以Z-26优质油菜为当家品种。

**育苗** 中华人民共和国成立前,不设专用地块育苗,大多撒播在棉田沟间,任其自然生长。农业合作化后,随着人们食油习惯的改变,开始重视油菜育苗,选择地块,松土整细,每亩施大粪20~30担,接着撒播0.75千克种籽。出苗后,有2~3片真叶时进行间苗、匀苗,并做好病虫害防治工作。移栽前5~7天追施一次起身肥,每亩秧田施7.5千克尿素,此方法延续到90年代。

**移栽** 一般在立冬前后完成移栽。中华人民共和国成立前,用锄头开三角潭,每潭2~3株,每亩1200~1500潭,4000~5000株。农业合作化后改为横肋(向阳)条播,先开沟施肥,每亩6000~7000株。70年代改为竖肋条播,亩栽8500株。90年代起,试行稻板田拉线直接移栽。

**田间管理** 菜苗成活,及时除草、松土,冬季重施腊肥,开春追施返青肥并修理沟系。抽薹期每亩施化肥10~12千克,喷洒万分之一至万分之二的硼砂溶液,以提高结籽率。根据农技部门的预报,及时防病治虫。

表5-7 1965—2015年横沥村（大队）粮、油、棉产量情况（选年）

| 年份 | 水稻 | | | 三麦 | | | 油菜 | | | 棉花 | | |
|---|---|---|---|---|---|---|---|---|---|---|---|---|
| | 面积（亩） | 单产（千克） | 总产（吨） | 面积（亩） | 单产（千克） | 总产（吨） | 面积（亩） | 单产（千克） | 总产（吨） | 面积（亩） | 单产（千克） | 总产（吨） |
| 1965 | 1089 | 327 | 356 | 1079 | 150.8 | 162.7 | 135 | 65 | 8.8 | 771 | 52 | 40.1 |
| 1966 | 1095 | 428 | 468 | 1043 | 132.5 | 138.2 | 131 | 71 | 9.3 | 758 | 51 | 38.7 |
| 1969 | 1098 | 401 | 440.3 | 1035 | 148 | 153.2 | 133 | 84 | 11.2 | 811 | 55 | 44.6 |
| 1971 | 1109 | 417 | 462.5 | 1081 | 181 | 195.5 | 127 | 128 | 16.3 | 809 | 37 | 29.9 |
| 1974 | 1105 | 415 | 458.5 | 1035 | 201 | 208 | 138 | 116 | 16 | 819 | 48 | 39.3 |
| 1978 | 1095 | 531 | 581.4 | 1087 | 231 | 251 | 138 | 171 | 23.6 | 805 | 68 | 54.7 |
| 1982 | 985 | 431 | 424 | 1083 | 270 | 292.4 | 143 | 198 | 28.3 | 796 | 53 | 42.2 |
| 1986 | 1035 | 481 | 497.5 | 985 | 292 | 287.5 | 321 | 131 | 42 | 472 | 73.5 | 34.7 |
| 1989 | 1071 | 461 | 493.7 | 873 | 281 | 245.3 | 312 | 108 | 33.7 | 381 | 56 | 21.3 |
| 1991 | 916 | 531 | 486 | 985 | 256 | 252 | 295 | 129 | 38 | 409 | 83 | 33.9 |
| 1993 | 737 | 501 | 369 | 756 | 315 | 238 | 278 | 102 | 28.4 | 321 | 68 | 21.8 |
| 1995 | 775 | 489 | 379 | 724 | 271 | 196 | 228 | 126 | 28.7 | 203 | 81 | 16.4 |
| 1998 | 768 | 599 | 460 | 759 | 298 | 226 | 185 | 122 | 22.6 | 0 | 0 | 0 |
| 2002 | 1320 | 594 | 784 | 1310 | 309 | 404.8 | 400 | 125 | 50 | 0 | 0 | 0 |
| 2006 | 1025 | 601 | 616 | 1021 | 326 | 332.8 | 345 | 129 | 44.5 | 0 | 0 | 0 |
| 2010 | 859 | 598 | 513.6 | 855 | 329 | 281.3 | 230 | 163 | 37.5 | 0 | 0 | 0 |
| 2013 | 642 | 603 | 387.1 | 615 | 322 | 198 | 0 | 0 | 0 | 0 | 0 | 0 |
| 2015 | 642 | 595 | 381.9 | 615 | 315 | 193.7 | 0 | 0 | 0 | 0 | 0 | 0 |

## 链接

### 生产队劳动岁月

60—70年代，由于农业机械化程度不高，生产队劳动都采用手工劳作和记工分制的模式。每日劳动任务由生产队长负责安排，队长的哨声就是出工信号，社员在仓库场集合，分派男女老少劳动任务。上午开工时间升红旗，中午和下午3点休息时间下半旗，晚上完工降旗。全年劳动围绕夏收夏种、秋收秋种、冬季田间管理等季时农活。劳动时间根据农田季节安排，农忙时延长，农闲时缩短，在抢收抢种季节都要突击开夜工、开早工。如秋收稻谷，进行夜间割稻、捆稻，女劳动力负责上机脱粒，男劳动力负责挑稻上场，老少负责扬谷、清场，仓库场上呈现一片忙碌的劳动场面，劳动者全身沾满灰尘，面孔乌黑。脱粒后的稻谷堆放在仓库场，还要安排男劳动力夜间值班看守。为抢种三麦、油菜，有时夜间在田埂上堆稻床让地。开早工多数是在插秧季节，女劳动力起早拔秧，男劳动力平整水田。双季稻遇夏天插秧，中午稻田水温达40度，双脚发烫也要坚持插秧，生产队饲养员负责送茶水到田头供社员们解渴。秋冬季节，播种三麦、油菜，牛耕、机耕后的田块都用铁镗人工平整坛头，男劳动力负责开沟，女劳动力负责种植。冬季以田间管理为主，包括冬季积肥、开挖外三沟，为解决农田水利，开挖、疏浚河道。生产队每天劳动日由记分员负责评分登记，一般男劳动力为十成工，女劳动力为八成工，老少劳动力为五成工，但许多农活是按计件工得分，如插秧、割稻麦、采棉花、开沟、罱河泥等，按计件工高出平时劳动日得分，有的计件一天能得双倍工分，开夜工同样也高于白天的工分。随着农业机械化进程的推进，农业生产力得到解放。80年代后，农业手工劳作逐渐被机械化代替。

### 六、经济作物

**太仓白蒜** 品种为太仓本地自选，由陆渡和新塘农科技术人员从农家品种中进行系统选育多年纯化繁殖而成。1985年，经县科委评审小组审定，正式命名为"太仓白蒜"，其特点是色深绿，叶片宽厚，假茎粗壮，蒜薹鲜嫩，蒜头大而圆整，外皮洁白，每头8至9瓣，单头干重约25克，口感香辣脆嫩，以其香、辣、糯特色闻名于国内外，是太仓出口蒜头的主栽品种，也是全国"四大名蒜"之一，种蒜头外销东南亚国家。70年代，全村种植大蒜仅在30~60亩。80年代初，因外贸大量需求，农户开始大面积种植太仓白蒜。1981年，全境农户种植面积153亩。1985年，全境种植积531亩，总产30.8吨，总收入25万元。种植典型户钱仲良1985年大蒜种植收入1500元。负责收购种蒜的吴国良获日本种

大蒜种植田块

1993年国家进出口公司人员考察横沥太仓白蒜

植公司赠送的40平方米铁塑架大棚1个。1986—1993年，太仓白蒜种植进入高峰期。1986年，全境种植面积705亩，平均每户种植面积1.96亩，总产407吨，出口蒜142吨。1987年，全境种植面积844亩，平均每户种植面积2.4亩，总产487吨，出口蒜170吨，总收入30多万元，平均种植农户收入850元左右。横沥境内太仓白蒜出口占比35%~40%，其余为内销。1993年，国家进出口公司人员到横沥考察太仓白蒜。1996年之后，由于市场因素和劳动力缺乏，大蒜种植面积逐年减少。

其他蒜类　1985年，陆渡乡农科站从江苏农科院蔬菜研究所引进成都二水早，该品种抽薹早、薹量高，以产薹为主，价格比晚蒜高。1986年起，境内农户兼种成都二水早。1987年，县种子公司推广甘肃成县早蒜，境内又开始种植成县早，但种植面积仅是晚蒜的四分之一，平均每户种植0.5亩左右。

表5-8　1987年横沥境域种植太仓白蒜统计

| 组名 | 种植农户（户） | 种植面积（亩） | 单产（千克） | 总产（千克） |
|---|---|---|---|---|
| 王巷组 | 28 | 67 | 605 | 40535 |
| 钱巷组 | 18 | 58 | 602 | 34916 |
| 北蒋组 | 24 | 72 | 517 | 37224 |
| 闵村组 | 24 | 65 | 611 | 39715 |
| 朱宅组 | 22 | 48 | 588 | 28224 |
| 横沥组 | 23 | 60 | 614 | 36840 |
| 陆宅组 | 16 | 29 | 592 | 17168 |
| 团结组 | 20 | 47 | 580 | 27260 |
| 吴角组 | 18 | 40 | 600 | 24000 |
| 胡宅组 | 21 | 36 | 570 | 20520 |
| 得胜组 | 21 | 38 | 510 | 19380 |
| 新村组 | 30 | 63 | 575 | 36225 |
| 东湾组 | 15 | 51 | 560 | 28560 |
| 西湾组 | 18 | 53 | 560 | 29680 |
| 新桥组 | 21 | 50 | 590 | 29500 |
| 南蒋组 | 31 | 67 | 565 | 37855 |
| 合计 | 350 | 844 | 9239 | 487602 |

蘑菇　为双季栽培，每年8月初备料，9月初下种，10月盖土调水，10月中旬出菇采取，至12月结束，次年3月中旬再生菇采取，至6月上旬结束。主要原料为猪、牛粪和稻麦草。横沥境域种植蘑菇以生产队为主力军，1971年，王巷生产队首先引种1500平方尺，试种成功，此后逐步扩大种植面积。至1978年，全村各生产队开始种植。1980年，王巷生产队种植蘑菇1900平方尺，春秋两季每平方尺

采蘑菇

收益3元，创全县最高纪录。1980年，红新大队种植蘑菇24900平方尺，总产值3.66万元，单产1.47元，连续两年列全乡第一。1982年，横沥和红新两大队种植面积7.6万平

方尺，收入5.7万元，占全队副业收入的68%。蘑菇产业为农民增收和外汇出口发挥了重要作用。1983年之后，由于土地承包经营，集体种植转为个人种植。因外销渠道受阻，1985年后蘑菇种植逐渐停止。

表5-9　1982年横沥境域蘑菇种植统计

| 生产队名称 | 春菇种植 | | | 秋菇种植 | | |
|---|---|---|---|---|---|---|
| | 面积（平方米） | 产量（斤） | 产值（元） | 面积（平方米） | 产量（斤） | 产值（元） |
| 横沥队 | 2250 | 1237 | 1166.42 | 2000 | 2190 | 2299.25 |
| 团结队 | 2500 | 525 | 702.62 | 1500 | 232.8 | 226.38 |
| 闵村队 | 2700 | 1323 | 1179 | 3700 | 2817.5 | 2826.99 |
| 钱巷队 | 2900 | 986 | 922 | 1900 | 1637.4 | 1474.6 |
| 王巷队 | 4000 | 3320 | 3117.10 | 3700 | 5253.8 | 5498.13 |
| 朱宅队 | 2400 | 1296 | 1284.43 | 2200 | 3116.8 | 3436.38 |
| 吴角队 | 3000 | 1980 | 1904 | 2800 | 3123.7 | 3397.64 |
| 北蒋队 | 2700 | 1242 | 1245 | 2700 | 2358.8 | 2438.61 |
| 新桥队 | 2600 | 1040 | 945.84 | 2600 | 2349.6 | 2641.33 |
| 南蒋队 | 2700 | 1215 | 1237 | 2700 | 1264.3 | 1228.81 |
| 西湾队 | 1700 | 1173 | 1084 | 1700 | 1997.7 | 2243.4 |
| 得胜队 | 2500 | 1600 | 1770 | 2500 | 1892.9 | 2123.92 |
| 新村队 | 1800 | 918 | 957.78 | 1800 | 1608.6 | 1755.48 |
| 胡宅队 | 1800 | 1170 | 1275 | 3000 | 3271.6 | 3637.38 |
| 东湾队 | 2500 | 1275 | 1265 | 2500 | 1380 | 1490.42 |
| 合计 | 38050 | 20300 | 20055.19 | 37300 | 34495.5 | 36718.72 |

**青毛豆**　毛豆未成熟前，颗粒饱满，外壳带青，可炒菜使用，统称青毛豆。境内品种有时豆、黄豆、花脸豆、牛踏扁豆等。70年代前，横沥境域生产队和农户少量种植毛豆，全境种植面积在20~50亩，品种有时豆、大水白、牛踏扁豆等。80年代起，引种高产、早熟的花脸豆（烂面孔豆），试种成功后，1985年起，农户开始大面积种植。至1988年，全村种

毛豆种植田块

植户359户，种植面积达804.5亩，平均单产402千克，总产322吨，农户平均种植2.25亩，平均每户收入1200元。1991年，境内开始改种黄毛豆，品质优于花脸豆。至1995年，全境种植面积一直保持在800亩左右。被太仓"一村一品"特色项目命名为"毛豆村"。2000年后，因农户拆迁、农田征用，停种毛豆。

表5-10　1988年横沥境域种植青毛豆统计

| 组别 | 种植农户（户） | 面积（亩） | 单产（千克） | 总产（千克） | 总收入（元） |
|---|---|---|---|---|---|
| 王巷 | 31 | 65 | 353.3 | 22964.5 | 29031 |
| 钱巷 | 18 | 48 | 390 | 18720 | 22089 |
| 北蒋 | 25 | 57 | 405 | 23085 | 28163 |
| 闵村 | 25 | 45 | 395 | 17775 | 21330 |
| 朱宅 | 23 | 46 | 405 | 18630 | 23846 |
| 横沥 | 23 | 49 | 412.5 | 20212.5 | 25062 |
| 陆宅 | 16 | 37 | 397 | 14689 | 17501 |
| 团结 | 20 | 46 | 407.5 | 18745 | 22681 |
| 吴角 | 18 | 42 | 417.5 | 17535 | 22094 |
| 胡宅 | 21 | 43 | 425 | 18275 | 22295 |
| 得胜 | 21 | 48 | 415 | 19920 | 23904 |
| 新村 | 31 | 56 | 390 | 21840 | 26863 |
| 东湾 | 15 | 47 | 410 | 19270 | 22391 |
| 西湾 | 18 | 51 | 395 | 20145 | 25181 |
| 新桥 | 21 | 53 | 405 | 21465 | 26401 |
| 南蒋 | 33 | 71.5 | 412.5 | 29493.75 | 36260 |
| 合计 | 359 | 804.5 | 6435.3 | 322764.75 | 395092 |

**薄荷**　属多年生草本植物，为食药两用植物，幼嫩的茎叶可作食菜，全草又可入药，具有疏散风热、清利头目、利咽、透疹、疏肝行气的作用，可以加工成薄荷油、薄荷脑、薄荷茶。30年代，横沥境内少量农户种植薄荷，收割后用船运到太仓城东，加工成薄荷油并出售。50年代，上海薄荷油提炼加工厂到太仓地区收购，境内农户种植面积逐步扩大。钱巷队钱品夫看准商机，购置3台薄荷加工锅炉，为当地种植农户加工薄荷油。1953—1957年，境内种植薄荷面积保持在80亩。1962—1970年，境内各生产队薄荷种植面积在100亩以上。1972年，由于双季稻种植，生产队停种薄荷。

# 第三节　肥料使用

## 一、有机肥料

"庄稼一枝花，全靠肥当家"是境内的农谚，70年代前，境内使用的有机肥有猪粪、牛羊粪、草塘泥、金花草、草木灰和人粪尿、豆饼等，它们内含氮、磷、钾三要素，对改良土壤结构、促进农作物生长有很好的作用。草塘泥以烂柴、红花草和河泥混合搅拌人工沤制，作水稻基肥。"田中无好稻，必定少河泥"的农谚，说明草塘泥是水稻基肥的最佳肥种。双季稻高峰期为弥补肥料不足，增积堆肥，用草皮、杂草、垃圾混合加水堆积成土墩，用河泥密封，任其发酵，还可作麦田基肥或盖籽肥。70年代，新增绿萍、水花生、水浮莲和水葫芦，俗称"三水一绿"，这些易繁殖、易死亡的水生有机肥可作前季稻基肥。

罱河泥

## 二、化学肥料

70年代，境内逐步推广使用化学肥料。但有机肥料仍是农作物的当家肥，化肥则作为三麦、水稻追肥。境内农民摇农用船到上海、苏州市区装运化肥厂废水（又名红氨水）和生活垃圾，作为农作物追肥。80年代起，化肥品种、数量增多，氮肥品种有碳酸氢铵、氯化铵、硫酸铵、尿素等，磷钾肥品种有过磷酸钙、氯化钾、复合肥等。90年代起，普遍使用富含氮、磷、钾的复合肥。复合肥施用灵活，既可作基肥，又可作追肥，一般一茬施2次，每次亩施10~15千克。2000年以后，复合肥用量占80%以上。

**链接**

### 积肥轶事

60—70年代，由于当时化肥紧缺，农田施肥全靠人工积自然肥，有本地积肥和外出积肥两种方式。本地积肥主要有草塘泥、农家肥、"三水一绿"等，外出积肥主要到上海等地装运垃圾、氨水、大粪等。

**草塘泥**　由河泥、绿肥、青草等原料人工沤制而成，主要用于秋熟生产，为水稻最佳肥料，俗称"田中无好稻，必定少河泥"。70年代中期，为缓解农忙劳动力紧张的矛盾，境内学习江阴县的方法，在2~4块田边各开一个泥塘，故称"江阴塘"。在农闲时，生产队组织劳动力把河泥挑到江阴塘内，再加入绿肥、青草和水搅拌，放置发酵，待夏熟收割后把草塘泥挑到田块中。

**罱河泥**　河泥是草塘泥的主要来源，罱河泥是一项既费力又讲技巧的农活，需使用农船和罱网工具，由2名男壮劳动力合作完成。操作时双手握罱杆，将罱网插入河底，张网夹住河泥慢慢提起，放入舱内，反复操作直至满舱。然后将船驶向河泥塘岸边并用木勺捞河泥，一船捞下来，操作者往往手臂酸痛，满身大汗。遇数九寒冬，河里结冰，则敲冰罱泥。尽管网杆结冰，十指麻木，还是咬牙坚持。年年罱泥，河泥罱尽，罱网下水就像滑滑梯，一网提起泥少水多，俗称"薄郎汤"。河泥不够，生产队组织人工踏水，抽干宅河，直接在河床上扒泥，众人用铁锸传送到河岸堆放待用，因此有"大河罱，小河翻，河泥堆成山"的说法。

**绿肥**　每年生产队规划15亩左右土地种植金花草、蚕豆等，作为冬绿肥。待5月份做秧田时，收割放入泥塘内作为草塘泥，绿肥不够时用青草代替，割青草一般在农闲3—4月份，发动妇女劳动力在当地或外出进行，每人割的青草以称重记分。

**农家肥**　主要指猪羊厩肥，是生产队广泛使用的有机肥料。60—80年代，除生产队养猪场肥料外，每户农户都圈养2~5头猪羊，猪羊灰大部分留给生产队农田使用，特别是猪食量大、排泄多，农户除在圈中倒入生活垃圾外，大部分用柴草、竹叶、青草进行垫圈，再用肥季节，农户把猪羊灰挑到自家场地，生产队派工挨家挨户现场计量灰的担数，按每担0.5元记入账上，年终分给农户。

**"三水一绿"**　70年代，为解决生产队绿肥不足和饲养场饲料紧缺难题，政府号召推广"三水一绿"（水花生、水葫芦、水浮莲、绿萍）。引种放养由生产队专人负责，境内放养在内河和新浏河边，用竹桩和绳索围栏养殖。水生植物繁殖极快，"三水"打捞后，用粉碎机打烂拌上精饲料作为生产队猪饲料，同时进行堆放沤制，用作草塘泥或者直接追肥。绿萍可放在水田里放养，但繁殖要求高，冬天把萍种放在萍窖里，用尼龙膜保温，夏天要遮阳防晒，还要用笤篱经常拍打，加快其分蘖繁殖。待水稻壮秧时，放入稻田中，漂浮的绿萍可以阻止野草生长，绿萍腐烂后便成为土生土长的肥料。至90年代，由于"三水一绿"大面积繁殖，河道变黑发臭，直至2000年，"三水一绿"被全部打捞清理。

**外出积肥**　主要是到上海杨家桥、曹家渡、吴泾化工厂等地装运生活垃圾、氨水、人粪和罱黑泥，用作棉花、水稻、小麦、油菜等作物基肥。先用5吨左右手摇船装运，由队里男壮劳动力完成，一般3人一班，轮班开船。潮落时到上海，潮来时回太仓，途中遇顺风用扬风帆布，逆风则人工拉纤。船多时常见白帆一片或纤夫长队的壮观场面。而进入黄浦江后，因水急船小，时有危险。70年代后，运肥改用12吨左右机动挂桨水泥船，出行安全又快捷。在上海装垃圾、罱黑泥最艰苦。装垃圾需走街串巷收集，用畚箕、扁担挑到船上，4人合作需一星期完工。罱黑泥3人2天1班。装氨水因要等待，需5天一个来回。大粪在60—70年代最为紧缺，曾被称为国家重要物资，很多城市的公厕、粪坑都要上锁，防止农民偷大粪。境内大粪由上海环卫所统一收集，用轮船运到太仓大粪站。公社按计划发放粪票到各生产队，生产队按粪票日期开船到太仓西门吴塘桥装运大粪，基本上每月分配一次。装满大粪的船只在行驶途中与对方船只交会时激起浪花，粪船晃动，散发出阵阵臭气，但社员在粪船上待久了也没有感觉。装船回来，组织劳动力挑大粪浇旱田或水稻田，俗话说"没有大粪臭，哪来稻谷香"。

# 第四节 农田水利

## 一、农田建设

60年代之前,横沥境域田块大小不一,高低不平,形状不规则。60年代,村干部带领村民,填平小河浜和沟壑,平整无主地和义冢(俗称"化人台"),全境平整坟地50亩,填平红新老胡家港、老小泾,横沥生产队大宅湖等5条河道。在农业学大寨运动中,贯彻"田圩方整化,田块方格化,耕作机械化"的要求。自1969年起,全境各生产队对耕地重新规划,按田块方格化要求,逐步实行每块农田长60~80米,宽15米左右,每两块农田中间开挖一条60厘米隔水沟,每四块农田开挖一条一米宽水渠,实现一方田块、两头出水、四周贯通、灌排高标准、旱涝保丰收的农田格局。从1969年至1972年,历时4年,横沥村实现方正化田块1997亩,占总耕地面积的92%。红新村实现方正化田块1518亩,占总耕地的82%。80年代后,从建设高产、稳产农田出发,村、组干部带领村民重点开挖农田外三沟,全境开挖200条,全长1.8万米,农田沟渠由生产队管水员专门管理。

## 二、电力排灌

1972年,横沥、红新两大队架高压线,各建电力灌溉总站1座,配100伏变压器,25千瓦电机,水泵口径14英寸。横沥电力灌溉站设在闵村队,站长陈维忠,灌溉农田500亩。红新电灌站设在南蒋队,站长蒋忠明,灌溉农田380亩。1975—1996年,横沥大队(村)建电灌小站5座,每站电机功率10千瓦,水泵口径10英寸,共灌溉农田545亩。大小型电灌站灌溉主渠长度3200米,其中梯形

电力灌溉站

水渠2350米,地下水泥渠1100米,倒虹吸3条,支渠1500米。1975—1994年,红新大队(村)建电灌小站3座,灌溉农田400亩,大小型电灌站灌溉主渠总长2670米,其中地下水渠1080米,倒虹吸3条,明渠1590米,支渠400米。

## 三、开挖河道

针对农田灌溉中排水不畅问题,境内开挖、拓浚河道。1975年,开挖黄家港,总长

1700米，宽16米；开挖胡家港，长500米，宽18米。1994年，横沥、红新、洙泾、陆西四村联动，开挖、拓浚胡家港，历时3个月，拆迁住房7户，其他建筑4座，完成长1820米主流和500米支流2条，开挖土方11万立方米，新建配套桥梁8座、10英寸泵站1座，工程获苏州市治水工程二等奖。1996年，拓浚孙家港，长1100米，宽16米；拓浚北蒋河，长520米，宽16米；拓浚北小泾，长340米，宽15米。此外，村民参与境内市级河道的开挖、拓浚工程。1958年和1975年，分别开挖和拓浚新浏河。1974年，开挖新十八港。

表5-11　1975—2006年横沥境内河道开挖、拓浚情况

| 序号 | 河名 | 项目 | 所在地 | 长度（米） | 土方量（立方米） | 经费（万元） | 动工年份 |
|---|---|---|---|---|---|---|---|
| 1 | 胡家港 | 开挖 | 红新 | 500 | 32500 | 4.84 | 1975 |
| 2 | 黄家港 | 开挖 | 红新 | 1700 | 39100 | 5.87 | 1975 |
| 3 | 新小泾 | 开挖 | 红新 | 420 | 11004 | 1.65 | 1976 |
| 4 | 胡家港 | 开挖 | 横沥 | 1820 | 110000 | 58.5 | 1994 |
| 5 | 孙家港 | 开挖 | 横沥 | 1100 | 28820 | 17.86 | 1996 |
| 6 | 北蒋河 | 开挖 | 横沥 | 520 | 13624 | 8.47 | 1996 |
| 7 | 北小泾 | 开挖 | 横沥 | 340 | 8384 | 5.2 | 1996 |
| 8 | 潮塘湖 | 拓浚 | 横沥 | 1864 | 29572 | 19.01 | 2006 |
| 9 | 汤泾河 | 拓浚 | 横沥 | 1503 | 56418 | 27.6 | 2006 |

# 第五节　农机具

## 一、传统农具

耕作工具有犁、耙、铁镈、锄头、耥、铁锹、铦刀。施肥工具有农船、罱网、粪桶、粪勺、竹畚箕等。收割脱粒工具有镰刀、扁担、担绳、稻床、稻萝、风车、筛子、竹匾等。灌溉工具有牛打水车、人力踏车。贮藏工具有栈条、字栾、蒲包、布袋、箩筐、挽子等。60年代前，横沥境域仍以老式传统农具为主作业生产。1958年，提倡土地深耕，曾试用人力牵引犁深翻。60

稻床

年代至70年代初，农田翻耕以牛耕为主，农田灌溉中牛打水车和人力踏水车并用。1969年，横沥和红新大队共有木犁30多把、铁犁12把、人力踏水车18部、牛打水车25部。

| | | | |
|---|---|---|---|
| 锄头、铁镐等 | 字栾 | 挽子 | 扬匾 |

水车　　　　　犁　　　　　铡刀

竹畚箕　　　　帘子　　　　　粪桶

## 二、耕作机械

70年代开始逐步实行机械作业。1971年,横沥和红新两个大队共有手扶拖拉机5台,插秧机5台。1982年,横沥购买第一台中型拖拉机。至1990年,两村共有6台中型拖拉机,耕地面积3900多亩。

手扶拖拉机　　　　　　　　中型拖拉机

### 三、排灌机具

1968年前，境内仍用传统水车戽水。1969年后，村域农田实现柴油船流动灌溉，全境有5台流动柴油船。1972年，建20千瓦高压电灌站2座。至1990年，全境中小型电灌站9座，灌溉农田1500亩，实现农田灌溉电气化。

### 四、收割脱粒机

50年代前，水稻、三麦脱粒用稻床人工掼脱。60年代用脚踏脱粒机，60年代末开始用柴油机台带动脱粒机。70年代起使用电动脱粒机，1973年，横沥和红新两大队共有电动脱粒机50台，平均每个生产队有3台。1986年，两村各购置联合收割机1台。1990年，两村有4台联合收割机。1997年，横沥、红新更新桂林二号联合收割机2台。1998年，农机服务站转资，农机由个人所有。2004年，使用洋马、久保田联合收割机。

脱粒机脱谷

### 五、运输农机具

60年代，农村运输依靠水上木船，且多数船体小，沿用时间长，年年上岸维修。70年代后，境内开始普及船体大的水泥船，平均每个生产队有2~3条3~5吨水泥船，用于积肥、运粮。1975年起，每个生产队有1条10~12吨的挂浆机动水泥船，用于长途往返运黑泥、氨水、大粪等，从此改变水上船运输用手摇橹、撑篙、人力拉纤的老办法。90年代后，水上交通工具被陆上汽车代替，以农船作为交通运输工具已成为历史。

### 六、植保机械

60年代前，境内农田喷洒农药用手掀压缩喷雾器和手摇喷粉器。70年代后，使用单缸双

挂浆机动水泥船

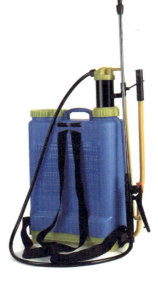

老式喷雾机　　　　　　　　　背包式喷雾机

人高压喷雾器或机动喷雾器。1975年，横沥、红新两大队有175台喷雾机，35台喷粉机。1978年之后，开始使用小型汽油弥雾机，两大队共有15台，农户承包土地后，仍使用过背包式压缩喷雾机，确保农作物植保用药100%机械化作业。

## 第六节　养殖业

### 一、养猪

　　旧时，横沥境域只有少数农户养猪，猪种均为土种黑猪。1958年后，发展集体养猪，建立生产大队畜牧场、生产小队集体养猪场。三年困难时期，集体养猪停滞不前。1962年起，横沥境域实行"公私并养，以私养为主"的方针，生产队给养猪户划分饲料田，执行生猪奖励政策，集体和个人养猪生产得以恢复发展。1967年，横沥境域集体、个人出栏肉猪共1160头，其中，横沥大队出栏肉猪

养猪场

640头，红新大队出栏肉猪520头。1975年，县政府出台鼓励政策，对出售生猪农户实行发布票、供应精饲料、返回肉票等奖励，此后养猪业进一步发展。1979年，横沥境内集体和个人出栏肉猪增加到1616头，创历史新高。其中，横沥大队集体出栏肉猪337头，农户出栏肉猪507头；红新大队集体出栏肉猪324头，农户出栏肉猪448头。1983年家庭联产承包责任制实行后，集体养猪陆续解体，农户自繁、自养生猪。1987年之后，养猪生产经营方式为乡、村副业基地养殖和农户、大户饲养并举。横沥境内有两个养猪大户，红新村新桥组顾惠平自1996年至2009年每年出售肉猪100多头，横沥村顾凤娟康福养殖场1998年出售肉猪150多头。2000年后，农户养猪陆续消失。

## 二、养羊

中华人民共和国成立前，横沥境内就有不少农户养羊，60年代前，饲养品种以本土短角山羊为主，因山羊易饲养、食谱广、肉质比绵羊鲜美，大多农户喜爱饲养，成年羊体重为25~35千克。1967年，全境农户养羊243头，其中山羊占80%。70年代之后，由于饲草缺乏，湖羊圈养逐渐增加，主要饲养的品种有蒙古绵羊、新疆长毛种羊、浙江乌镇菱湖羊。农户自繁自养，成年绵羊体重一般为35~50千克，毛密且长，成年羊一刀羊毛3~5千克。羊毛可供农户自家用来纺毛绒、织毛衣。1973年，全境农户养羊265头，其中绵羊占45%。1981年，全境农户养羊238头，其中绵羊占比35%。

## 三、养兔

横沥境域养兔历史较长，50年代末，部分农户饲养青紫蓝兔。1967年，全境农户饲养395只。70年代起，饲养日本大白兔、西德长毛兔等新品种。

**日本大白兔**　耳大挺直，形如柳叶，适应性强，繁殖快，毛色白，体型大。成年兔体重为4~5千克，民谚说"家养一只大白兔，一年不愁油盐酱醋；家养两只大白兔，全家新衣做；家养十只大白兔，电视看看沙发坐坐"。1984年，横沥全境农户饲养日本大白兔780只，年收入3.4万元。1985年，饲养1120只，年收入5.1万元。1986年后，因市场价格下降，饲养户逐渐减少。

**西德长毛兔**　毛密又长，毛产量高，特级毛占80%，每只年产毛量1千克左

西德长毛兔

右,特级毛时价每千克13.5元。1981年,县多管局和外贸局等联合提出奖励规定,出售兔毛款1元,奖粮食0.75千克。1984年,横沥全境农户饲养长毛兔973只,年产毛503千克,收入4.8万元。1985年,饲养长毛兔1310只,产毛720千克,年收入6.5万元。1986年,饲养长毛兔1160只,产毛580千克,年收入5.2万元。1986年后,毛价下滑,加之农村劳动力转移,农户养兔逐渐停止。

### 四、养蜂

境内养殖品种以意蜂为主。1967年,胡宅农户胡宗良试养4箱,至1982年有26箱。1969年,胡宅农户胡松林始养5箱,至1978年增至11箱。1973年,得胜农户徐卫生始养8箱,至1979年增至15箱。较有规模的是横沥知青养蜂场,1971年,引进意蜂40箱,由知青负责养殖,聘请海门师傅传授技术。1974年,繁殖发

养蜂场

展到75箱,至1982年为80箱规模。年均产蜂蜜4000千克,皇浆15千克,蜂蜡160千克。1983年,由于土地承包经营,蜂场转为农户承包。2010年,结束养殖。

### 五、温氏养鸡

境内养鸡品种以三黄鸡、芦花鸡、草鸡为主。1997年,太仓(广东)温氏鸡家禽有限公司成立。1998年,"温氏鸡"饲养在横沥境内得到推广。红新村南蒋组陆志成、黄金元两个农户率先饲养,出售后有较好的经济收益,逐步扩大养鸡规模。温氏公司采用"公司+养殖户"运作模式,公司负责种苗、药物、技术、销售、农户负责饲养。由于风险低、成本少、收

温氏养鸡场

益稳,农户积极性高,红新村、横沥村许多农民参与到温氏养殖行业中。从1998年的2户发展到2004年的25户。上市量自1998年的2.5万羽发展到2007年的90.5万羽,经济效益从1.7万元到68.4万元。养鸡能手蒋明华出售肉鸡12万羽,年收入15万元,于2004年被评为市"双带"致富女状元。

表5-12 1998—2010年横沥境域温氏养鸡户统计

| 年份 | 养殖户（户） | 年上市量（万羽） | 年利润（万元） |
|---|---|---|---|
| 1998 | 2 | 2.5 | 1.7 |
| 1999 | 7 | 15 | 11.2 |
| 2000 | 10 | 24 | 18.9 |
| 2001 | 15 | 32.3 | 24.7 |
| 2002 | 19 | 40 | 29.1 |
| 2003 | 23 | 54.2 | 39.5 |
| 2004 | 25 | 64 | 45.6 |
| 2005 | 25 | 85.2 | 64.2 |
| 2006 | 25 | 89.4 | 65.1 |
| 2007 | 25 | 90.5 | 68.4 |
| 2008 | 23 | 76.3 | 55 |
| 2009 | 21 | 63.5 | 48.5 |
| 2010 | 12 | 44.6 | 35.3 |

### 六、养蚕

1975年，红新大队成立园林队，开始整土种植桑树。1978年，种植桑树25亩，秋季养蚕8张。1979年，春秋两季养蚕18张，收入1.23万元。1982年进入高峰期，养蚕33张，收入1.8万元。家庭联产承包责任制实施后，养蚕业迎来第二次高峰。1991年，农户养蚕34张。1992年，春秋两季养蚕85.6张，收入5.6万

养蚕坊

元。1993年，两季养蚕107.3张，收入7.6万元。1994年，两季养蚕104.9张。1995年后市场价格大幅下降，养蚕业受到冲击，1996年起，农户逐渐停止养蚕。

表5-13 1991—1995年红新村农户养蚕统计

| 年份 | 户数（户） | 面积（亩） | 春季 | | | 秋季 | | |
|---|---|---|---|---|---|---|---|---|
| | | | 数量（张） | 总产（斤） | 金额（元） | 数量（张） | 总产（斤） | 金额（元） |
| 1991 | 35 | 65 | 0 | 0 | 0 | 34 | 2620 | 21740 |
| 1992 | 35 | 65 | 33.4 | 1983 | 17648 | 52.2 | 4310 | 38617 |
| 1993 | 33 | 63 | 44.2 | 3050 | 27755 | 63.1 | 5221 | 47772 |
| 1994 | 28 | 58 | 46.5 | 3266 | 29230 | 58.4 | 4710 | 42154 |
| 1995 | 22 | 52 | 36.4 | 1970 | 21542 | 52.5 | 4390 | 35778 |

### 七、康复养殖场

顾凤娟,1956年出生,横沥王巷组村民,高中学历。1975年从学校毕业后,就扎根于农业。1983年农村实行家庭联产承包责任制后,顾凤娟经营自己的十几亩责任田,她吃苦耐劳,辛勤耕耘,有一定的经济收获。然而她认为靠单一的种植业,没有发展潜力,应当靠党的富民政策发展多种经营,便开始筹划养殖业。1997年9月,她建办康复养殖场。首次投入13万元,建设养殖基地1000多平方米,养殖种鸽2500对,全年供应市场肉鸽2.5万只。1998年3月,投资增加养猪场,占地1000平方米,养殖母猪4头,公猪1头,全年生产商品肉猪120头。1999年8月,又投资9万元,开办养兔场,占地1666平方米,养殖生产兔1000对,全年供应市场兔皮2.4万张,商品兔2.4万只。为解决养殖基地饲料供应问题,她自建100平方米饲料加工厂;为办好养殖基地,她刻苦钻研养殖技术,既当技术员,又是饲养员。通过辛勤的付出,顾凤娟获得了较好的经济收益和社会效益,成为横沥村致富带头人。2000年,顾凤娟被评为太仓市劳动模范。2007年,因土地征用拆迁,养殖场停止经营。

## 农业丰产方

1986年油菜丰产方

1988年水稻丰产方

1988年三麦丰产方

# 旧时农业

人力踏水

河泥积肥

牛耕地

人工插秧

人工割稻

人工甩稻

晒棉花

收小麦

## 现代农业

中拖秋耕（1998年摄）

联合收割机（2006年摄）

机插秧（2009年摄）

# 第六章　工业经济

横沥境域工业从家庭作坊式手工业起步。清末，有吴家角吴金喜祖辈开办的磨坊，黄家湾黄兴如祖辈开办的经布行。1930年，金家巷吴品兰开办轧花棉絮加工厂。1933年，张益清在老横沥桥街建办轧米厂，有蒸汽机1台、轧米车1部、员工4人。60年代，仅有大队轧米厂、饲料加工厂。70年代，红新大队建办五金加工厂、彩印厂，横沥大队建办玻璃纤维厂。进入80年代后，横沥境内村办企业和私营企业迅速发展，1984年境内有太仓县永胜美术家具厂、太仓县合作机械厂2家私营企业。1985年，横沥村有村办企业5家，职工165人，工业总产值300多万元，利税30多万元；红新村有村办企业2家，职工56人，产值50多万元，利税3万元。1986年，横沥美佳乐食品厂和上海冠生园食品公司以"冠生园"为品牌联营生产。1995年，生产各类糖果4000吨，年产值6026万元，利润500万元。2001年，陆渡镇政府在横沥富达路边开发工业区，当年引进三资企业8家。2007年，横沥村投资650万元建设工业园区，建造标准厂房8幢，入驻企业8家。2000年，在红新村域开发民营瑞德工业园，建造厂房16幢，入驻外资企业8家、私营企业8家。1982—2021年，境内共有民营企业43家。1993—2016年，境内共开办三资企业29家。随着城乡一体化发展，境内外资企业陆续迁移，2022年境内外资企业有14家。

## 第一节　村（队）办工业

**玻璃纤维厂**　1974年建办，为横沥大队第一个队办企业，产品项目由苏州知青引进，由于当时村内未架高压线路，得到太仓市城建局的支持，竖杆架线4000米进厂区，增设50千伏变压器1台。厂址在横沥吴角队，厂房面积150平方米，负责人陆云丰、吴锦昌，职工15人，拉丝车2台，产品有防水、隔音、保暖棉板和石棉瓦。1984年停办。

**红新彩印厂**　1977年开办，厂区在红新大队礼堂，厂房建筑面积420平方米，负责人姚晋良，职工23人，固定资产5.5万元，主要产品为印刷食品包装纸，年产值38

万元,利润2万元。1988年停办。

**横沥印刷厂** 1981年开办,厂区在横沥吴角队,厂房建筑面积650平方米,负责人邵介平、朱惠其,职工30人,项目投资5.9万元,固定资产80万元,经营产品有糖果等食品包装纸,年产值70万元,利税4万元。1994年停办。

**横沥建材厂** 1981年建办,厂区在横沥吴角队,厂房建筑面积350平方米,场地2500平方米,负责人王家祥,职工50多人,固定资产50万元,生产经营水泥预制品,年产值56万元,利税5万元。

**美佳乐食品厂** 1984年建办,厂区在横沥吴角队,厂区占地面积9.88亩,建筑面积2259.5平方米,负责人王建林,职工100多人,生产经营各类糖果。建设项目投资33万元。1985年产值100万元,利润9.6万元。1986年更名为"太仓冠生园食品有限公司"。

**红新电器厂** 1988年建办,厂区在红新胡宅队,厂房建筑面积650平方米,负责人蒋培章、吴月其,职工22人,生产电动线圈,年产值25万元,利润1.2万元。1990年停办。

**儿童服装厂** 1991年建办,厂区在红新胡宅队,厂房建筑面积500平方米,负责人范进明,职工28人,主要生产儿童服装,年产值15万元,利润1.3万元。1993年停办。

**太仓冠生园食品有限公司** 企业前身为美佳乐食品厂,经理王建林。1986年企业与上海冠生园食品公司签订松散型联合协议,正式注册"太仓冠生园食品有限公司",生产"冠生园"品牌产品,先后开发纳子太妃、双喜夹心糖、爱狮奶糖、满口香、阿黑哥松脆糖和冷饮产品。产品销往全国各大城市,并在上海等地设立销售窗口。其间不断扩大企业生产规模。至1997年,新建厂房面积8500平方米,厂区占地面积52.56亩,设备投资660万元,拥有固定资产4000万元,设3个科室、6个生产车间,职工425人。1995年,生产各类糖果4000吨,产值6026万元,利税500多万元,产值占全镇村办企业总和的65%,利润占全镇村办企业总和的83%,自此,横沥成为陆渡镇首富村。企业3次获得"太仓市明星企业"称号,经理王建林1993年被苏州市政府评为"苏州市优秀企业家"。自1990年起,企业出资120万元建造横沥新校舍,投入125万元疏浚村级河道,筑建村级道路,每年为村老年人发放养老补贴。1997年转为私营企业。

1997年太仓冠生园食品有限公司

# 第二节  民营企业

中共十一届三中全会后,随着农村经济体制的改革,农民的思想观念在不断更新,从单一的农业经济,走向农、副、工、商全面发展的道路。80年代初,境内私营企业初具规模。1982年,红新西湾队黄元祥开办太仓县合作机械厂,生产厂房200平方米,职工7人,年产值60万元。1984年,横沥团结组木匠出身的吴伟明创办太仓县永胜美术家具厂,对外承接办公桌椅及家具制造项目,职工12人;1995年,更换设备,扩大规模,年产值80万元,利税6万多元。至1999年,境内较有规模的民营企业有6家。2000年后民营企业发展迅速。2002年,闵村组吴建平创办太仓富达钢结构有限公司,厂房面积9998.8平方米,固定资产1036万元,固定职工30人,年产值292万元。闵村组杨标元投资30万元购买汽车组成运输队,注册"标元汽车运输有限公司",为陆渡镇首家个体运输企业,职工15人,年产值150万元,利税30万元。至2021年,横沥全境民营企业有43家。

表6-1  1982—2021年横沥境域民营企业一览

| 单位名称 | 法定代表人 | 经营范围 | 开业年份 |
| --- | --- | --- | --- |
| 太仓县合作机械厂 | 黄元祥 | 五金配件 | 1982 |
| 太仓县永胜美术家具厂 | 吴伟明 | 木质家具 | 1984 |
| 太仓冠生园食品有限公司 | 王 洁 | 甜食、休闲食品 | 1997 |
| 太仓敏锐自动化科技有限公司 | 赵 涛 | 自动化机械设备 | 1998 |
| 太仓市安通五金化工有限公司 | 张东宁 | 五金机电产品 | 2000 |
| 太仓市基渊纺织机械有限公司 | 施根元 | 纺织机械 | 2000 |
| 太仓富达钢结构有限公司 | 吴建平 | 钢结构制作五金加工 | 2002 |
| 太仓市标元汽车运输有限公司 | 杨标元 | 普通货运 | 2002 |
| 太仓惠群精密机械有限公司 | 汪选前 | 精密五金制品 | 2003 |
| 太仓友通包装印刷有限公司 | 张海仓 | 装潢印刷品 | 2004 |
| 太仓百胜塑胶电子有限公司 | 张 龙 | 塑胶、五金件 | 2004 |
| 太仓明特鑫五金有限公司 | 张 林 | 五金 | 2004 |
| 太仓经济开发区陆渡开点模具厂 | 纪健锋 | 模具 | 2004 |
| 太仓旭辉精密模具有限公司 | 陆维明 | 模具 | 2005 |
| 太仓明浩精密模具厂 | 陈 健 | 模具 | 2005 |
| 苏州科为科技有限公司 | 施文兵 | 模具 | 2005 |
| 上海顶成市政工程有限公司 | 金建华 | 市政建设配套工程 | 2005 |
| 太仓市展华机械零部件有限公司 | 朱小江 | 机械零部件 | 2005 |

| 单位名称 | 法定代表人 | 经营范围 | 开业年份 |
|---|---|---|---|
| 太仓市龙江阳贸易有限公司 | 焦义江 | 水泥等建筑材料 | 2005 |
| 太仓市陆渡英杰模具加工厂 | 赵丽丽 | 模具、五金 | 2005 |
| 太仓市陆渡恒艺电脑雕刻厂 | 林　玲 | 模具电脑雕刻 | 2005 |
| 太仓金鑫利精密模具有限公司 | 王　单 | 模具 | 2006 |
| 太仓市达尔利热水加工厂 | 冯马林 | 热水 | 2006 |
| 太仓隆发塑胶模具有限公司 | 侯法青 | 模具 | 2007 |
| 太仓市立宇包装印刷有限公司 | 陈文兵 | 纸箱印刷 | 2007 |
| 太仓绍成五金工业有限公司 | 黄俊民 | 紧固件和五金零件 | 2007 |
| 太仓市泰合精密机械有限公司 | 刘小平 | 精密机械零部件 | 2007 |
| 苏州百恩特货运有限公司 | 胡介江 | 普通货运 | 2008 |
| 太仓馨阳过滤器材有限公司 | 郝淑贤 | 多析滤芯、活性炭滤芯 | 2008 |
| 苏州润仓绿地发展有限公司 | 占国平 | 花卉、苗木、草皮 | 2008 |
| 太仓市陆渡众高精密模具厂 | 张　平 | 模具 | 2008 |
| 昆山市玉山镇宸欣润精密机械厂 | 曹　飞 | 五金加工 | 2008 |
| 太仓昌宏机械有限公司 | 张巧华 | 液压和气泵 | 2009 |
| 太仓旺发铝制品有限公司 | 钟　丽 | 铝材、铝制品 | 2010 |
| 太仓蓝宁金属制品有限公司 | 王　东 | 五金件、针织机械设备 | 2011 |
| 太仓市振陆塑料制品有限公司 | 朱桂喜 | 塑料桶 | 2012 |
| 太仓市钰龙家具有限公司 | 戴玉琴 | 木质家具 | 2012 |
| 太仓鸿泰机动车检测服务有限公司 | 苏大华 | 机动车安全技术检测 | 2015 |
| 太仓市飞帆紧固件实业公司 | 龚德明 | 标准和非标准紧固件 | 2016 |
| 苏州市鸿鑫纺织有限公司 | 王冬其 | 纺织品 | 2017 |
| 苏世豪轩食品有限公司 | 孙守东 | 速冻食品 | 2017 |
| 苏州嘉顺威模具科技有限公司 | 许定文 | 模具、五金 | 2019 |
| 申太众合智慧能源服务有限公司 | 高　凡 | 供电业务、发电智能控制 | 2021 |

# 第三节　工业园区

　　2000年起，横沥境域开发3个工业园区，分别是陆渡镇政府开发的富达路工业区、横沥村开发的横沥工业小区和红新村开发的民营瑞德工业园。

　　**富达路工业区**　2000年，拓建富达路，拆迁农户10家，筑桥5座，建设工业区，占地面积80万平方米，当年有大卫医疗、欧亚马自行车、超汇桂盟传动等8家外资及港澳台资企业和4家内资企业入驻，批租土地537亩，企业自建厂房，投资合计8053万美元和1000万元人民币。至2011年，富达路工业区实有企业19家，固定资产1.1

亿美元，从业人员1721人，实现工业产值11.55亿元，占陆渡工业总量的7.3%。2018年起，富达路工业区部分企业陆续搬迁。至2022年，仅有企业14家。

**横沥工业小区** 创建于2007年，地点位于富达路东侧，小区占地面积25亩，投资650万元，建造标准厂房8幢，每幢1500平方米，总面积12000平方米，入驻企业8家，分别生产精密机械、

2007年横沥工业小区

五金配件、印刷包装、模具加工等工业产品，职工600多人，年产值1.2亿元。按照太仓市"娄江新城建设规划要求"，横沥工业小区8幢厂房于2022年6月全部拆除。

**瑞德工业园** 创建于2002年，法定代表人顾秀珍。投资1000多万元，征地100亩，建造标准厂房16幢，建筑面积3.6万平方米。2003年，有8家企业入驻。2011年园区实有企业10家，其中，外资及港澳台资企业8家，私营企业2家，固定资产1513万美元，职工702人，分别生产自行车零配件、工业螺丝、水暖器材、塑料制品、箱包旅游用品等。2013年，因城镇开发建设需要，瑞德工业园区被拆迁。

## 第四节　三资企业

1993年，境内入驻第一家港资企业太仓兴达制罐有限公司，1994年入驻太仓兴达食品有限公司、兴达塑胶有限公司，1995年入驻太仓兴达喷雾制品有限公司。2000年，横沥富达路工业区引进外资及港澳台资企业8家，分别有大卫医疗、欧亚马自行车、超汇桂盟传动、高盟机械、佳诚纸箱、凯得爱依运动器材等。2003年，瑞德工业园区有8家外资及港澳台资企业入驻。2012年，境内三资企业从业人员4000多人，年生产总值20亿元。至2016年，横沥境内共开办三资企业29家。随着城乡一体化发展，境内三资企业陆续搬迁，至2022年境内三资企业有14家。

表6-2　1993—2016年横沥境域三资企业一览

| 单位名称 | 法定代表人 | 经营范围 | 开业年份 |
| --- | --- | --- | --- |
| 太仓兴达制罐有限公司 | 施正南 | 制罐、印刷易拉罐 | 1993 |
| 太仓兴达食品有限公司 | 施明宏 | 容器、马口铁罐 | 1994 |

| 单位名称 | 法定代表人 | 经营范围 | 开业年份 |
|---|---|---|---|
| 太仓兴达塑胶有限公司 | 施明宏 | 塑胶制品 | 1994 |
| 太仓兴达喷雾制品有限公司 | 施明毅 | 清洁剂燃料 | 1995 |
| 斯伯格车料（太仓）有限公司 | 林茂青 | 自行车零配件 | 1997 |
| 苏州佳高鞋业有限公司 | 李雪飙 | 运动鞋、时装鞋 | 1998 |
| 太仓市安通五金有限公司 | 张东宁 | 五金金属制品 | 2000 |
| 太仓濂辉液压器材有限公司 | 陈殿鑫 | 液压气压零件 | 2001 |
| 高盟机械（太仓）有限公司 | 许定祯 | 高档建筑五金件 | 2001 |
| 欧亚马自行车（太仓）有限公司 | 王大山 | 各式自行车 | 2001 |
| 超汇桂盟传动（苏州）有限公司 | 吴瑞章 | 各种自行车链条 | 2001 |
| 凯得爱依运动器材（太仓）有限公司 | 津　山 | 自行车反光片 | 2001 |
| 佳诚纸箱（太仓）有限公司 | 陈雪丽 | 各种纸箱 | 2001 |
| 大卫医疗产品（苏州）有限公司 | 吕联宗 | 骨科急救室设备 | 2001 |
| 铁甲机械五金工业（太仓）有限公司 | 陈成川 | 自行车、摩托车 | 2002 |
| 松和机械（太仓）有限公司 | 胡财福 | 钢管精密夹头 | 2002 |
| 金益成（太仓）轴承有限公司 | 廖友材 | 精密轴承 | 2003 |
| 超亿螺丝工业（苏州）有限公司 | 沈汉通 | 五金配件 | 2004 |
| 太仓海樱卫生用品有限公司 | 山田秀一 | 清洁掸、胶带 | 2004 |
| 三惠（太仓）旅游用品有限公司 | 周万志 | 箱包、塑料制品 | 2004 |
| 采扬新型材料（太仓）有限公司 | 胡佩轩 | 揉用型复合材料 | 2004 |
| 太仓滨元旅游用品有限公司 | 滨元裕行 | 旅游用品 | 2005 |
| 太仓俊钢特殊金属有限公司 | 陈永林 | 磨光棒合金钢线 | 2006 |
| 太仓经纬塑料有限公司 | 廖琪梓 | 塑料制品 | 2006 |
| 太仓东旭精密机床有限公司 | 刁佛新 | 汽车机车零部件 | 2007 |
| 太仓优上展示器具有限公司 | 许天祥 | 高档五金件 | 2007 |
| 太仓龙津自动化包装设备有限公司 | 吴仁贵 | 各类包装设备 | 2007 |
| 苏州桂盟科恩斯工贸有限公司 | 吴瑞章 | 电动车、库门传动装置 | 2014 |
| 太仓恩典贸易有限公司 | 郭春玉 | 自行车电动车相关产品 | 2016 |

**重点企业选介**

**超汇桂盟传动（苏州）有限公司**　创办于2001年7月，由香港超汇实业有限公司投资1220万美元（注册资本550万美元）建设，位于富达路68号，征地80亩，建筑面积2万平方米，生产自行车链条，职工580人，设3个车间、5个科室，通过ISO9001：2000质量体系认证。

2001年超汇桂盟传动（苏州）有限公司

2002年，公司增资480万美元，扩大厂房，增加生产品种，提高科技含量。2006年，公司生产各种自行车链条4176万套，出口自产品牌链条662万件，创外汇320万美元。是年，公司被CHC全国高科技质量监督促进工作委员会和保障中心评为"中国公信品牌"和"中国著名品牌"。2007年3月，增加生产销售汽车发动机零配件，企业列入江苏省高新技术区企业行列，创外汇447万美元。2008年10月，公司增资1080万美元，扩大厂房面积，增加自行车链条和汽车链条业务。产品获评"苏州市高科技产品"，年生产链条4383万套，出口900万套，创汇380万美元。2011年，年生产链条3381万套，产值1.87亿元，利税4882万元。

**欧亚马自行车（太仓）有限公司**　位于富达路67号。2001年1月，由台湾欧亚马控股有限公司投资1500万美元（注册资本600万美元）建设，征地81亩，建造厂房3万平方米，法定代表人王大山。首批职工300余人，专业生产各式折叠自行车及零配件。设加工、焊接、涂装、组装4个车间。2001年产量39万辆。2004年，聘请智库专家，改进生产流程，

2001年欧亚马自行车（太仓）有限公司

年产辆达79万辆。"欧亚马"品牌获苏州市著名商标和江苏省著名商标。2005年年产突破118万辆。2006年开发童车等新产品，年产童车5万辆。2007年，公司折叠自行车获江苏省产品万里行银奖，打响"欧亚马"品牌知名度。2008年，公司开展"自行车环骑中国迎奥运"活动。其中，七星FBIR XI折叠自行车骑行路程1.2万千米，创造"折叠车"路程新纪录。2011年，公司职工增至1000余人，公司成立"折叠自行车俱乐部"，全年生产自行车150万辆，工业销售1.44亿元，利税620万元，被列入太仓市规模以上重点骨干企业。

# 第七章　商贸服务业

　　横沥境域商贸服务始于30年代，老横沥桥处有一条百米长的石子路商业街，街上有张益清米厂、上海广琴棉花行、唐永夫"唐家小炒"酒店，还有理发店、茶馆等10多家门店。60年代，境内只有大队"双代店"和个体理发店。改革开放后，第三产业逐步兴起，渐有个体户开店经营，涉及饮食、服装、理发、缝纫、家电维修、百姓超市等。1994年起，村投资建造三星级桃园度假村，开发商业门面街3处共5500平方米，60套门面房。2006年起，开发物业用房，分别建造8幢12000平方米的标准厂房和8幢16000平方米的外来人员集宿区。2009年，建设1500平方米的景湖农贸市场。

## 第一节　商业网点

### 一、双代店

　　1956年，陆渡乡政府为便利农民购销商品，由供销社主管，下伸到各大队部设代购、代销店（俗称"双代店"），主要经营烟、酒和生活日用品，兼收购农副产品及废旧商品，从业人员1~2人，由本村农民负责。横沥大队由蒋品兰、吴全福负责，红新大队由张锦成、张伟芬、胡蕴玉负责。双代店从供销社统一送货，每天记录商品进出账，营业额存入银行，供销社按月销售总额的5%，向大队结付手续费，员工报酬年底由大队支付。1995年，双代店改为私营店。除双代店外，大队还有食品站、猪肉代卖店，横沥大队早期由邵近如负责代销，后由邵惠文代销，红新大队由张景成负责代销。

### 二、商业门店

　　为发展壮大集体经济，增加村民收入，横沥村找正路子，集体开发商业用

1994年浏太公路商业门面房

| 2007年万金路商业门店 | 富达路商业门面房（2023年摄） |

房。1994年，由村经济合作社投资150万元，在桃园度假村浏太公路北侧建造商业门面房16套，建筑总面积1500平方米，早期全部出租于个体经商户。2002年，桃园度假村浏太公路南侧，一期工程投入150万元，建造两层商业门面房14套加车库，建筑总面积1848平方米，房产全部出售。2003年，二期工程投入220万元，建综合楼及三层商业门面房16套，建筑面积2140平方米，门面房产全部出售。2007年，在万金路集宿区建造商业门面房15套，每套135平方米，总面积2025平方米，出租给个体工商户。2009年，在万金路集贸市场建造门店22间，1500平方米，设个体摊位27个。

### 三、经商行业

境内商业以餐饮、服务、超市、集贸、经营为主。1995—2022年，境内经营各类商业门店31家，其中饮食业15家、服务业16家。

表7-1　1995—2022年横沥境域个体工商户一览

| 单位名称 | 法定代表人 | 经营范围 | 开业年份 |
| --- | --- | --- | --- |
| 桃园饭店 | 蒋伟昌 | 餐饮服务 | 1995 |
| 桃花园饭店 | 王明球 | 餐饮服务 | 1998 |
| 杂货店 | 李燕明 | 食品、生活用品 | 1998 |
| 理发店 | 陈又喜 | 染、烫、理发 | 1998 |
| 缝纫店 | 管卫忠 | 布料加工、修补衣服 | 1998 |
| 理发店 | 小　芳 | 染、烫、理发 | 1998 |
| 杂货店 | 钱振森 | 食品、生活用品等 | 1998 |
| 桃花园商场 | 钱永峰 | 食品、乳制品、卷烟等 | 1998 |
| 陆渡镇宏扬机床配件商行 | 夏文富 | 机床配件 | 2004 |
| 太仓市陆渡镇伟创废品回收站 | 王兆光 | 废旧物资回收 | 2004 |
| 太仓市明达润滑油有限公司 | 李政明 | 经销润滑油 | 2005 |

| 单位名称 | 法定代表人 | 经营范围 | 开业年份 |
|---|---|---|---|
| 陆渡蒋艺晨食品商行 | 蒋艺晨 | 食品 | 2005 |
| 太仓高新区刘应清餐饮店 | 刘应清 | 餐饮服务 | 2005 |
| 城厢镇新毛温暖纯水经营部 | 陈体才 | 饮用水 | 2006 |
| 蒋洪元杂货店 | 蒋洪元 | 日杂 | 2007 |
| 太仓高新区兴荣餐饮店 | 刘庆保 | 餐饮服务、食品经营 | 2008 |
| 陆渡友峰汽车保养服务部 | 朱金刚 | 汽车保养 | 2009 |
| 太仓昊运货运有限公司 | 薛 缓 | 货物运输、仓储、装卸搬运 | 2009 |
| 陆渡胡艳清超市 | 胡艳清 | 食品、卷烟、日用品等 | 2009 |
| 太仓市景豫酒店管理有限公司 | 孔 侠 | 住宿餐饮 | 2010 |
| 太仓嘉轩废品物资回收有限公司 | 陆志清 | 废品回收 | 2014 |
| 上海利群超市 | 梅帮炳 | 百货 | 2015 |
| 电动自行车经销维修点 | 朱永兴 | 经销、维修 | 2017 |
| 益客生鲜超市 | 简 娇 | 生活用品、果蔬 | 2018 |
| 豪康食品商行 | 时光辉 | 超市百货 | 2019 |
| 桑帅餐饮店 | 桑 帅 | 小吃 | 2019 |
| 奥面馆快餐 | 刘应清 | 小吃 | 2019 |
| 佑佑佳康 | 范燕雅 | 药品 | 2021 |
| 金裕诚饭店 | 张永珍 | 餐饮 | 2021 |
| 来客顺便利店 | 叶红创 | 杂货、果蔬等 | 2021 |
| 嘉富废品收购站 | 任华忠 | 废品回收 | 2022 |

# 第二节 集贸市场

## 一、景湖菜场

2009年,镇村投资220万元,在万金路东侧建造景湖菜场,总面积2000平方米,设个体摊27个,经营面积1500平方米。景湖菜场为陆渡镇西区村民及外来人员购买农业产品、生鲜食品提供一定便利。

## 二、横沥桥集市

1981年起,横沥农户开始大面积种植青毛豆等经济作物,种植农户为寻找销路,自发选择毛豆交易点,在交通便利的老横沥桥附近(浏太公路和十八港路交界处)设摊。起初仅有少量农户,随着横沥与周边村庄种植户纷纷到此设摊交易,逐渐形成一个小集市。旺季时集市规模长1000米左右,有3000多人,每天毛豆交易量60吨左右，由各路商贩把毛豆运往上海、昆山、苏州市区等地。毛豆市场为农户提供了便捷的交易场所。由于交易市场活跃，逐渐转变成农产品的交易市场，农户种植的大蒜、芋艿、西瓜等农产品都在此交易，还聚集了鱼肉摊、水果摊、小商店、服装店、理发店、建材市场等商铺。2000年后，因高速公路筑建和浏太公路扩建，集市消失。

## 第三节　商业开发

### 一、桃园度假村

位于浏太公路桃园车站，创建于1995年，由横沥村投资2000万元建造，为太仓市首家村级宾馆，占地面积7992平方米，建筑面积4000平方米。宾馆前门处建造荷花池，设置假山、凉亭、月亮桥等。内设客房部、餐厅、KTV、舞厅、浴室、文化活动室等，客房可容纳100多人。宾馆制度健全，服务热忱，每逢节假日，客户盈门。1999年，经营机制改革，

桃园度假村

转为私营企业，负责人王曾国。经营者每年向横沥村上缴房租和土地管理费。2005年，桃园度假村全年营业收入369万元。其中，客房收入34万元，餐饮收入290万元，其他收入45万元。2010年，度假村提档改造，晋升为三星级酒店。2011年，由于太仓民政局开发征地需要，桃园度假村拆迁停业，保留"桃园舫酒店"经营。

### 二、富民合作社

为实现富民强村，横沥村以发展三产服务业为重点，以物业项目为抓手，加大投入建设物业用房。2006—2007年，分两期工程，投资650万元，建造标准厂房8幢，建筑面积12000平方米，招租8家企业，每年租金收入120万元。为加强外来员工集中居住管理，2007—2008年，分两期建设外来人员集宿区，414间

物业项目外来员工集宿区奠基（2007年摄）

住房,建筑总面积16000平方米,被列入太仓市2007年度农村建设重点项目,集宿区年收租金188万元。横沥村充分利用富民合作社这一载体,吸收本村村民投资入股,2007年第一期股民入股金额500万元,投入物业项目。以每年8%的红利回报给股民,股民年均收入4000多元,从而增加农民投资性收入。

2008年横沥集宿区

# 第八章　村级组织

## 第一节　村党组织

### 一、党组织沿革

横沥境内党的组织始建于1952年9月，由横沥和柴行两乡成立联合党支部，支部负责人郭日成，横沥乡第一批党员有曹玉良、姚晋良、蒋惠良3人。1954年3月，横沥小乡党支部并入陆渡中乡党总支，党总支书记周阿虎。1957年，境内太丰六社、太丰七社成立联合党支部，瞿宝贤任党支部书记。1958年人民公社时期，成立横沥生产大队，党支部书记瞿宝

2010年9月25日村党总支换届选举会议

贤。1961年，横沥大队拆分成立新庙大队（横沥）和黄家湾大队（红新），新庙大队党支部书记陆维震，黄家湾大队党支部书记王孝兰。1966年后，各级党组织一度停止活动。1967年，陆渡人民公社武装部主持日常工作，成立"抓革命，促生产"办公室。1968年，大队党支部改称为"革命委员会支部委员会"，陆维震任横沥大队革委会党支部书记，王孝兰任黄家湾大队革委会党支部书记。1983年7月，村级体制改革，撤销大队建制，设立行政村，境内成立横沥村和红新村党支部委员会，王秋明任横沥村党支部书记，黄汉章任红新村党支部书记。1998年11月，成立横沥村党总支委员会，为陆渡镇第一个基层党总支部，党总支书记王秋明，党总支下设农村党支部、企业党支部、桃园度假村党支部，分设5个党小组。2003年，红新村党支部并入横沥村党总支部，陆明元任党总支书记。2009年，管鸿嘉任横沥村党总支书记。2016年，王俊任党总支书记。2018年，薛健锋任党总支书记，党总支下设3个党支部，第一支部书记蒋英芳，第二支部书记侯斌，第三支部书记蒋丽琴。2020年，杨建钢任横沥村党总支书记。2022年，横沥村共有党员101名。

表8-1　1958—2022年横沥境域村（大队）党支部书记、副书记、委员任职一览

| 党（总）支部名称 | 书记 | 副书记 | 委员 | 任职年份 |
|---|---|---|---|---|
| 横沥大队党支部 | 瞿宝贤 | 管品兰 | 曹玉良　陆维震 | 1958—1960 |
| 新庙大队党支部 | 陆维震 | 周世明 | 蒋品兰　陆云丰　陆洪德 | 1961—1967 |
| 横沥大队革委会支部委员会 | 陆维震 | 周世明 | 蒋品兰　张　英　陆洪德<br>许孙养　钱月良 | 1968—1982 |
| 横沥村党支部 | 王秋明 | 钱月良 | 蒋洪元　王正明　陈云珍<br>陆卫元 | 1983—1988 |
| 横沥村党支部 | 王秋明 | 闵寿元 | 陆卫元　陈云珍　王建林<br>邵锦明 | 1989—1994 |
| 横沥村党支部 | 王秋明 | 邵锦明 | 黄文球　朱彩亚　钱国锋<br>杨仁宝 | 1995—1997 |
| 横沥村党总支 | 王秋明 | 黄文球 | 邵锦明　杨仁宝　朱彩亚<br>钱国锋 | 1998—2000 |
| 横沥村党总支 | 陆明元 | 黄文球 | 邵锦明　朱彩亚　杨仁宝<br>钱国锋 | 2001—2003 |
| 横沥村党总支 | 陆明元 | 朱彩亚　顾正明 | 邵锦明　王建林　杨仁宝<br>沈卫平 | 2004—2006 |
| 横沥村党总支 | 陆明元 | 朱彩亚　杨仁宝 | 蒋丽琴　蒋英芳　黄桂英 | 2007—2009 |
| 横沥村党总支 | 管鸿嘉 | 侯　斌　杨仁宝 | 蒋丽琴　蒋英芳 | 2010—2015 |
| 横沥村党总支 | 王　俊 | 侯　斌 | 蒋丽琴　蒋英芳 | 2016—2017 |
| 横沥村党总支 | 薛健峰 | 侯　斌 | 蒋丽琴　蒋英芳 | 2018—2020 |
| 横沥村党总支 | 杨建钢 | 蒋丽琴　侯　斌 | 蒋英芳　孙佳春　邵思佳 | 2021—2022 |
| 黄家湾大队党支部 | 王孝兰 | | 姚晋良　蒋正林　管品兰 | 1961—1969 |
| 红新大队革委会支部委员会 | 姚晋良 | 黄汉章 | 王孝兰　黄惠忠 | 1970—1980 |
| 红新大队党支部 | 黄汉章 | | 侯仰高　顾正明 | 1981—1983 |
| 红新村党支部 | 黄汉章 | | 侯仰高　顾正明 | 1984—1985 |
| 红新村党支部 | 黄惠德 | | 顾正明　孙惠良 | 1986—1987 |
| 红新村党支部 | 孙惠良 | 顾正明 | 黄惠德 | 1988—1991 |
| 红新村党支部 | 杨雪琪 | | 顾正明　吴秀玉 | 1992—1994 |
| 红新村党支部 | 潘根秋 | 顾正明 | 吴秀玉 | 1995—1996 |
| 红新村党支部 | 景炳元 | 顾正明 | 吴秀玉 | 1997—1998 |
| 红新村党支部 | 顾正明 | | 吴秀玉　沈卫平 | 1999—2002 |

## 二、党员

**党员发展**　1949年横沥乡有党员1名（蒋正林），50年代新增党员17名，60年代新增18名，70年代新增25名，80年代新增17名，90年代新增19名。2000—2022年，横沥村党总支发展新党员18名。2022年，横沥村党总支共有党员101名。

**党员结构**　1965年，党员23名。其中，30岁以下的党员4名，30~60岁19名；大

专学历1名,高中学历1名,初中以下学历21名。1986年,党员45名。其中,30岁以下的党员7名,30~60岁37名,60岁以上1名;大专学历1名,高中学历3名,初中以下学历41名。2022年,党员101名。其中,30岁以下党员10名,30~60岁35名,60岁以上56名;大专以上学历24名,高中、中专学历28名,初中以下学历49名。

表8-2  1956—2022年横沥境域党员结构介绍(选年)

单位:人

| 年份 | 党员总数 | 女性 | 年龄结构 | | | 文化结构 | | | 职业分布情况 | | | | |
|---|---|---|---|---|---|---|---|---|---|---|---|---|---|
| | | | 30岁以下 | 30~60岁 | 60岁以上 | 大专以上学历 | 高中、中专学历 | 初中以下学历 | 农业 | 工业 | 第三产业 | 村委会 | 其他 |
| 1956 | 16 | 0 | 13 | 3 | 0 | 1 | 1 | 14 | 9 | 0 | 3 | 2 | 2 |
| 1965 | 23 | 3 | 4 | 19 | 0 | 1 | 1 | 21 | 8 | 2 | 5 | 6 | 2 |
| 1978 | 29 | 9 | 6 | 23 | 0 | 2 | 2 | 25 | 10 | 4 | 7 | 6 | 2 |
| 1986 | 45 | 11 | 7 | 37 | 1 | 1 | 3 | 41 | 11 | 14 | 6 | 8 | 6 |
| 1998 | 54 | 13 | 5 | 34 | 15 | 1 | 9 | 44 | 12 | 22 | 5 | 10 | 5 |
| 2005 | 78 | 14 | 2 | 49 | 27 | 2 | 11 | 65 | 18 | 32 | 12 | 8 | 8 |
| 2016 | 83 | 19 | 4 | 35 | 44 | 14 | 14 | 55 | 0 | 37 | 13 | 8 | 25 |
| 2022 | 101 | 24 | 10 | 35 | 56 | 24 | 28 | 49 | 0 | 41 | 15 | 8 | 37 |

### 三、党员培训

1950—1958年,境内党支部书记、委员和部分党员、党内积极分子参加县委组织的党内培训。60年代,党员、积极分子参加公社举办的短期培训班。1978—1985年,大队(村)党支部书记每年参加县党校举办的为期5天左右的冬训班。1983—2004年,全体党员参加陆渡镇(乡)党校举办的培训班,每年一次党员冬训,为期10天左右。2018年起,横沥村党支部坚持"三会一课"(党支部、支委会、党小组会和党课)制度,每月15日为党日活动。

2009年10月27日党员现代远程教育科学发展观学习

### 四、党代会

1962—2001年,横沥境域有15人参加太仓市(县)党代会。1962年12月,陆维震、管品山出席太仓县第三届党代会。1966年3月,瞿宝贤、陆维震、王孝兰出席太仓县第四届党代会。1980年1月,陆维震、姚晋良、金根发出席太仓县第五届党代会。

1984年8月，王秋明、金根发出席太仓县第六届党代会。1988年1月，王秋明、金根发出席太仓县第七届党代会。1991年2月，王秋明出席太仓县第八届党代会。1996年1月，王建林出席太仓市第九届党代会。2001年6月，王秋明出席太仓市第十届党代会。

### 五、党务工作

50年代，主要围绕抗美援朝、土地改革、农村合作化、人民公社、社会主义总路线等开展宣传教育。60年代中期宣传《农村人民公社工作条例》和"调整、巩固、充实、提高"八字方针，学习雷锋精神，学习好干部焦裕禄。70年代，大张旗鼓地宣传党的四项基本原则（坚持社会主义道路，坚持人民民主专政，坚持中国

2009年6月8日村党总支测评考查

共产党的领导，坚持马列主义、毛泽东思想）和"全党工作重点转移到社会主义现代化建设上来"的战略决策。80年代，学习中共十一届三中全会精神和党的基本路线，开展"五讲、四美、三热爱"和文明礼貌月的实践教育。90年代，主要学习邓小平理论，进行爱国主义教育。2000—2011年，先后开展双思（致富思源，富而思进）教育，贯彻学习"三个代表"重要思想、科学发展观和社会主义荣辱观。在全体党员中开展保持共产党员先进性教育活动，组织党员召开交流会，撰写学习心得，参加党的知识学习竞赛，开展批评和自我批评，查找问题、落实整改，在企业和村民中开展"双扶双带"等活动。2009年，组织党员干部培训学习3期，观看远程教育250人次，调研走访160人次，召开座谈会5场次，发放征求意见信和调查问卷350多份，查找各类问题12个，集中解决问题12个，帮助困难群众9人次。2011—2022年，以中共十八大和

2011年9月25日横沥村干部廉政承诺

十九大会议精神为主要内容开展学习教育。党支部先后开展党的群众路线，践行社会主义核心价值观，"不忘初心、牢记使命"专题教育和"新时代中国梦"的学习讨论，开展学习党章、党规、《习近平新时代中国特色社会主义思想三十讲》，做合格党员，寻找"老支书精神"，"我的入党故事"等系列主题教育，在党员队伍中开展党员志愿者服务，帮助群众排

忧解难,以家庭和楼道为单位,对小区困难群体提供"一帮一""多帮一"服务。横沥村党支部2003年被评为苏州市"先进基层党组织",2003—2007年被评为太仓市"先进基层党组织",2006年被评为太仓市"党建工作示范点",2007年被评为太仓市"党员干部现代远程教育优秀接收站点"。

## 第二节　村民自治组织

### 一、村行政组织

**横沥乡**　1929年,境内始建横沥乡,乡长吴颂南,隶属太仓城区,至1935年推行保甲制后,横沥全乡有6保55甲,498户,1694人。1946年6月13日,并入红庙乡。1950年1月,全县划小区乡,重建横沥乡,乡长杨惠钧,辖15个行政自然村,并先后成立农民协会、妇女联合会、共青团等群众团体。1956年,横沥小乡并入陆渡中乡。1956年,境内成立太丰六社、太丰七社两个高级农业生产合作社,太丰六社社长周世明,太丰七社社长王孝兰。高级社设社长、副社长、会计等职,下设生产队。

**横沥大队管委会**　1958年,陆渡人民公社成立,境内成立横沥生产大队,辖横沥、红新、向东3个自然村。1961年,横沥生产大队拆分为新庙大队(横沥)、黄家湾大队(红新)和曹家滩大队(向东)。大队设正副大队长、会计、民兵营长、妇女主任、团支部书记等职。生产队设正副队长、会计等职。

**横沥大队革命委员会**　1968年,撤销大队管理委员会,境内成立横沥大队革命委员会和红新大队革命委员会。1981年,撤销革委会,恢复大队管理委员会。

**横沥村村民委员会**　1983年,恢复乡村制,成立第一届村民委员会,1985年起,村委会三年换届一次,村委会班子由村民代表直选产生。2003年3月,红新村并入横沥村,下辖16个村民小组。村委会由主任、会计、妇女主任、团支部书记、民兵营长等成员组成。2016年后,村委会班子五年换届一次。至2021年,选举产生横沥村第十三届村民委员会集体班子。

表8-3　1958—2022年横沥境域村(大队)主任、副主任、委员任职一览

| 村(大队)名称 | 主任(大队长) | 副主任(副大队长) | 村委会(大队委)委员 | 任职年份 |
|---|---|---|---|---|
| 横沥大队 | 周世明 | 曹玉良 | 王孝兰　陆维震 | 1958—1960 |
| 新庙大队 | 周世明 | 陆云丰 | 陆洪德　蒋品兰 | 1961—1967 |

| 村（大队）名称 | 主任（大队长） | 副主任（副大队长） | 村委会（大队委）委员 | 任职年份 |
|---|---|---|---|---|
| 横沥大队革委会 | 周世明 | 陆云丰 | 陆洪德　许孙养 | 1968—1970 |
| | 陆云丰 | 钱月良 | 陆洪德 | 1970—1975 |
| | 钱月良 | — | 陆洪德 | 1976—1977 |
| | 陆洪德 | — | 蒋洪元 | 1978—1980 |
| 横沥大队 | 蒋洪元 | — | 闵寿元　蒋月其　钱月良　王正明　陈云珍 | 1981—1984 |
| 横沥村 | 闵寿元 | — | 陆卫元　钱月良　陈云珍　黄建忠　朱彩亚　黄文球 | 1985—1990 |
| | 黄文球 | 王建林 | 邵锦明　杨仁宝　陈云珍　黄建忠　蒋亚清　朱彩亚　钱国锋　钱桂芬 | 1991—2002 |
| | 朱彩亚 | 顾正明　杨仁宝 | 杨仁宝　蒋丽琴　蒋英芳　黄桂英 | 2003—2009 |
| | 杨仁宝 | — | 蒋丽琴　侯斌 | 2010—2012 |
| 横沥村 | 蒋丽琴 | 蒋英芳 | 侯斌　沈景春　李泽昌　范智娇　黄雅琴　邵思佳　孙晓晨 | 2013—2020 |
| | 杨建钢 | 蒋英芳　邵思佳 | 黄雅琴　孙晓晨 | 2021—2022 |
| 黄家湾大队 | 姚晋良 | — | 蒋正林　黄惠忠　黄正良 | 1961—1967 |
| 红新大队革委会 | 王孝兰 | 胡正康 | 蒋正林　黄汉章　黄正良 | 1968—1979 |
| | 黄汉章 | 倪惠忠 | 蒋培林　胡国良 | 1980—1982 |
| 红新村 | 侯仰高 | — | 郁海珍　蒋培林 | 1983—1986 |
| | 顾正明 | 黄惠德 | 徐永根　郁海珍 | 1987—1990 |
| | | 吴秀玉 | 黄汝芳　顾建忠 | 1991—1997 |
| | | — | 吴秀玉　黄桂英　蒋英芳 | 1998—2002 |

表8-4　1958—2022年横沥境域村（大队）会计任职一览

| 村（大队）名称 | 姓名 | 任职年份 | 村（大队）名称 | 姓名 | 任职年份 |
|---|---|---|---|---|---|
| 横沥大队 | 胡正祥 | 1958—1960 | 黄家湾大队 | 黄振良 | 1961—1967 |
| 新庙大队 | 肖桂宝 | 1961—1964 | 红新大队革委会 | 黄振良 | 1968—1980 |
| | 陆洪德 | 1965—1967 | 红新大队 | 胡国良 | 1981—1982 |
| 横沥大队革委会 | 陆洪德 | 1968—1980 | 红新村 | 胡国良 | 1983—1986 |
| 横沥大队 | 王振明 | 1981—1982 | | 孙惠良 | 1987 |
| 横沥村 | 王振明 | 1983—1985 | | 黄汝方 | 1988—1991 |
| | 陆卫元 | 1986—1990 | | 毛雪林 | 1992 |
| | 邵锦明 | 1991—2006 | | 樊士良 | 1993—1998 |
| | 蒋英芳 | 2007—2022 | | 蒋英芳 | 1999—2002 |

## 二、村民代表大会

互助合作社至人民公社时期,村里有重要事务都召开社员大会。一般每户一人参加会议,由农业社长和生产大队长向村民(社员)报告农业生产经济分配、粮食征购、农田水利、征兵等方面的情况,或传达政治形势、上级指示、农村工作等内容。社员大会在"文化大革命"时期中断。1983年实行乡村制,设村民委员会,按照《中华人民共和国村民委员

2021年10月29日村民代表大会

会组织法》规定,村民代表大会每三年召开一次,村民代表都有选举权和被选举权,对村里重大事项同时拥有决策权、监督权。1983—2021年境内共召开十三届村民代表大会。每届村民代表大会上,由上届村民委员会主任作三年任期内工作报告,村会计作财务预算报告,然后由村民代表评议讨论作出决议,按照选举章程选出新一届村民委员会班子。此外,每年2次民主决策日,以及每逢村里有重要事件,都要召开村民代表会议,实行民主决策、民主管理、民主监督的权利。

## 三、经济合作社

1983年7月,横沥村建立村级经济合作社,属乡经联会领导,社长钱月良,副社长陆维新,下设农业服务站、多种经营管理站,其职责是统抓全村农、副、工业生产和经营管理工作。经济合作社和村委会同时设立,基本上三年换届一次,调整领导班子人员。1988年,邵介平任横沥村经济合作社社长,蒋月其任副社长。1990年,王建林任社长,钱国锋任副社长。1995年,镇经联会撤销,成立农工商总公司,村经济合作社随之解体。

## 第三节　村民自治管理

中华人民共和国成立后,人民有了当家作主的权利,但由于旧思想观念的束缚,村民的民主法治理念、参政议政的意识和能力还较薄弱。2000年前,村组织曾组建过民主理财小组、民主议事小组,因没有规章制度,效果不明显,活动流于形式,村民民主监督机制不够完善。2001年起,横沥村党支部、村委会遵照《江苏省城(村)居民

依法自治标准》《太仓市村级民主建设暂行规定》,深入开展民主依法的宣传教育,提高村民依法依章律己、依法依章办事、依法依章维护自己的合法权意识和能力。全面推行村民自治,实行村级民主选举、民主决策、民主管理和村民监督,依法保障农民群众的知情权、参与权、表达权和监督权。在多年的实践中,取得卓越的成果。2006年,横沥村获评"江苏省管理民主示范村"、江苏省"农村集体财务规范化管理示范村"、苏州市"村务公开民主管理示范村";2007年度,获评太仓市村务公开民主管理示范村;2008年,获评"太仓市村民自治标兵村"。

### 一、民主选举

1983年,召开第一届村民代表大会。村民代表都有选举权和被选举权,以村民小组为单位推荐候选人,以得票数确定正式候选人,经公布后,召开选举会议,差额选举产生第一届村委会领导班子。2000年,横沥村第七届村委会换届选举,根据《村民委员会组织法》和太仓市村委会换届选举实施意见和规定,于9月24日组织选民采取"一票直选"无记名投票方法,选举产生新一届村委会领导班子。本届应参选的选民679人,参加投票选民677人,投票率为99.7%。2013年11月,横沥村第十一届村民委员会换届选举,加强宣传力度,发放《给村民的一封公开信》365份,参加选民1382人,全村分设16个投票站,继续采用"一票直选"的选举办法,选出群众信任的村委会班子。2021年2月21日,横沥村第十三届村民委员会换届选举,参加投票选民1786人,设中心会场1个、投票站20个,采取无候选人的一人一票直接选举方式,选举产生村委会主任1人、副主任2人、委员2人。

### 二、民主决策

2001年起,横沥村坚持每年不少于2次(1月10日、7月10日)民主决策和民主评议工作。召开村民代表会议,对于村级各项重要事务以及涉及村民切身利益的相关事情,组织村民代表讨论表决,以保障村民自治组织的自治作用。2004年,召开4次村民代表会议,重点讨论农户拆迁后600多亩抛荒土地的复耕问题。经广泛征求意见,决定复耕方案,投

2010年7月10日民主决策日会议

入2.6万元,2000多人次,用20天时间完成复耕任务。2006年1月8日,民主决策日,出席代表40人,商讨农村合作医疗收费情况,会议决议,对在册农村户口农户的合作

医疗收费标准为每人10元,由村扶助30元。2007年7月10日,民主决策日,经讨论表决,通过建设外来人员集宿区、集贸市场两个物业项目的决议。2016年7月10日,关于景湖花苑小区《违建公约》《实施意见》等事项,43名代表全票表决通过。2019年1月10日,表决通过关于横沥综合文化服务中心添置设施、设备的事项。2020年8月,表决通过关于村出资抱团于太仓娄丰实业发展有限公司购置陆渡宾馆B幢楼,通过租赁方式增收村级经济;居民养老服务逐步扩大覆盖面(世居农民75~79周岁)等事项的决议。

### 三、民主管理

村委会依据党的方针政策和国家法律规范,结合本村实际,修订和完善村民自治章程和村规民约。村民自治章程分6章47条,明确规定村干部的职责、权利和义务,村级各类组织的职责,工作程序及相互关系,用制度规范干部和群众的行为,增强村民自我管理、自我教育、自我服务的能力。1997、2010、2020年度横沥村村规民约,分别被评为"太仓市优秀村规民约"。

**链接**

#### 2020年横沥村村规民约

1.热爱党、热爱祖国、热爱社会主义;执行国家法律、法规,自觉遵守公民基本道德规范和小区的规章制度,爱护小区公共设施。

2.自觉恪守和发扬团结友善、助人为乐的传统美德;为人忠厚,待人诚实,办事守信;家庭成员之间相互尊重、互敬互爱,尊老爱幼,不虐待老人和儿童,婆媳关系好、融洽,夫妻互敬互爱;邻里之间互谅互让、互帮互助;无各种纠纷。

3.认真履行公民的权利和义务,自觉遵守公共秩序,履行社会义务,维护小区公共安全,积极参加公益活动,支持社区工作;遵守交通法规,助人为乐,扶贫帮困,扶弱助残,积极参与献爱心活动。

4.养成良好的卫生习惯,室内卫生干净整洁,物品摆放有序;保护环境,讲究公共卫生,积极参与垃圾分类,不破坏花草、树木,自觉保持公共环境卫生,无乱搭乱建,乱堆乱放行为。

2001年起,横沥村村委会坚持每月召开一次村民小组长例会。做到上情下达,下情上传。上级政策布置的各项工作任务,依靠村民组长去传达贯彻落实,把群众

所提的意见和出现的问题及时反映到村
委会。例如2014年村民调查中，村委会
收到16个村民小组143份村民提出的
问题和建议，集中反映小区物业管理、
违建整治、环境卫生、公共设施等方面
内容。通过村组配合、相互协调，共同完
成村务各项工作。

2011年8月27日村民组长会议

### 四、民主监督

2000年后，村党支部、村委会把保障村民的知情权、监督权列为"阳光政务"和
廉政的重要举措。

1.依法调整村务公开监督小组和民主理财小组成员，由村民代表选举产生，三年
一届。

2.坚持"三日"制度，即每月5日民主理财日，8日村委会村务公开日，10日监督
日。小组成员负责对村务工作和财务收支情况进行民主监督，有权检查、审核财务账
目及相关的经济活动事项。

3.坚持"两公开"制度，村务公开从形式上设立固定村务公开栏、电子触摸屏、电
子滚动屏。时间上，村财务收支每季度公开一次，涉及农民利益的重要问题及群众关
心的其他事项及时公开；程序上，财务类账目经民主理财小组审议盖章，由镇主管部
门核实后及时公开；内容上，分为三大类36项（其中政务类8项、村务类8项、财务类
20项）。

4.坚持每年2次村民代表和村民组长对村委会班子和个人工作满意度测评，评议
主要围绕德、能、勤、绩、廉等5个方面表现展开，并对村干部个人述职和民主评议张
榜公布。

### 链接

#### 财务公开制度

1.村级财务公开是改善农村干群关系，保持农村稳定，促进基层民主建设的有效
措施，必须长期支持。

2.规范公开时间，每季度必须公开一次，即四月十日前、七月十日前、十月十日
前、次年一月十日前为财务公开日，对有必要及时公开的内容要及时公布。

3.规范公开形式,各村都应以财务公开栏为主要公开形式并结合广播、印发材料、口头解答等形式进行公开。

4.规范公开内容,公开内容主要包括财务预决算计划,财务预算执行情况(财务收支),村级集体资产、资源型资产经营情况,村级债券债务情况,农民负担执行情况,优供补情况,土地征用及农民享受情况,宅基地及农户拆迁和征地补偿情况等。集体资产非正常性变动,一次性坏账或固定资产报损,数额在10万元以下的需经村民理财小组决议,10万元以上的需经村民代表会议决议后,方可上报,申请作账面调整并向村民公开。

## 民主理财财务监督制度

1.健全民主理财小组,民主理财小组由5至7人组成,小组成员应熟悉业务、办事公道、廉洁奉公、实事求是,并在具有代表性和权威性的党员、村民代表中选举产生。

2.理财小组的具体职责:一是代表民意,对村级财务进行监督;二是对年度财务收支及预算情况进行审议并向村民报告财务管理情况;三是督促定期公开财务,收集和反馈村民意见;四是对村重大事项进行审议并提出意见。

3.民主理财小组权利:一是财务预算参与审议权,二是会计账目审核权,三是违纪纠正监督权,四是财务问题解释权,五是不合理开支否决权。

4.健全民主理财小组活动制度,村民理财小组最少每季度活动一次,参加人员应不少于5人,要认真做好活动记录,并将理财情况及时向村党组织、村委会报告(村委会要确保活动经费到位)。

# 第四节　社会团体

**一、共青团**

横沥共青团组织成立于50年代。1958—1961年,大队团支部书记陆维震。1962—1971年,团支部书记陆洪德。1966年,团组织陷入无人管理的状态。1969年,共青团恢复组织生活。1978年,横沥境域有9个团小组,团员38名。1980年,重点发展村企业第一线青年积极分子入团。1985年,有团小组10个,团员42名,共青团主要工作是每月一次团日活动,学习党的知识和党的政策,组织文艺宣传活动,开展青年突击队活动,共青团"农业试验田"竞赛活动。90年代,组织开展"学雷锋、树新风"、抗震救灾捐款、争创"共青团红旗岗"活动。1996年，横沥桃园度假村团小组厨房班被太仓市评为示范基地，施洪跃等3人被评为"太仓市青年岗位能手"。2002年起，团支部贯彻团市委《进一步推进太仓市青年志愿者活动意见》，组织青年志愿者参加植树绿化、卫生保洁、社会服务等活动。2003年，组织志愿者参与抗击非典。2004年，开展"扶贫帮困""爱心助学"活动，建办"青少年维权岗""青年服务中心"。2006年，组织志愿者宣传交通法，维护一方平安。2008—2009年，结合"学雷锋、义务植树、敬老爱幼、假期学习"等系列活动，开展"青年文明号"活动。2010年后，开展关心服务新太仓人子女的学习教育，举办"关注未来村村行""青年大讲堂"等活动，组织志愿者开展"红十字"、"世博宣传"、网吧整治、社区环保、法律咨询、医疗保健、义务家教、文明创建、义务献血等公益活动。2022年，横沥村团支部有团员44名，企业联合团支部有团员38名。

表8-5　1958—2022年横沥境域村（大队）共青团书记任职一览

| 村（大队）名称 | 姓名 | 任职年份 | 村（大队）名称 | 姓名 | 任职年份 |
|---|---|---|---|---|---|
| 横沥大队 | 陆维震 | 1958—1960 | 横沥村 | 邵思佳 | 2017—2019 |
| 新庙大队 | 陆洪德 | 1961—1967 | | 孙晓晨 | 2020—2022 |
| 横沥大队革委会 | 陆洪德 | 1968—1971 | 黄家湾大队 | 张志伟 | 1962—1967 |
| | 张英 | 1972—1977 | 红新大队革委会 | 张志伟 | 1968 |
| | 陆明元 | 1978—1980 | | 黄耀明 | 1969—1970 |
| 横沥大队 | 蒋金忠 | 1981—1982 | | 黄惠忠 | 1971—1980 |
| 横沥村 | 蒋金忠 | 1983—1985 | 红新大队 | 张惠忠 | 1981—1982 |
| | 朱彩亚 | 1986—1991 | | 张惠忠 | 1983—1985 |
| | 蒋亚清 | 1992—2003 | 红新村 | 许彩娟 | 1986—1989 |
| | 蒋丽琴 | 2004—2012 | | 毛雪林 | 1990—1992 |
| | 吴蕴珠 | 2013—2014 | | 蒋英芳 | 2000—2003 |
| | 沈金春 | 2015—2016 | | | |

**二、妇女联合会**

1949年11月，陆渡区成立妇女联合会，横沥乡建立妇女组织，负责人高秀英。1959年9月，成立陆渡公社妇女联合会，横沥大队、红新大队建立妇女代表会（简称"妇代会"），大队设妇代会主任，生产队设妇女队长。"文化大革命"开始后，妇女组织停止活动。1972年9月，恢复设置妇女组织。1980年后，境内企业相应建立妇女代表会。2007年，村妇代会升格为妇联会，妇代会主任改成妇联主席。

妇女组织在各个时期积极配合党的中心工作。50年代，发动妇女参加农会，控诉反革命罪行，组织妇女学习政治、文化；开展拥军爱民、抗美援朝支前工作，送郎参军、送军鞋、送慰问品给子弟兵；宣传《婚姻法》，废除买卖婚姻和禁止虐待妇女，保护妇女合法权益；发动妇女开展种植棉花劳动竞赛活动；协助村、队办好托儿所，解决妇女后顾之忧。60—70年代，组织妇女开展"学文化、学技术"竞赛，动员妇女投入三大革命（阶级斗争、生产斗争、科学实验）运动。1973年后，计划生育工作是妇女工作的中心工作，按上级要求，确保少生优生，确保境内不出现无计划生育。80年代后，发动妇女重点开展争创"五好家庭"评比活动，每年一次总结表彰。1989年起，村妇女组织开展"双学双比"（学科学、学技术，比成绩、比贡献）竞赛活动，通过竞赛，实现"示范、辐射、带动"，促进共同致富的目标。2005年，组织村民小组长成立"护村嫂"队伍，实行"护家"，通过群防群控、邻里守望、宣传帮教、稳控疏导，为平安横沥做贡献。2006年，开展"三八"维权和普法宣传月活动，引领妇女学法、守法、知法、懂法，提升妇女自我维权能力。2007年开展"源头维权"活动，村建立"七夕缘"驿站，组织志愿者开展"民间访谈"活动。2008年，对新太仓人中年妇女、儿童进行调查摸底，并登记造册，开展不同形式的关爱活动。2010年后，组织妇女学习"两法"（《婚姻法》《妇女权益保障法》）、"一例"（《女职工特殊劳动保护条例》），举办"六一节献爱心助成长"帮困助学活动，关爱空巢老人，为老人送温暖，组织文化团队开展各类文艺活动等。横沥村妇女组织，2002年获评太仓市妇女儿童工作示范村，2003年获评太仓市三八红旗集体，2005年获评苏州市妇女工作先进基层组织，2006年获评苏州市基层妇女工作先进集体，2008年获评太仓市"平安家庭创建"活动示范村，2023年获评太仓市家庭教育示范阵地。

表8-6　1961—2022年横沥境域村（大队）妇女主任任职一览

| 村（大队）名称 | 姓名 | 任职年份 | 村（大队）名称 | 姓名 | 任职年份 |
|---|---|---|---|---|---|
| 新庙大队 | 黄彩娥 | 1961—1964 | 横沥村 | 黄雅琴 | 2020—2022 |
| | 邵秀英 | 1965—1966 | 黄家湾大队 | 胡秀芳 | 1961—1964 |
| | 朱秀珍 | 1967 | | 胡英玉 | 1965—1966 |
| 横沥大队革委会 | 朱秀珍 | 1968—1980 | | 姚娟娣 | 1967 |
| 横沥大队 | 朱秀珍 | 1981—1982 | 红新大队革委会 | 姚娟娣 | 1968—1980 |
| 横沥村 | 陈云珍 | 1983—1994 | 红新大队 | 郁海珍 | 1981—1982 |
| | 朱彩亚 | 1995—2002 | 红新村 | 郁海珍 | 1983—1990 |
| | 黄桂英 | 2003—2013 | | 吴秀玉 | 1991—2000 |
| | 蒋丽琴 | 2014—2019 | | 黄桂英 | 2001—2003 |

### 三、农民协会、贫下中农协会

1950年12月，横沥乡建立农民协会（简称"农会"），农会主任马伯生。1951—1954年，农会主任金培华，下属自然村设农民协会大组长。农会主要工作是组织广大农民开展大生产，开展互助组合作运动，参加肃反和土地改革工作，进行生产救灾、收缴公粮、抗美援朝支前工作、拥军优属、维护社会治安等。农会在群众中威信较高，曾提出"一切权力归农会"的口号。1954年，农会自行解体。

1964年3月，农村开展社会主义教育运动（简称"社教"），按上级规定，大队成立贫下中农协会（简称"贫协"），首任贫协主任钱锦如（1964—1967年），第二任贫协主任胡瑞章（1968—1979年），各生产队设贫协组长1人，其间参加公社召开的三次代表大会。贫协主要职责是代表贫下中农利益，协助监督大队领导班子工作，为发展农副业生产做参谋。1979年后，因农村阶级成分发生变化，贫协自行消失。

### 四、工会

2005年5月，横沥村成立首届工会联合会，工会主席陆明元，工会副主席朱彩亚、顾正明。2006年，横沥村工会所辖太仓市桃园度假村、太仓冠生园食品有限公司等6家私营企业，职工人数250人，覆盖外资企业5家。2007年，新增覆盖企业8家。2008年，召开横沥村工会联合会第二次代表大会，由陆明元、朱彩亚、杨仁宝、邵锦明、蒋英芳、黄桂英、蒋丽琴、侯斌等8人组成第二届工会委员会，新增覆盖企业12家，累计覆盖外资、民营企业33家，职工人数624人。2013年，横沥村工会联合会第三次代表大会产生新一届工会委员，工会主席管鸿嘉，工会副主席杨仁宝，委员侯斌、蒋丽琴、蒋燕芳、沈景春、侯美芳。2018年，选举产生第四届横沥村工会委员会，由薛健锋、蒋丽琴、侯斌、蒋英芳、范智娇、黄雅琴、邵思佳等组成常务委员会，工会主席薛健锋，主任侯斌。工会主要工作是组织劳动竞赛、维护职工合法权益、调解劳动关系、做好女职工的维权工作、开展职工文体活动、开展节庆慰问工作、开展困难员工家庭的扶贫救济。

### 五、关心下一代工作委员会

1993年，成立横沥村关心下一代工作小组，组长由老年协会会长兼任。2004年，成立横沥村关心下一代工作委员会（简称"关工委"），主任陆明元，副主任黄桂英，委员邵锦明、杨仁宝、黄文球、李中林，由黄桂英负责具体工作。关工委主要工作是组织老干部、老党员、老教师、老模范、老退伍军人等"五老"队伍，对未成年学生开展校外辅导，传讲革命

2008年村暑期学校活动

故事,并通过检查、督促防止未成年人进入网吧、游戏房等娱乐场所。2017年起,横沥村建立未成年人工作领导小组,党支部书记任组长,党支部副书记任副组长,成员由民兵营长、团支部书记、妇女主任等组成。工作小组以校外辅导站为教育阵地,利用学生寒、暑假,开展未成年人思想道德教育,结合节日、纪念日,精心设计活动载体,开展社会体验、能

2012年"七彩夏日"活动

力提升、志愿服务、文体娱乐、学习辅导等形式的活动项目。全年主题活动不少于10期。2012—2022年,每年坚持开展寒假"缤纷冬日"系列活动、暑假"七彩夏日"系列活动。横沥村关工委1994年获评苏州市关心下一代工作先进集体,2001—2003年获评太仓市关心下一代工作先进集体,2008年获评太仓市关心下一代工作"四有五好"优秀单位。

# 第九章　治安、军事

## 第一节　治　安

### 一、治安机构

中华人民共和国成立初,社会治安由民兵营长负责,横沥乡建民兵中队,队长蒋品泉。1962年,大队设治保主任,横沥大队治保主任钱锦如,红新大队治保主任蒋正林。"文化大革命"时期,治安组织一度取消,实行"群众专治"。1971年,大队恢复治保组织。1981年,大队建立治保委员会,生产队设治保小组。1990年,境内两村设综合治理办公室,横沥村综治办主任黄文球,红新村综治办主任顾正明。1995年,村设"联防值勤队"并配备2名义务值勤人员。2004年,组建村级联防队,配专职联防队员6名。是年,组建"护村嫂"队伍和治安志愿者队伍,组长朱彩亚,队员32名。2006年起,横沥村成立"五位一体"(综治办、警务室、治保会、调解会、外来人员登记服务站)综治领导小组。2018年,组建由4名片区网格员、16名义务网格员以及60名平安志愿者构成的队伍。

### 二、治安管理

50—60年代,治安管理主要负责维护地方安全。70—80年代,主要负责严打刑事犯罪分子,配合公安组织搜捕行动,开展反盗窃、防流窜、禁赌博、破迷信等活动,进行普法和安全生产教育。90年代起,实行综治百分考核制度,严禁"黄、赌、毒",打击和预防犯罪,加强对外来流动人口的管理工作。2000年后,加强法律知识的宣传教育工作,坚持严打犯罪,组织"护村嫂"和志愿者,进行治安防范宣传活动。2018年起,开展消防安全整治工作,开展"扫黑除恶"专项行动,同时发挥网格员和平安志愿者作用,实行群防群治。2021年,横沥与邻村成立区域联动综合网格,发现案件及时处理,重点解决群众关心的"热点""难点"问题。实行"属地管理、分级负责,大事不出村、小事不出组"的原则,从而提升网格案件处理效率。2022年,网格上报处理案件4629件。横沥村2003年被评为太仓市"社会治安安全村",2004年被评为太仓市"综治创建工作先进集体",2006年被评为太仓市"民主法治示范村""社会治安安全村",2008年被评为太仓市"村民自治标兵村"。

### 三、外来人口管理

90年代初,随着境内三资企业发展,外来务工人员持续增多。为加强对外来人员的管理,1992年,横沥村配备外来人员协管员2名,配合镇外来人员办公室工作,做好对外来务工人员的身份证登记,发放就业登记证、劳工许可证、暂住证,实行三证齐全管理。对无正当职业、无固定住处的盲流人员,则遣返原籍。2000年村域登记外来务工人员1520人,2005年2300多人,2008年3200多人,2012年3420人,2022年2300人。2003年起,镇派出所在村设警务室,协同村计生办、治保组织以租赁房屋为重点,加强对流动人口落脚点的管理,并由镇综治办、住房出租户、外来暂住人员三方签订"治安、卫生、计划生育"责任书,形成以派出所民警为主,以专职协管员为辅,以村联防队为依托的外来人口管理网络。

## 第二节 调 解

### 一、调解机构

1954年,横沥乡成立调解委员会。"文化大革命"时期,调解组织处于停顿状态。1978年,恢复村民事调解组织,设调解员2~3名。1983年,建立横沥村人民调解委员会,由村主任、治保主任、民兵营长、妇女主任、共青团书记等组成,村主任兼委员会主任。1991年,建立标准化调解委员会。2000年后,镇综治办领导小组与村调解委员会签订调解百分考核责任书,包括人民调解、法治宣传、安置帮教、社区矫正、内部管理等五方面工作。

### 二、民事调解

调解工作主要围绕村民日常生活中发生的婚姻、家庭赡养、房屋宅基、邻里之间的矛盾以及经济纠纷。调解工作坚持"调防结合,以防为主"的方针,对村民之间发生的有关人身财产权益的纠纷负责。2004—2021年,共调解各类纠纷175起,其中,婚姻家庭矛盾29起,劳动争议纠纷18起,经济纠纷25起,邻里矛盾纠纷38起,社会矛盾、物业纠纷50起,其他纠纷15起。

# 第三节　军　事

## 一、民兵组织

1950年，陆渡区设武装部，横沥乡配民兵中队。1951年，实行民兵制，凡17~40周岁的男性公民出身成分好、历史清楚、身体健康的均可报名参加民兵组织。其中，17~25周岁的青年和18~30周岁的复员军人，编为基干民兵；25~40周岁的青壮年编为普通民兵。1955年，横沥乡基干民兵140多人，普通民兵1000多人。民兵中队主要任务为镇压反革命运动和维护社会秩序，巩固地方政权。1957年，成立陆渡人民公社武装部，公社设民兵团，大队设民兵营，各生产队设民兵排，并配备一定数量的枪械，开展列队、持枪、战术、射击等训练。1964年，横沥大队民兵营有9个排，基干民兵243人，普通民兵105人；红新大队民兵营有7个排，基干民兵203人，普通民兵90人。70年代，横沥境内设武装基干民兵排，有武装民兵30多人。曾参加公社武装部组织的泗渡新浏河游泳比赛，每年参加15天左右的军事训练。1981年，将武装、基干、普通三种民兵组织形式调整为基干和普通民兵两种。其中，基干民兵18~28周岁，普通民兵28~35周岁。1982年，横沥境域有基干民兵25人。1983年8月起，在严厉打击刑事犯罪活动和反盗窃、禁赌等专项活动中，横沥民兵组织多次参与逮捕押送刑事犯罪分子以及设卡、巡查等任务。1985年后减少民兵数量，突出专业技术兵员的比例，民兵工作重点转移至治安和经济建设工作上。按照"平时服务，急时应急，战时应战"的要求，做好理论学习和军事训练，每年认真配合民政、武装部门做好"双拥"工作，重点完成18~21周岁适龄青年调查核实工作，为部队输送优秀人才，确保完成上级下达的征兵任务。2022年，横沥村18~45周岁的基干民兵10人，普通民兵60人。2021年横沥村民兵组织获评太仓市"民兵营全面建设先进单位"。

2007年苏州军分区领导指导民兵工作

表9-1  1961—2022年横沥境域村（大队）民兵营长任职一览

| 村（大队）名称 | 姓名 | 任职年份 | 村（大队）名称 | 姓名 | 任职年份 |
|---|---|---|---|---|---|
| 新庙大队 | 许孙养 | 1963—1967 | 黄家湾大队 | 蒋正林 | 1961—1967 |
| 横沥大队革委会 | 许孙养 | 1968—1975 | 红新大队革委会 | 蒋正林 | 1968—1974 |
| | 蒋洪元 | 1976—1977 | | 黄惠忠 | 1975—1976 |
| | 蒋月其 | 1978—1980 | | 蒋培林 | 1977—1980 |
| 横沥大队 | 蒋月其 | 1981—1982 | 红新大队 | 蒋培林 | 1981—1982 |
| 横沥村 | 蒋月其 | 1983—1984 | 红新村 | 蒋培林 | 1983—1985 |
| | 黄建忠 | 1985—1991 | | 吴月其 | 1986—1987 |
| | 杨仁宝 | 1992—2011 | | 徐永根 | 1988—1990 |
| | 侯斌 | 2012 | | 毛雪林 | 1991—1992 |
| | 沈金春 | 2013—2016 | | 景炳元 | 1996—1999 |
| | 范智娇 | 2017—2019 | | 蒋英芳 | 2000—2003 |
| | 邵思佳 | 2020—2022 | | | |

**二、驻军**

**江苏省预备役某团**  1998年11月组建，隶属江苏省陆军高炮团预备役某师，为正团级单位，以现役军人为骨干，预备役军官和士兵为基础，按统一编制组建，列解放军序列。受中共苏州市委、市政府和省预备役某师双重领导，平时寓兵于民，战时实施快速运动，齐装满员服现役，成建制执行任务。

**太仓市国防教育训练中心**  1997年11月建立，为太仓市人民武装部下属国防教育训练中心。由原市人武部的武装、弹药库改建而成，中心建有教育楼、宿舍楼、食堂等。集"食""住""训"于一体，可容纳300余名民兵训练。是太仓市宣传国防教育、学习法律法规、研究部署、协调国防教育的基地。

**三、兵役**

抗战胜利后，国民党挑起内战。为补充兵员，境内于1946年、1949年两次征兵，地方乡公所招不到兵员，派武装自卫队日夜到处"抓壮丁"。抽丁不成，改为"以买充兵"，百姓怨声载道。1946年11月，金家巷吴小林、蒋家宅蒋正林被国民党"抓壮丁"入伍。吴小林至今生死不明；蒋正林随部队投诚，1948年参加中国人民解放军。

1951年，境内青年积极响应"抗美援朝，保家卫国"的号召，纷纷报名参加抗美援朝志愿军，乡亲送衣送鞋，列队欢迎子弟兵。横沥乡施纪明、杨惠彪等青年成为第一批抗美援朝志愿军。1953年2月，姚晋良、黄锦华、杨惠钧、徐世堂、闵仲达、张健生、杨惠忠等人参加第二批抗美援朝志愿军。1954年9月，试行义务兵役制。1955年，正式实行义务兵役制。1984年，实行义务兵为主的义务兵和志愿兵相结合的兵役制度。征兵工作主要步骤：由市征兵办发出命令，镇征兵工作领导小组召开会议，组织培训宣传，村和单位号召应征青年踊跃报名，家长积极报送子女参军。兵员征集主要程序为报名、体检、政审、定兵、送兵。2004年起，开始向在校学生和外地迁入户征兵。从1948年至2021年，横沥境域服役军人共有92人。

表9-2　1948—2021年横沥境域服役军人一览

| 序号 | 姓名 | 入伍时间 | 退役时间 | 序号 | 姓名 | 入伍时间 | 退役时间 |
|---|---|---|---|---|---|---|---|
| 1 | 蒋正林 | 1948 | 1953 | 33 | 胡国明 | 1970.1 | 1975.2 |
| 2 | 施纪明 | 1950 | 1988 | 34 | 王学明 | 1970.1 | 1975.1 |
| 3 | 杨惠钧 | 1953 | 1955 | 35 | 吴友明 | 1971.1 | 1975.2 |
| 4 | 杨惠彪 | 1953 | 1957 | 36 | 潘友明 | 1971.1 | 1973.2 |
| 5 | 吴玉章 | 1953 | 1955 | 37 | 顾永林 | 1972.12 | 1976.2 |
| 6 | 杨惠忠 | 1953 | 1955 | 38 | 蒋培林 | 1972.12 | 1976.12 |
| 7 | 闵仲达 | 1953 | 1955 | 39 | 蒋育岐 | 1972.12 | 1977.3 |
| 8 | 张健生 | 1953 | 1955 | 40 | 蒋洪元 | 1972.12 | 1976.3 |
| 9 | 黄锦华 | 1953 | 1957 | 41 | 唐仁明 | 1973.1 | 1977.3 |
| 10 | 徐世堂 | 1953 | 1957 | 42 | 李伟荣 | 1975 | 1978 |
| 11 | 姚晋良 | 1953.3 | 1957.4 | 43 | 蒋寿其 | 1975.3 | 1977.3 |
| 12 | 陆云丰 | 1955.8 | 1958.2 | 44 | 黄建忠 | 1976.1 | 1978.2 |
| 13 | 董锦仁 | 1956 | 1958 | 45 | 王秋明 | 1976.2 | 1980.1 |
| 14 | 张志伟 | 1957.3 | 1961.5 | 46 | 孙惠良 | 1976.3 | 1981.1 |
| 15 | 杨文模 | 1958 | 1960 | 47 | 吴秋生 | 1977.1 | 1981.1 |
| 16 | 李明泉 | 1959.3 | 1964.12 | 48 | 管建新 | 1977.1 | 1996.3 |
| 17 | 顾文耀 | 1964.12 | 1968.4 | 49 | 陆兴元 | 1978.2 | 1983.1 |
| 18 | 蒋振兴 | 1965 | 1969 | 50 | 陆正帆 | 1978.4 | 1982.1 |
| 19 | 吴友清 | 1965.3 | 1969.3 | 51 | 宋林根 | 1978.12 | 1982.1 |
| 20 | 王兆元 | 1965.9 | 1969.3 | 52 | 杨仁宝 | 1978.12 | 1982.1 |
| 21 | 蒋育明 | 1965.9 | 1969.6 | 53 | 杨雪其 | 1980 | 1983 |
| 22 | 范广球 | 1965.10 | 1969.3 | 54 | 潘伟明 | 1981.1 | 1985.1 |
| 23 | 周永刚 | 1968.3 | 1978.9 | 55 | 蒋宏明 | 1981.1 | 1985.1 |
| 24 | 黄汉章 | 1968.4 | 1973.2 | 56 | 陆永其 | 1981.2 | 1983.2 |
| 25 | 浦惠兴 | 1969.1 | 1975.2 | 57 | 沈卫平 | 1981.10 | 1987.1 |
| 26 | 闵寿元 | 1969.2 | 1972.6 | 58 | 庞兴贵 | 1983.10 | 1988.1 |
| 27 | 邵飞跃 | 1969.3 | 1973.2 | 59 | 陈国平 | 1983.10 | 1989.2 |
| 28 | 潘永喜 | 1969.4 | 1973.2 | 60 | 毛雪林 | 1984.10 | 1989.3 |
| 29 | 顾永其 | 1969.4 | 1975.2 | 61 | 孔 超 | 1984.10 | 1989.8 |
| 30 | 吴月其 | 1970.1 | 1975.1 | 62 | 金永炳 | 1989.3 | 1992.12 |
| 31 | 张洪昌 | 1970.1 | 1971.3 | 63 | 钱明新 | 1990.3 | 1992.12 |
| 32 | 邵介平 | 1970.1 | 1975.1 | 64 | 潘黎明 | 1990.12 | 1994.12 |

续表

| 序号 | 姓名 | 入伍时间 | 退役时间 | 序号 | 姓名 | 入伍时间 | 退役时间 |
|------|------|----------|----------|------|------|----------|----------|
| 65 | 陈 刚 | 1991.12 | 1994.12 | 79 | 李泽昌 | 2003.12 | 2012.4 |
| 66 | 李 刚 | 1992.8 | 1994 | 80 | 沙 靖 | 2003.12 | 2005.11 |
| 67 | 侯 斌 | 1993.12 | 1997.12 | 81 | 黄忠明 | 2005.12 | 2007.12 |
| 68 | 吴卫东 | 1993.12 | 1997.12 | 82 | 朱鹤星 | 2006.12 | 2008.12 |
| 69 | 钱志刚 | 1994.12 | 1997.12 | 83 | 孙建伟 | 2007.12 | 2009.12 |
| 70 | 傅卫彬 | 1994.12 | 1997.12 | 84 | 顾顺益 | 2008.12 | 2010.12 |
| 71 | 邵志斌 | 1997.12 | 1997.12 | 85 | 胡晨曦 | 2011.12 | 2013.11 |
| 72 | 杨建林 | 1998.12 | 2000.12 | 86 | 朱永生 | 2013.9 | 2015.9 |
| 73 | 胡 宇 | 1999.12 | 2001.12 | 87 | 王 磊 | 2014.12 | 2016.12 |
| 74 | 胡建国 | 1999.12 | 2001.12 | 88 | 陈龙华 | 2015.9 | 2017.9 |
| 75 | 顾文清 | 1999.12 | 2001.12 | 89 | 傅俊杰 | 2015.9 | 2017.9 |
| 76 | 邵文彬 | 1999.12 | 2001.12 | 90 | 胡益民 | 2016.9 | 2018.9 |
| 77 | 蒋忠飞 | 2002.12 | 2004.12 | 91 | 陈晓蒋 | 2020.9 | 2022.9 |
| 78 | 陆 伟 | 2002.12 | 2004.12 | 92 | 及漫涛 | 2021.3 | 现役 |

表9-3　横沥境域服役军人荣誉情况

| 姓名 | 出生年月 | 立功等级 | 姓名 | 出生年月 | 立功等级 |
|------|----------|----------|------|----------|----------|
| 李泽昌 | 1984.8 | 一等功 | 潘伟明 | 1962.2 | 三等功 |
| 杨建林 | 1978.8 | 三等功 | 蒋育明 | 1944.2 | 三等功 |
| 沈卫平 | 1963.9 | 三等功 | 张志伟 | 1937.5 | 三等功 |
| 邵飞跃 | 1952.9 | 三等功 | | | |

**四、兵事**

**板桥之战**　清咸丰十年（1860），太平军摧毁清军的江南大营，9月28日第二次攻克太仓州后，退守上海的清军不甘失败，联合太仓地主武装（简称"民团"）万余人企图反扑。县署李庆琛、游击人员姜德率领清军一部扎营十八港以东，板桥、横沥桥一带，兴筑土城，控制桥口。1862年4月19日，忠王李秀成率部兵分两路与清军决战30余天，使企图反扑的清军、民团腹背受敌，最后彻底溃败于横沥、板桥地区，清军和民团伤亡5000余人，知县李庆琛等均被捕杀。

**太胜村伏击战**　1932年1月26日，日军为企图占领上海而发动侵华战争，遭到驻防上海国民党19路军的顽强抵抗，相持半月余，不能在吴淞口登陆。于是，日军在3月1日偷袭太仓七丫口、杨林口，强行登陆。3月6日，日军侵占陆渡地区，与驻防太仓19路军6团张军嵩部相遇，交战于太仓城东境内十八港西岸。9日，日军又沿浏河塘向县城进犯，被埋伏在太胜村的国民党三面伏击，当场击毙日军2人，促使日军从原路撤退，最终撤离陆渡地区。

### 五、军人纪实

**蒋正林**　1927年出生，横沥南蒋组人。1946年被国民党"抓壮丁"入伍。1948年投诚参加中国人民解放军，曾参加淮海战役、渡江战役、解放大西南三大战役，在淮海战役中曾担任炮兵团排长。1949年9月在部队加入中国共产党，1958年退伍，曾任大队民兵营长。2005年病逝。

**徐世堂**　1931年出生，横沥得胜组人。1953年，加入抗美援朝志愿军。是年加入中国共产主义青年团。曾被编入46部一三三部三九七二营六连，参加入朝战役，在行军路中遭敌机轰炸，他勇敢前进，背负同志继续前行。班长牺牲后，他发现其口袋有100多元钱，及时上交，获得表扬。他利用休息时间刻苦钻研军事技术，短时间学会轻重机枪和炮手作战本领，各项科目表现良好，获联队嘉奖2次、排嘉奖1次。1955年被评为上等兵。1956年，因被部队马蹄踢伤锁骨而被评为三等乙级残疾军人。1957年复员回农村。1972年享受江苏省残疾军人救助金。1975年病逝。

**沈卫平**　1963年9月出生，横沥胡宅组人。1978年毕业于横沥中学。1981年10月在中国人民解放军某部服役。1985年7月参加中越边境防御作战。在一次拔点作战中，沉着冷静，和班长密切配合，连续摧毁敌军工事6个。战事之余，他利用自己的摄影技术为战友拍摄部队生活照，作为留念。还经常帮助生活困难的战士，得到部队领导表扬。1986年5月，被十四军独立团授予三等功。1987年1月复员回乡。

**李泽昌**　1984年8月出生，2003年12月入伍，2012年4月退伍。2010年5月9日，上海炼油厂发生油罐爆炸事故，李泽昌作为班长和党员，始终冲在火场第一线，忍受着毒烟的熏染、热浪的烧灼和污水的腐灼，冒着生命危险连续奋战18小时。最终火灾被成功扑灭，他荣立个人一等功。在服役的8年多时间里，李泽昌获得优秀士兵3次、嘉奖4次、优秀世博保卫战士、优秀带兵班长等各项荣誉。2012年转业回到地方，先后在横沥村村委会、红庙村村委会、太东社区工作。2017年被太仓市娄东街道评为征兵工作先进个人，2019年被评为基层好干部。2020年被太仓市评为优秀退役军人。2020年、2021年被太仓高新区评为优秀共产党员。

# 第十章　精神文明

## 第一节　思想道德建设

中华人民共和国成立后，横沥境域内铲除游手好闲、不劳而获的土壤，社会风气为之一新。60年代，横沥大队开展社会主义教育运动，呈现艰苦朴素、热爱劳动、平等待人、团结互助的新风尚。60年代初，境内掀起学雷锋热潮，大队组织群众到沙溪乡洪泾大队学习顾阿桃、沈玉英等人的先进事迹，党员干部、群众争做好人好事不留名，农忙时节为烈军属、困难户收割稻麦。70年代，境内开展学习毛主席著作"老三篇"（《为人民服务》《纪念白求恩》《愚公移山》）及学大寨运动。1983年，境内大力开展"五讲、四美、三热爱"活动。开展以治理村域"脏、乱、差"为主要内容的全民文明礼貌月活动。1986年，村党支部以培养"四有"（有理想、有道德、有文化、有纪律）新人为目标，开展"五爱"（爱祖国、爱人民、爱劳动、爱科学、爱社会主义）教育，把争当"三德"（社会公德、职业道德、家庭美德）、"三礼"（礼貌、礼仪、礼节）公民的教育活动列为村民思想道德教育的长期目标。1992年，境内开设市民学校，组织市民学习太仓市《市民文明知识读本》，举办学习知识竞赛、演讲比赛等。利用广播、黑板报、宣传栏等宣传文明知识内容，推动文明知识的普及。1999年，为党员干部、村民小组长、"文明示范户"家庭人员每人发放一册《公民基本道德学习手册》，为全村每个家庭发放一册，在村域设置基本道德规范、太仓市民文明公约、市民守则的公益性广告、标语。通过画廊、板报宣传道德行为规范的优秀事迹，使道德规范深入人心。2001年后，以中共中央关于《公民道德建设实施纲要》为主要内容，党支部要求党员干部自觉加强道德修养，用良好的形象取信于民，在公民道德建设中起表率作用。按照"三个代表"的要求，以干部受教育、农民得实惠为目标，改进村干部工作作风，以农业增效、农民增收、农村稳定为主题，组织党员干部培训学习，进一步增加党组织的凝聚力和战斗力。组织以"新世纪、新形象"为主题的演讲比赛，组织"祖国母亲""祖国在前进"等征文赛，组织以《市民文明知识读本》为内容的知识竞赛活动。横沥村进一步开展"学雷锋、树新风"活动，广泛宣传见义勇为、乐于助人的典型事例和新时代雷锋精神，组织开展志愿者队伍便民服务、义务咨询、义务植树、义务献血等公益活动，

2009年村民组长等接受革命传统教育

为烈军属、孤寡老人做好事。2006年,党支部开展以"八荣八耻"为主要内容的社会主义荣辱观教育和实践活动,组织党员干部参加各类讲座,通过电化教育,介绍先进事迹,参观红色革命根据地,传授革命传统教育,弘扬社会新风,在小区道路上设立"八荣八耻"宣传牌。在公共场所展示公共道德宣传标语,组织村民定期学习《公民道德建设实施纲要》。

2013年起,按照中共十八大报告提出的倡导"富强、民主、文明、和谐、自由、平等、公正、法治、爱国、敬业、诚信、友善"的社会主义核心价值观,横沥村利用橱窗、电子屏、电教片等平台大力宣传社会主义核心价值观的基本内容和实质精神,在党员群众中先后开展形式新颖、具有针对性的教育实践活动。

2016年起,横沥村重点开展"学雷锋志愿服务活动",成立学雷锋志愿服务工作领导小组,建立学雷锋志愿服务站,制订服务工作计划、方案,培训志愿者服务队伍,重点开展"四关爱"志愿服务,对空巢老人、留守儿童、困难职工、残疾人等进行走访慰问,做好心理咨询和日常生活照料,实行志愿者结对帮扶制度。同时开展关爱未成年人志愿服务,对他们进行法治安全教育、心理辅导,关心他

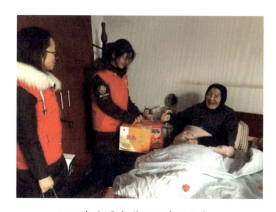
2021年志愿者慰问90岁以上老人

们的学习、生活。在各小组开展卫生医疗志愿服务,为居民群众提供医疗咨询和义诊服务。开展环境志愿服务,推动小区环境卫生建设,提升居民文明素质。

## 第二节　普法教育

1986年,横沥境内开始第一个五年规划法律常识普及工作,通过举办法律常识学习班,开办有线广播法治讲座,为农户发放《农民法律常识读本》等形式,广大村民学习宪法和《刑法》《刑事诉讼法》《民事诉讼法》《婚姻法》《经济合同法》及与群

众生活有密切联系的其他法律常识。1996—2000年，境内进行以"社会主义市场经济法律知识"为重点内容的宣传教育，采用广播、画廊、板报、宣讲等形式，贯彻学习《农业法》《农业技术推广法》《土地管理法》《环境保护法》《食品卫生法》《工会法》《信访条例》等法律法规。向村民发放江苏省编制的《法律知识简明读本》和苏州市编制的《"三五"普法案例选编》。参加镇、村《土地法》《食品卫生法》《婚姻法》等讲座320人次。2001—2005年，实施"四五"教育，以《宪法修正案》为核心，以有接受教育能力的公民及外来务工人员、经商人员为"四五"普法教育对象，境内重点开展《安全生产法》《劳动法》《环境保护法》《计划生育条例》的宣讲活动，5年内共进行法律讲座12次，发放各项宣传资料7500份，组织法律知识测试650人次。2006—2010年，以"学法律、讲权利、讲义务、讲责任"为主题，以村党员干部、村民组长为重点进行普法宣传教育。针对土地被大量征用、农民安置、拆迁工作中预防职务犯罪等方面法律法规的宣传，开展《信访条例》《行政许可法》等法规为重点的法治教育，提高村领导干部依法决策，依法执法的能力。为提高青少年遵纪守法意识和预防犯罪，实行"学校、家庭、社会"三位一体的教育机制，配好法治学校副校长，针对青少年上好法律知识教育课。结合"三八"妇女节、"3·15"消费者权益保护日、"五一"劳动节、"6·26"国际禁毒日、"12·4"法制宣传日等，开展相关的法治宣传系列主题活动。利用党日活动、村民组织会议，凭借党员现代远程教育多媒体，定期播放法治宣传电教片。"五五"普法期间，每年组织党员干部法治培训不少于5期，印发宣传资料500多份，办板报宣传栏不少于8期，开展现代远程教育不少于6次。通过广泛法律知识的宣传教育，党员干部、全体村民牢固树立"学法、懂法、信法、用法"的意识。"六五""七五""八五"普法中，持续发力强化法治宣传。

## 第三节　文明创建

### 一、文明家庭评比

横沥村在精神文明建设中，注重抓文明家庭评比工作，村党支部在开展村民思想道德教育、普法教育的同时，利用文化宣传活动、村级宣传画廊等载体，引导广大村民弘扬优良文化传统，热爱祖国、热爱家乡，把爱心奉献给社会、奉献给他人，争做诚实守信、助人为乐、孝敬老人、勤俭持家的好公民，激励村民树立正确的世界观、人生观、价值观、家庭观、教子观，以及养老、尊老、爱幼、勤俭持家、邻里团结的家庭美德。广泛开展文明家庭等的评选活动。

1997年，按照太仓市委办《关于深入开展"五好文明家庭"创建活动意见》，横沥村在村域范围内大力宣传"五好"（爱国守法、热心公益好，学习进取、爱岗敬业好，男女平等、尊老爱幼好，移风易俗、少生优生好，勤俭持家、保护环境好）家庭评选条件和要求，建立"五好文明家庭"评选小组。通过自上而下认真客观评选，钱彩娥家庭被评为太仓市首届"五好文明家庭"。1998年，吴素珍、戴秀华、蒋彩华、胡佩华、潘凤娣、陆月珍等10户被评为横沥村"五好文明家庭"，浦雪华、俞凤英家庭被评为陆渡镇"五好文明家庭"。1999年，境内全面开展"文明示范户"的创建和评选活动。按照抓典型示范，抓"五种类型"（"科技致富示范户""特色文化示范户""卫生健康示范户""知法守法示范户""家庭美德示范户"）方法进行评选，选评市、镇两级"文明示范户"，发挥先进典型的示范带动作用。陆明元、黄金元、黄桂英家庭被评为陆渡镇"科技致富示范户"，浦雪华家庭被评为陆渡镇"家庭美德示范户"。2008年，横沥村开展"乡风文明岗"实践活动，设立邻里和谐岗，家庭美德岗，科学育人岗，爱心奉献岗，扫毒、禁毒、矫正帮教岗等岗位，发动党员和村民组长认岗、上岗。在认岗实践中，许孙养、姚晋良两位老党员受到镇党委表彰。2013年，周雪球、吴秀玉、蒋勤、黄惠良家庭分别被太仓经济开发区评为"文明和谐家庭""热心公益家庭""绿色环保家庭""墨香书韵家庭"。2016年，吴伟明家庭被评为太仓市"五好文明家庭"。2018年，吴纪康家庭被评为太仓市"五好文明家庭"，陆永明家庭被评为高新区2018年度"文明家庭标兵户"。2021年，侯美芳家庭被评为"太仓市健康家庭"。2021年，横沥村有44户被陆渡街道评为"文明家庭户"。

### 二、文明家庭户选介

**钱彩娥家庭** 钱彩娥，北蒋组村民。生活在由7人组成的大家庭，实施土地承包责任制时为村里种植大户，有耕地15亩多。由于丈夫、子女都有工作，农活和家务主要是钱彩娥一人承担。40多岁的她起早摸黑、不辞辛劳忙于田头，还要操持家务，从无怨言。丈夫、子女为分担她的压力，下班后主动帮忙干农活、操家务。一家人团结互助、体贴关爱，生活美满。1997年，钱彩娥家庭被评为太仓市首届"五好文明家庭"。

**周雪球家庭** 周雪球，王巷组居民组长。2002年，公公周世明突然中风瘫痪在床，身为儿媳的周雪球把公公当成自己的亲生父亲，无微不至地体贴照料。平日里自己工作再忙，都会嘘寒问暖，公婆需要生活用品，她及时购买，日复一日地操持家务，承担赡养老人的责任。对待子女，她言传身教，小辈也十分孝敬长辈。每逢家中老人过生日，她都贴心准备赠送礼物。对待邻居，她以诚相待，见面时主动问好，邻居家有事她总是主动帮忙，大家都亲切地叫她"周姐"。2003年，周雪球家庭被陆渡镇评为"尊老、敬老、爱老"好家庭。2013年，被太仓经济开发区评为"文明和谐家庭"。

**浦雪华家庭** 浦雪华，得胜组村民。她为人热心，邻里关系、婆媳关系十分融洽。浦雪华的婆婆常年生病，卧床不起，她便经常为婆婆调理饮食，服务周到，用真情温暖、感动了婆心，还经常教育子女"要尊敬老人"。她以身作则，不辞辛劳操持家务，深受邻里赞美。2003年被陆渡镇评为"家庭美德示范户"。

**顾惠英家庭** 顾惠英，团结组村民。她虽文化程度不高，但心地善良，家有公婆儿孙四世同堂。顾惠英对待长辈十分孝顺，关心老人的冷暖，每年冬天亲手给公婆做棉鞋，做菜优先考虑老人的口味，常做婆婆喜欢吃的馄饨。多年照料如一日，从无怨言，给儿孙辈做出榜样。2003年被陆渡镇评为"尊老、敬老、爱老"好家庭。

**陆玉珍家庭** 陆玉珍，团结组村民。她性格开朗，为人和善，家里有80多岁的公公婆婆，还有90岁高龄的祖母，她不辞辛苦，承担起一家老小的生活起居事务。公公患有高血压，她及时为他买药。平日里她悉心照顾三位老人，不仅备好一日三餐，还经常给老人做点心，将公婆当作自己的父母孝顺，"爸妈""亲婆"常挂嘴边，老人们笑口常开，家庭和谐，其乐融融。2003年，陆玉珍被陆渡镇评为"十佳好媳妇"。2016年，陆玉珍家庭被评为太仓市"五好文明家庭"。

**黄惠良家庭** 黄惠良，新桥组村民，退休教师。他勤奋好学、爱好广泛，琴棋书画样样在行，还在老年大学学习山水、花鸟画。他利用假期兼任村里的校外辅导员，免费在社区辅导学生硬笔书法，关心青少年成长教育。当别人问他"图啥"，他会满意地回答："能尽力发挥余热，觉得心里舒坦。"老有所乐、老有所学、老有所为在黄惠良身上得以充分体现。2013年，黄惠良家庭被太仓经济开发区评为"墨香书韵家庭"。

**吴秀玉家庭** 吴秀玉，得胜组村民，红新村退休妇女主任，居民组长。她热爱生活，热心助人。吴秀玉刚退休时发现小区里没有合适的健身项目，就去周边小区学习太极拳、广场舞，学会后再教给自家小区的妇女。在她的建议下，村里开设广场舞练习场地，从此天天早晚有跳广场舞、练舞剑等活动。在她的带领下，居民业余生活变得更加丰富多彩。此外她积极参加村里的扶贫帮困、公共卫生等志愿公益性活动，1999—2000年被陆渡镇评为义务献血先进个人。她爱村如家、献计献策，经常关心村里的事务，获得村民们的一致好评。2018年，吴秀玉家庭被太仓高新区评为"热心公益家庭"。

**吴纪康家庭** 吴纪康，新村组村民。他是文艺爱好者，擅长书画、音乐，为人亲切和善，待人诚恳，家庭关系和睦。他以德立家、以俭持家，以身作则，一家人互敬互爱、互帮互助。母亲常年卧床不起，他端饭、端水，经常为她擦身，悉心服侍，深受邻里好评。2018年，吴纪康家庭被评为太仓市"五好文明家庭"。

**陆永明家庭** 陆永明，陆宅组村民组长，一名医务工作者。为人和善、纯朴善良、家庭和睦，把三世同堂的小家庭打理得井井有条。他努力做一个"好丈夫""好父亲"，作为一家之主，他与妻子相互关心、相互扶持，彼此平等对待，遇事共同商议。一方面注意自己的言行，提高自身素质品味；另一方面率先垂范，为小辈作出榜样。在日常生活中，不摆阔气、省吃俭用、精打细算、用之有度，十分尊敬和孝顺老人，不仅在生活上予以照顾，家中大小事也尽量征求老人的意见，考虑他们的感受。妻子陆丽华是个贤内助，料理家务，照顾一家人的饮食起居，任劳任怨。作为村民组长，陆永明也尽心尽责，积极为村民服务。2018年，陆永明家庭被太仓高新区评为"文明家庭标兵户"。

**赵燕红家庭**　赵燕红，景湖花苑一区居民，2006年从外地嫁入陆明球家，不久生下女儿，一家人互敬互爱，与婆婆陆明球从未红过脸，互相包容、互相尊重、互相关心。不幸的是，2008年出生的儿子肢体有残疾，但婆媳并没有放弃，共同抚养孩子。2011年，噩耗再次降临，丈夫因病去世，赵燕红忍着悲痛，安慰公婆，撑起这个家。之后，婆媳关系更加亲密，胜似母女。她再婚后，夫妻二人更加尽心尽力照顾公婆，婆婆也不辞辛苦照顾孙子、孙女。经过一家人的共同付出，家里平房翻建了楼房。2017年，夫妻二人再添一子，婆婆帮助带好三个孩子，共守一个温馨的大家庭。婆媳携手走过一条坎坷路，浓浓的亲情把她们紧紧连在一起，传为佳话，邻居对她们赞不绝口。2018年，赵燕红家庭被太仓高新区评为"十佳好婆媳"。2020年，被评为陆渡街道好婆媳。

### 三、文明村创建

自中共十一届三中全会以来，横沥党支部带领全村人民在加快改革开放，发展经济过程中，始终坚持一手抓物质文明建设，一手抓精神文明建设，并扎实开展文明村创建工作。全村呈现经济和社会事业协调发展，两个文明同步推进的良好局面，在文明村创建的实践中，着重抓以下六个方面工作：一是为创建文明村提供物质保证，抢抓机遇，使经济步入健康发展快车道；二是致力于发展社会事业和基础设施建设；三是提高村民的思想道德教育水平，开展"五爱""三德""四有"等教育活动；四是开展"文明户""五好家庭户"等系列评比活动，有效提高村民的思想道德素质、科学文化素质，帮助村民树立热爱集体、奉献社会的共同理想，通过普法、学法，增强村民学法、守法、用法的自觉性；五是提高村民的生活质量，改善村民的生活环境，村委会积极开展创建卫生村工作，1997年11月横沥村被评为"江苏省卫生村"；六是发挥党组织的战斗堡垒作用，横沥村多次被市镇党组织评为"先进党支部"。1994—1995年横沥村被评为苏州市级文明单位，1996—2008年连续13年被评为"苏州市文明村"，1997—2006年连续10年被评为"江苏省文明村"，2005—2006年获评江苏省创建文明村工作先进村。

志愿者活动

2012年健康教育志愿活动

2021年志愿者垃圾分类宣传

2021年9月3日"洁净家园"志愿者活动

2021年10月14日防灾减灾志愿者活动

2022年1月21日道路安全志愿者活动

2022年3月8日妇女节志愿者插花活动

# 第十一章　社会保障

## 第一节　社会保险

### 一、农民基本养老保险

随着城乡一体化的新农村规划加快实施,村内土地逐步被征用,政府对失地农民实行保障政策。2002年,横沥村执行太仓市《2000年度农村社会养老保险任务的通知》,鼓励纯农民积极参加农村社会养老保险,农村社会养老保险的缴费基数按照本市城镇企业职工养老保险上一年平均月基数的50%确定,农村社会养老保险月缴费基数为350元。其中,个人缴费50%,市、镇财政补助50%,农民缴纳的养老保险费按缴费基数的11%计入个人账户。2003年,横沥村贯彻《太仓市农村社会养老保险暂行条例》,对境内16个村民小组765名符合条件的农民,推行农村社会养老保险,采取以个人缴费为主、集体补助为辅和国家政策扶持的办法筹资,实行社会保险和家庭养老相结合。2003年176名失地农民首批参加农保,2004年参加农保273人,2005年188人,2008年63人。2004年起,横沥村开始实行老年农民社会养老保险补贴制度,对男满45周岁、女满35周岁的失地农民,每人每月发放175元征地保养金。费用全部由市、镇两级政府负担,全村有420人享有征地保养金。

### 二、城镇职工养老保险

1995年,境内执行《太仓市城镇职工养老保险法》。村内所有机关事业单位和企业职工全部纳入社会养老保险范围,并按照社会统筹和个人账户相结合的原则,建立个人养老保险账户。至2003年,横沥村有289人参加城镇职工养老保险。2004年起,对参加农保的农民实行农保转城保,按照农保交费金额折合城保交费年限。对于参加农保进入退休年龄的失地农民,可办理农保转城保的手续,由市、镇两级财政补贴,个人一次性补缴,转入城保基本账户,享有城镇职工养老保险同等待遇。对于已过退休年龄的失地农民,可办理一次性交费6400元,退休第一个月享有退休金385元,以后享有城保同等待遇。2005年,有91名失地农民由农保转为城保。2006年,有101人由农保转为城保。至2012年,有85%的失地农民由农保转为城保。2006年,陆渡镇政府作出《关于对征地农民实行"土地换保障的意见"决定》，对征地后的生产组人均耕地1亩以下（不含1亩）的村民组的部分失地农民实行提前"土地换保障"。是年，横沥村有87名失地农民直接参加"土地换保障"，纳入城镇职工养老保险的范围。2006—2012年，村内有521名失地农民参加"土地换保障"，直接转入城保。从此农民享受城镇职工同等待遇。至2022年，横沥村有1350人参保，参保率99.5%，享受退休人员811人。

### 三、医疗保险

**农村合作医疗**　1969年，横沥大队建立大队医疗卫生站，合作医疗由大队管理，社员自愿参加。合作医疗基本由社员每人每年缴纳1.5元，生产队和大队负担2.5元，社员治病定额报销30~50元，超额部分报销50%。1976年，转为"公社和大队联办"，实行"统一交款、统一管理、统一制度、统一报销"的办法。1985年合作医疗基金调整，社员每人每年交款2元，集体负担人均2元。1990年实行新措施后，在稳定合作医疗的前提下，个人交款增至20元，集体负担按人均公益金标准的15%上交，实行以村为单位分开核算、积余留用、超支补交的办法，同时对突发事件的处理和特殊困难户的照顾，实行大额补偿金的办法予以补助。2004年，实行太仓市新型合作医疗制度，农村合作医疗与太仓市劳动和社会保障局的医疗制度接轨，调整农村居民合作医疗待遇，同时调整合作医疗基金标准，为每人每年110元。2005年横沥村有1129人参加居民合作医疗。2006年，合作医疗基金标准130元，其中市、镇财政补贴90元，村补贴30元，个人缴费10元。2008年，合作医疗基金调整为260元。2009年，市、镇两级政府对居民医疗保险再调整，医疗保险基金为300元，其中市、镇财政补助220元，村级集体经济补助50元，个人缴费30元。同时调整医疗保险待遇，门诊报费限额提高到500元，一级医院保费50%，二级医院保费40%。住院报费额度：一级医院起付线150元，报费额度65%；二级医院起付线500元，报费额度60%；三级医院起付线1000元，报费额度50%。住院报费封顶线提高到20万元。其中，2万至8万元报费额度45%，8万至20万元报费额度40%。2009年，有850人参加新农合医疗保险。2023年，居民医保基金缴费标准：少年儿童个人缴费300元，市、镇财政补贴700元；大学生个人缴费190元，市、镇财政补贴700元；老年居民个人缴费490元，市、镇财政补贴1500元；其他

2010年11月15日失地农民培训

居民个人缴费510元，市、镇财政补贴1100元。报费额度，门诊结付比例：学生、少儿按65%结付；非就业居民，一级医院按65%结付，二级医院按40%结付，三级医院按35%结付。住院起付线：少年、儿童、大学生首次住院500元，第二次住院起付线为首付线的50%，第三次及以上住院统一为100元；老年居民和其他居民，三级医院起付线800元，二级医院500元，一级医院300元，当年度第二次住院起付线标准为第一次的50%，第三次及以上住院均为100元。住院结付比例：4万元以内，按75%结付；4万至10万元，按80%结付；10万至20万元，按85%结付；20万至35万元，按90%结付。2022年，横沥境内有253人参加新农合居民医疗保险。

**大病风险医疗制度** 1992年，横沥境域实行大病风险基金制度，以镇为单位建立大病风险基金，在合作医疗基金中，单独划出一部分经费作为大病风险基金，全镇统筹，用于解决重病患者的医疗费用。1995年，由村委会筹集大病风险医疗基金，并提高收费标准，全年人均收费45元（个人30元、村10元、镇5元），大病患者起报点为101元，限报点为10000元，最高补偿为5400元，以后逐年提高。2002年，大病风险合作医疗报点范围调整为7001至27000元，最高补偿额度提高到11000元。2006年，横沥村参加大病风险合作医疗1201人，参保率100%。2022年，太仓大病保险在职职工年缴费额度200元。其中，个人缴费50元，单位缴费150元。大病保险报费待遇，全年累计自付费用起付线为10000元，合规自付费用起付线为30000元，自付费用报费比例：1万元（含）至3万元（含），报费50%；3万元至10万元（含），报费60%；10万元至20万元（含），报费70%；20万元以上，报费85%。合规自费报费比例：3万元（不含）至5万元（含），报费60%；5万元至20万元（含），报费70%；20万元以上，报费85%。2022年横沥村居民100%参加大病风险医疗保险。

**职工医疗保险** 1998年起，太仓市开始推行城镇职工医疗保险。2001年正式实施职工缴纳医疗保险费，基本医疗保险费由用人单位和参保人员共同缴纳。缴费标准按职工工资总额的11%缴纳。其中，单位缴费比例为9%，职工本人缴费2%。2004年，缴费标准按职工工资的9%缴纳。其中，个人缴费比例为2%，由用人单位按月从职工工资中代扣代缴，缴费总额按一定比例记入个人账户（45周岁以下职工按缴费总额的3.4%记入，46周岁以上职工按4.4%记入）。医疗保险待遇：门诊起付线，在职员工800元，退休人员600元。报费比例：在职职工报付65%，退休人员报付75%。门诊封顶线为2500元。住院报付标准：三级医院，在职职工1000元，退休人员700元；二级医院，在职职工600元，退休人员450元；一级医院，在职职工400元，退休人员300元。报费比例：1万元以下（含），在职职工自负16%，退休人员自负12%；1万元至2万元（含），在职职工自负12%，退休人员自负8%；2万元至5万元（含），在职职工自负10%，退休人员自负6%。2005年，横沥境内有289名在职职工参加职工医疗保险。2008年，有396人参加职工医疗保险。2021年，太仓市职工医保门诊待遇：在职职工，三级医疗机构起付线600元，报销比例60%；二级医疗机构报销比例75%；一级医疗机构报销比例80%，封顶线为4000元。退休人员，三级医疗机构报销比例70%，二级医疗机构报销比例85%，一级医疗机构报销比例90%，起付线400元，封顶线4800元。住院待遇：在职职工，三级医疗机构起付线800元，二级医疗机构起付线600元，一级医疗机构起付线300元。报销比例，起付线至4万元报销90%，4万元至35万元（封顶线）报销95%。退休人员，三级医疗机构起付线700元，二级医疗机构起付线400元，一级医疗机构起付线200元。报销比例，起付线至35万元均报销95%。至2022年，横沥村有1500多人参加太仓市职工医疗保险。

## 第二节　优抚救助

### 一、拥军优属

50年代，区政府对每户军属补贴80~100个劳动日工分，年终分配时统一在公益金中兑现支付。对烈军属和残疾人，大队组织农民帮助代耕、代劳，对特困军属，由个人申请、大队评议、乡（公社）审批，发放50元以下补贴，50元以上由县民政局审批下拨。60年代，逢春节大队组织干部群众，敲锣打鼓，对烈军属上门慰问，贴年画、发慰问信。80年代，每户军属按当年乡办企业职工收入的70%享受优抚待遇，烈军属增加50%的优待金作为优抚金。每年春节、八一建军节举办优抚对象代表座谈会，进行节日慰问。90年代起，对每户军属的慰问品改为现金，足额发放优待金。1995年，现役军人家属每户发放优待金3846元。2021年，义务兵家庭优待金标准为31767元，对在乡复员军人遗属和其他优抚安置对象遗属发放生活补贴每月1095元。对每户参军对象，村一次性补贴3000元奖励金。

### 二、复退军人安置

60年代中期至70年代，退伍军人由大队安排在县属和社办企业工作。80年代，复退军人享有优先安排工作待遇。1985年，实行"征兵、优抚、安置"三位一体的优惠方针，军人服役期满回乡后，征询本人意见，根据接受单位的要求和本人专业特长进行安置。2001年开始，应征青年入伍，由"先安置后入伍"的办法改为发放给"入伍新兵安置证"，退伍后，再由市、镇人民政府安置。2004年起，退伍军人按照"以货币为主，就业为辅"，强化配套服务，取消城乡差别，实行一体化安置的办法，对自谋职业的退伍义务兵一次性发放补助金45000元。

### 三、残疾人员安置

70年代前，残疾人员一般由家庭抚养，也有参加一些力所能及的劳动，自主生活的。80年代后，村内残疾人按不同情况挂靠或安置在乡办、村办企业，获得工资或补助生活费。2005年，横沥村有有证残疾人23名，其中21名残疾人安置或挂靠在福利企业，余下2名残疾人每月由村发放生活补贴50元。凡符合政策要求的特困残疾人户100%列入最低生活保障，对于有劳动能力的残疾人，组织就业培训，推荐符合工作要求的残疾人，帮助就业。2011年，横沥村域有有证残疾人33名，其中自谋职业人员和个体经营者18名，智障残疾人2名，经市残联审批每月发放500元生活救助金。2016年，每月救助金提高到810元。2017年，村内有14名重度残疾人，每月发放120元生活补助金。2022年，对14名重残对象，春节发放1000~4000元不等的生活救助金。

### 四、社会救助

2000年后，政府对收入水平达不到政府测定最低生活保障水平的居民，加大保障力度。按照太仓市农村居民最低生活标准，2001年农村居民最低生活标准为每月100元，城镇居民最低生活标准为每月180元，以后逐年增加。2007年，调整农村居民最低生活标准为每月240元，城镇居民每月320元。2008年，农村及城镇居民最低生活保障标准统一

2008年2月，横沥村干部慰问困难家庭

为每月350元，2018年每月945元，2019年每月995元，2020年每月1045元。2018年，横沥村有低保户1户，低保边缘户5户，重残户3户，精神智力三四级残疾户4户，共计13户救助对象。2019年，有低保边缘户4户，重残户3户，精神智力三四级残疾户3户，共计10户救助对象。2021年，有低保边缘户6户，一户多残2户，重病户3户，精神智力三四级残疾户1户，共计12户救助对象。

# 第十二章 教育、文化、体育

## 第一节 教 育

### 一、私塾

清末，在横沥金家巷吴品华旧宅开办私塾，属民众识字班。教师陆志松，学生35人，学费是每年2斗米，学习分三阶段。初入儿童先教方块字（即每个方块纸上写一字），学写毛笔字；第二年，教学《三字经》《百家姓》《千字文》，还教珠算、画图等；第三年，主要辅导读书、背书，背诵唐诗宋词等。教师严格管教，对不守学规者，学习不认真者则以戒尺体罚。学习期间没有寒暑假，只有春节时放假，教师平时不回家，吃住在学堂。

### 二、幼儿教育

1958年，横沥大队开办2个幼儿班，幼儿58名，教养员3名。"文化大革命"时期，幼儿园时停时开。中共十一届三中全会以后，幼儿教育步入正轨，有了新的发展。1978年9月，在横沥小学内开办幼儿园，幼儿园教师吴丽华，招收幼儿30名。是年，在红新小学内开设幼儿园，有1个班，幼儿20名，幼师1名。幼儿园教育课程主要有讲故事、识数字、唱歌、画图、纸工等，文体活动有体操、拍皮球、做游戏。1993年，横沥幼儿园随横沥小学迁至吴角组新校舍，洙泾村幼儿园并入横沥幼儿园，增开2个班，1个活动场所，负责人吴丽华，教师2名，幼儿58名，开设语言、常识、计算、音乐、体育、美工及思想品德等课程。2005年，幼儿教育进一步规范，横沥幼儿园并入陆渡中心幼儿园，从1993年至2005年，横沥开展幼儿教育历时27年，其间吴丽华担任幼儿教师27年。

### 三、小学教育

**横沥小学** 清光绪三十年（1904），横沥闵家村新庙开办陆渡区第一所小学，称太仓县新庙初等小学堂，有1个班级，50名学生，校长吴颂南，教师金鸿汉。1921年，吴颂南之子吴吉云时年19岁，接任校长；1945年改为国民小学；1958年更名为横沥小学。1968年，拆除新庙，重建横沥小学，开办3个小学班，1个幼儿班，学生110名，教师5名，校长潘曾熙，由贫下中农管理学校，学制由小学六年制改为五年制。1979年2月，红新、洙泾两所小学并入横沥小学，开设4个班，学生150余名，教师6名。1983年，横沥小学转为六年制完全小学。1986年，推行九年制义务教育。1993年5月，学校重新选址在横沥吴角组，镇、村联合投资100多万元，建造3260平方米的教育楼，建筑占地12亩，共建教室、办公室、多功能室、幼儿园、托儿所及生活用房21间，并建设室外篮球场、排球场、少儿活动区等。1998年，横沥小学有6个班，学生250名，教师8名。自1966年至1999年，先后由潘曾熙、王美亚、朱国兴、陈建忠、吴惠娟、田雪芳担任校长或负责人。2000年，为提高教育质量，实现一镇一校格局，横沥小学并入陆渡中心小学。1980年，在全国小学万名创造杯竞赛中，横沥小学六年级参赛学生获优秀奖。

**曹家滩小学**　1924年，横沥乡曹家滩开办曹家滩小学，有1个班，学生40名，教师1名，负责人为陆羹美。1945年转为国民小学，1958年并入新庙小学。

**永胜小学**　1949年，在横沥老庙开办太仓县永胜小学，班级1个，学生35名，朱家礼任校长兼教师。学制1至4年级，复式班2个，学生81名。1953年，永胜小学并入新庙小学。

**红新小学**　1968年，红新大队在南蒋队开办红新小学，班级4个，学生160多名，教师5名，先后由王美亚、黄惠良任校长。1979年2月并入横沥小学。

**横沥育才学校**　为解决外来务工人员子女求学难问题，2001年，经市教育局等单位批准，在横沥小学旧校址开办外来民工子弟学校，取名横沥育才学校，开办6个小学班，学生330名，教师18名；开办2个幼儿班，幼儿70名，教师6名；校长曹耀。2008年，扩建教育楼2200平方米。至2014年，有小学班级20个，学生1100名，教师45名；幼儿班6个，幼儿160名，教师18名。2015年，横沥育才学校迁至娄东街道板桥管理区。

2004年横沥育才学校

### 四、中学教育

**横沥农业中学**　1958年3月，陆渡公社在横沥大队办农业中学，学生26名，政定义任教。是年10月，农业中学学生、老师并入陆渡公社农业中学。1966年，陆渡公社贯彻《关于发展半耕半读教育制度的规划》，横沥桃园再办农业中学，学生50名，为来自各大队的青年,他们半耕半读,主要学习农校知识,农业局技术员万年生授课。1971年,农业中学撤销,部分学生并入陆渡中学。

**横沥初级中学** 1968年,在横沥小学内开办初中班1个,有教师2名,学生21名。1971年,在王巷队建新校舍开办横沥初级中学,占地800平方米,校舍8间,有班级3个,学生60多名,教师有刘振明、周岐祥、冯守中、卫福民等。学制2年,1979年恢复3年制。主要课程有政治、语文、数学、外语、历史、地理、物理、化学、音乐、美术、体育卫生等。1981年,陆渡公社调整中学布局,横沥初级中学撤并至陆渡中学。

### 五、农民扫盲教育

1951年,横沥小乡成立农民业余教育委员会,在各自然村成立农村俱乐部,办起8所民校(亦称夜校),每所民校请1~2名有文化的老师,组织青壮年文盲、半文盲识字学文化,学习时间每晚一个半小时左右,学员300多名。1952年,推行郝建华速成识字法,这对农民识字起了很大作用。1953年,提倡以"农业生产压倒一切"为中心任务,放松扫盲工作,大多数民校停课。1956年,境内贯彻太仓县"扫除文盲进军大会"的精神,又办民校,邀请专职辅导老师进行规模扫盲。对不能入学的群众,组成学习组、识字站,进行包教包学,因此农民识字水平有了较大的提高。1965年,大队继续开办扫盲班、初小班、高小班,学习县编扫盲课本和《毛主席语录》等有关著作。1978年,按县扫盲工作规划,大队配备业余辅导员,开办夜校,进行扫盲扫尾工作。1980年,横沥大队非文盲率达96%。

## 第二节 文 化

文化大舞台

横沥境内文化历史较悠久,自明清以来,民间文化相继传承、经久不衰。代表有明初时的堂名鼓手班、江南丝竹班、舞龙队等。中华人民共和国成立后,民校演唱队、村队文艺宣传队等盛极一时,影响广远。文化阵地也适时而兴,民国初期有邵连夫书场,60年代后有露天广播室、大队礼堂等。

旧时,横沥村民喜好听书、看戏曲、

逛庙会、举办村落游戏等。活动项目均处于分散、自发状态，相沿成习。60年代后，村民喜好演唱革命歌曲、样板戏，观看公社电影队放映的露天电影。改革开放后，村民的文体活动更加丰富，电视、电脑、手机等网络媒体快速普及，村办文化活动中心、图书室、电教室、健身室、文化活动广场等设施日臻完善，群众性文艺团队应运而生，活跃在民间，娱乐百姓，为横沥的文化事业撑起一方天地。

## 一、文化阵地

1946年，邵家巷邵连夫书场可容纳50多名听书者，逢期有太仓县城说书艺人说大书。1969年，横沥、红新大队分别建造大礼堂，建筑面积360平方米，可容纳500多人，当时除召开社员大会之外，也是大队文艺宣传队排练和演出革命样板戏的主要活动阵地。此外，大队篮球场是村民组织篮球运动和观看露天电影的主要场所。2006年，横沥村投入30多万元，建设370平方米的农民文化活动中心，中心内设图书室、阅览室、健身房、乒乓室、影视放映厅、老年少儿活动室

横沥村图书室

等。2007年后，村投资建设居民小区文化活动广场、休闲活动长廊、凉亭。2016年，建造文化大舞台。2020年，新建老人活动室、少儿文化活动室。

## 二、文艺团队

（一）江南丝竹乐队

由6~12人组成，乐器有琵琶、弦子、二胡（包括大胡、中胡）、板胡、笛子、阴阳板、铃、箫等。演奏曲谱有工尺、梅花三弄、老六、快乐、花八板等。中华人民共和国成立前，逢喜事常邀请他们去演奏，以示庆贺，逢庙会，常与"台阁"表演一起演奏。横沥境内相关代表人物有张品华、黄锦清、黄振川、黄振明、顾恒夫、顾培华、吴友文、顾佰顺、张佰贤等。

2008年江南丝竹社汇报演出

中华人民共和国成立后,演出活动减少。1968年,大队组建文艺宣传队,江南丝竹常为样板戏配乐,团队又活跃起来,代表人物有吴友文、李忠俊、吴奎林、朱耀明、钱锦如、黄锦清、张品华、吴纪康、金根发、黄振川等。2006年,江南丝竹被列入第一批国家级非物质文化遗产名录,横沥村重组江南丝竹社,负责人吴纪康,成员黄锦清、戴克勤、李忠进、戴叶萍、胡惠忠、黄惠良、朱耀明、陆耀华等。2007年,横沥江南丝竹社参加文艺团队交流活动12场。同年,在太仓市老年节文艺表演活动中,江南丝竹社作品《三六》获评优秀节目。2008年,参加太仓市"百团大展演"江南丝竹比赛,获演出奖。2009年,参加太仓市第五届江南丝竹演奏赛,以《欢乐歌》曲目获三等奖。2010年5月,参加太仓市第六届江南丝竹演奏赛,以《春晖曲》演奏节目获三等奖。2016年,参加太仓江南丝竹汇演比赛,以《省亲》曲目获演奏、创作三等奖。2017年8月,参加太仓江南丝竹赛,以《柳絮飘》曲目获演奏、创作二等奖。

骨干队员选介如下:

**吴纪康** 1941年出生,横沥新村组人,酷爱音乐、花卉、书画、花灯艺术。世家三代精通二胡等乐器。他在爷爷吴桂夫、父亲吴丰南熏陶下,从小喜好拉二胡、三弦,有良好的基础。退休后,为增添生活乐趣,参加陆渡江南丝竹社各项活动,偶然受敦煌壁画反弹琵琶的启发,开始苦练反弹三弦7年,终于熟练掌握这门绝技。2014—2016年,在太仓市夕阳红艺术节器乐演奏赛中,他反弹三弦,3次获优秀奖,得到行内高度评价。2021年10月,中共中央宣传部"学习强国"宣传栏目对他的事迹做视频介绍。吴老除了弹琴,还擅长作词作曲。2016年5月,江南丝竹社作品《省亲》获太仓市江南丝竹创作二等奖。2018年,在文艺团队"百团大展演"活动中,表演唱《垃圾分类好处多》作品获作词、作曲创作二等奖。2019年5月,《太仓新美景》作品获太仓市创作比赛作词、作曲三等奖。吴纪康在花卉养护、书法、花灯制作上也游刃有余。在花卉养护上有较深造诣,曾被许多单位邀请担任技术顾问。他利用业余时间,勤练书法,其书法作品常通过富有含义的藏头诗充分表达自己的情感。制作花灯也是他的强

吴纪康反弹三弦

吴纪康书法作品

项,他制作的孔雀、龙、唐老鸭、金鱼、兔子、八角灯等花灯,生动传神,深受好评。他虽寿登耄耋,但仍虚心好学,善于与同行交流,充分发展自己的各种才艺,使自己的人生道路更充实、更精彩。

**戴叶萍** 1964年出生,横沥胡宅组人,高中文化。1977年,14岁的她参加太仓艺校器乐班学习扬琴专业课。读高中时利用晚上业余时间为陆渡乡戏曲团演出配乐。1981—1992年,进入陆渡文化站工作。当时文化站经费困难,便办起小型工厂,戴叶萍和同事们边工作、边学习、边演出。她勤学苦练扬琴,手皮磨破依然坚持,最终打下扎实的基础。文化站剧团在太仓地区演出锡剧《珍珠塔》时,她已是乐队台柱子。2005年,加入陆渡镇江南丝竹社,参加太仓及周边地区演出活动。2007年,团队获太仓市江南丝竹演奏一等奖。之后,她被邀参加陆渡各村江南丝竹队演奏活动,都取得较好的名次。平时经常参加新之韵戏曲社、横沥江南丝竹社组织的沙龙等活动。经过多

戴叶萍扬琴演奏

戴叶萍参加中国江南丝竹民间文化艺术节演出

年的勤学苦练,戴叶萍的扬琴演奏水平达到7级,凭着丰富的舞台演奏经验,在太仓地区有一定知名度。2020年后,她被上海地区民营剧团乐队邀请,同上海沪剧院乐师同台演奏,演出《大雷雨》《阿必大》《借黄糠》等剧目,最多月份演出8场。同时,她被太仓丝竹琴团队聘为客座乐师,参加苏州、常州、上海等地演奏活动并取得优异成绩。戴叶萍从事扬琴演奏48年,为地区民间文化增添不少光彩。

(二)舞龙队

舞龙俗称"穿龙灯",旧时一般在节日和庙会上表演。道具龙头、龙身以竹片制轧而成,龙衣以布做成,绘上颜色。龙灯一般有"白龙""青龙""乌龙"之分,游龙方法有"龙戏珠""蛟龙入海""盘龙夺珠"等。中华人民共和国成立前,横沥较有名的一支舞龙队,由吴康成、吴品兰等10人组成。为支持抗美援朝宣传活动,横沥乡永胜村组建首支青年妇女舞龙队,队长邵玉美,队员吴小宝、潘静芳、吴大宝、王凤宝、陈月娣、何银娣、朱云宝、潘凤娣等。队员表演时,动作娴熟,人可躺地舞龙。1956年,因掀起农业生产高潮而停止。90年代中期,村民为丰富业余生活,重建两支女子舞龙

横沥女子舞龙队

队。一支由黄桂英任队长，队员顾惠英、王凤宝、吴云娣、王明娟、朱秀珍、侯云华、陈丽芳、潘月琴、管彩英、陈阿华、陆月娥、潘凤娣等。另一支由黄林珍带队，队员张云兰、付月英、王汝娟、陆云娥、陆小玉、蒋小玉、蒋秀英、黄洪英、姚娟娣、蒋月琴等。两支舞龙队经常参加镇、村文化活动，受邀参加企业开业演出。

2005年，陆渡镇首届农民文化节开幕，横沥村由村干部带头，组成男女两支舞龙队。男队由陆明元带队，队员周栋、杨仁宝、邵锦明、侯斌、王中华、张仁众、顾文清、翟俊所等。女队由朱彩亚带队，队员黄桂英、蒋英芳、闵秋芳、蒋勤、唐彩亚、冯建芳、胡敏华、张丽娟、周雪球、王明珠、黄林华等。

（三）文艺宣传队

1968年，横沥境内有两支"毛泽东思想文艺宣传队"。一支是横沥大队文艺宣传队，队员蒋永昌、蒋伟昌、陆凤鸣、吴素珍、王振明、陈忠迪、展德玲、蒋耀华、邵秀英、吴锦明、吴志伟、吴国良等。组织排练演出样板戏《红灯记》。由蒋永昌饰李玉和，陆凤鸣饰李奶奶，吴素珍饰李铁梅，陈忠迪饰鸠山。另一支是红新大队文艺宣传队，队员任一德、戴克勤、胡秀芳、周永江、顾明华、张丽娟、胡秀玉、潘志明、顾秀英、蒋根生、张丽芳、金雪娟、姚瑞华、沈玉芳等。组织排练演出样板戏《红色娘子军》。由戴克勤饰洪长青，胡秀芳饰琼花，周永江饰南霸天。1968—1974年，两支文艺宣传队分别参加各地区演出活动100多场。

改革开放后，横沥村委会为群众文化提供更多活动平台，群众文化活动充满生机活力。文艺团队不断呈现，先后有冠生园歌舞队、童心歌舞队、夕阳红舞蹈队、常青树歌舞队。

（四）童心歌舞队

组建于2008年1月，队长蒋勤，队员邵秀珍、吴明芳、吴秀玉、蒋建亚、胡秀琴、陈丽华、陶秋芳等。组团后，经常参加市、镇组织的文艺巡回演出活动。2018年，在太仓市第十一届文艺团队"百团大展演"活动中，表演唱《垃圾分类好处多》获表演、创作铜奖。2019年，在太仓市十二届业余文艺团队"百团大展演"活动中，表演唱《太仓新美景》获表演创作铜奖。

（五）夕阳红舞蹈队

组建于2016年7月，队长陈秀娟，队员吴雪球、邵娟珍、唐林芳、朱中瑛、秦建萍、周萍芬、陈美霞、黄惠娟、庞兴娟、范雪英等，平均年龄65岁。团队平时以练习唱歌、跳广场舞为主。每年参加街道办组织的展演交流活动不少于8次。2019年，团队参加娄东街道庆祝新中国成立70周年文艺汇演。2022年4月，舞曲《开门红》参加太仓市群众广场舞比赛。同年5月，舞曲《中国歌最美》参加太仓市老年舞蹈表演赛。

### 三、民间文化

**堂名鼓手班**　俗称"小唱班"，清末，横沥境内有三帮鼓手班，以朱家宅陈培兰班子为代表，祖传三代，在当地颇有名气。每逢喜事被邀坐堂唱昆曲，生意做到周边浏河、沙溪乡镇，远至昆山、上海等地。还有闵家村吴惠兴鼓手班、横沥桥沈桂卿鼓手班。"文化大革命"期间，鼓手班一度被取缔。

**道士班**　属道教音乐，主要乐器有笛子、喇叭、胡琴、大小锣鼓、钹子等，代表人新桥组顾保明，是太仓著名崔家道士门徒之一。活动频繁，生意兴隆，每逢丧事或庙会被邀演奏各种曲目。

**荡湖船**　用竹竿、竹片、绸缎扎成各种船型，大的4~5人，小的1人，表演者将船抬着或系在身上，边走、边唱、边舞，快如行船，中华人民共和国成立前庙会常有。王家巷李忠俊是制作荡湖船能手。60年代在县、公社举办的文艺活动中，都有横沥荡湖船节目。1984年，在"陆渡之春"大型文艺表演活动中，横沥的荡湖船独树一帜。

**花灯**　旧时花灯分挂灯、提灯、游灯之类。挂灯有宫灯、走马灯、五星灯、八角灯、花球灯；提灯有十二生肖灯、鱼灯、蟹灯等，其中兔灯最为普遍，其他还有精心设计制作的飞禽走兽、虫鱼花卉等彩灯。旧时，花灯在境内盛行，有"正月灯、二月兴、三月盛"的说法。1984年"陆渡之春"大型文艺表演活动中，红新村吴纪康等制作的10多只彩灯深受群众青睐。

### 四、民歌民谣

中华人民共和国成立前，横沥村民在劳动时，口头传唱民歌民谣。中华人民共和国成立后，民歌民谣失传很多，特选辑部分歌谣如下。

*一支山歌乱说话*
一支山歌乱说多，油煎豆腐骨头多；
太湖当中挑野菜，兔子笼里养老虎。

烟囱管里吊黄鳝，上头顶上摸田螺；
摸个田螺斗样大，摆勒摇篮里骗外婆。

四句头山歌起头难,鳑鲏鱼跳过崇明山;
燕子衔泥塞东海,灯草搓绳扳翻山。

山歌好唱口难开,樱桃好吃树难栽;
白米好吃田难种,鲜鱼汤好吃网难张。

一把芝麻撒上天
一把芝麻撒上天,肚里山歌万万千,
南京唱到北京去,回来还唱两三年。

一个姑娘三寸长
一个姑娘三寸长,勒浪茄树底下吹风凉,
拨勒长脚蚂蚁扛勒去,笑煞亲婆哭煞仔娘。

莳秧山歌
莳秧要唱莳秧歌,两腿弯弯泥里拖;
手拿黄秧莳六棵,棵棵稻子结金果。

耘稻山歌
耘稻要唱耘稻歌,两腿弯弯行里拖;
两手耘脱田里草,稻棵茂盛粮食多。

踏水歌
东天发白大冲光,哥哥妹妹快起床,
趁早踏满稻田水,汗水换来粮满仓。

牵砻歌
牵砻做米闹盈盈,粒粒稻谷像黄金,
"央央"牵出雪白米,粮多成山好年景。

棉花山歌
正月里来话新年,棉花选籽第一件,
苗要好来籽要壮,籽壮苗好出好棉。

二月里来话种田，锄头铁搭备完全，
东横垄好西横去，精耕细作记心间。

三月里来话种田，花籽肥料准备全，
三月廿八要下种，种好苗好不发愁。

四月棉花二瓣头，连夜动手磨锄头，
拓光田里各种草，偷懒野草窜过头。

五月棉花正当劲，棉花田里防水浸，
开沟排水做得好，壅花保田顶要紧。

六月棉花绿油油，"打头"生活赶快做，
防止疯长办法好，棉苗健壮花蕾多。

七月棉花长势快，从下往上开黄花，
黄花谢脱结青果，果果朵朵开白花。

八月棉花像绣球，前提后白花果多，
捉满篾头搭花袋，担担回转笑呵呵。

九月棉花快出售，收花客人下乡来，
铜细银子手里多，赎出"当头"还清"租"。

十月棉花如白银，轧花车浪滚勿停，
担担花衣回家转，纺纱织布忙不停。

十一月纺纱闹盈盈，弹成条子上纱锭，
纺车车环团团转，条条棉线白如银。

十二月里织布忙，布匹作成新衣裳，
快快乐乐过个年，年年岁岁好时光。

十个女儿嫁给十样郎

大姐嫁给撑船郎，撑来撑去好便当；

二姐嫁给网船郎，鱼鲜虾蟹吃不光；

三姐嫁给木排郎，撑起木排造新房；

四姐嫁给种田郎，稻谷白米满屋藏；

五姐嫁给裁缝郎，零头角料做衣裳；

六姐嫁给肉庄郎，猪肉吃得人发胖；

七姐嫁给漆匠郎，红漆踏板红漆床；

八姐嫁给染坊郎，染红染绿多便当；

九姐嫁给绸缎郎，绫罗绸缎穿不光；

十姐嫁给做官郎，代代做官多风光。


摇呀摇，摇到外婆桥

摇呀摇，摇到外婆桥，外婆桥上瞧一瞧，

瞧见外婆见我笑，伸出手来将我抱，

连连叫声好宝宝，又买团子又买糕。

拉了小手屋里跑，叫吾歇歇力气坐停好，忙得外婆不得了；

米来淘，菜来烧，清炖鲫鱼两头翘，咸肉菠菜细粉条；

满碗白饭盛盛好，吃鱼吃肉自己挑，拿起调羹把汤烧；

外婆见我眯眯笑，叫我吃饱仔肚皮再去摇。


# 第三节　体　育


## 一、体育设施

70年代，横沥小学设有体育广场和乒乓室。村民打篮球利用生产队仓库场地，自制篮球架。90年代后，横沥村设有篮球场、乒乓室，横沥小学有标准篮球场和田径设施。2006年后，村投资建设标准篮球场1片、乒乓室2个，在景湖花苑各小区建设健身跑道、健身广场，配置健身路径、健身器材40多件。

横沥村篮球场

## 二、群众体育

旧时，横沥域内有少数村民举石担、抛石锁。石担50~75千克，石锁1~20千克，胡家宅胡正明、胡正其，邵家巷吴仁夫、吴美奎、吴茂佰、王品夫等人经常锻炼，技艺精湛，逢庙会时各显身手，展示技术。60—70年代，村民在自家竹园挑选粗直的竹竿练爬竿，自建简易的篮球架、乒乓台、跳高架等进行体育锻炼，广泛性的健身活动有叉铁箍、打铜板、踢方格、甩棱角、削水片、打弹子、挑火柴棍、移蚬壳等。

**叉铁箍**　50—60年代，农村男孩大多会叉铁箍。铁箍一般选自桶箍，用一根30厘米长的铁丝，一头呈凹型弯钩，一头扦在1根1米左右长的细竹竿上，然后用凹铁钩钩住铁箍往前推，铁箍随着推力向前滚动，发出"哐唧哐唧"的声音。叉得熟练的五六个孩子还会在小田埂进行叉铁箍比赛，谁叉得最远便赢，谁的铁箍先掉在田里便输。

**甩棱角**　用硬质树木刻成橄榄形状，一头留个木帽，另一头用靴鞋钉钉上，即为棱角。出场者选一根约1米长的细绳从木帽开始顺时针缠完，留一段捏手，然后将棱角倒置用力向地上甩，一边抽绳子，棱角自然立在地上飞速旋转。棱角旋转时间最长的为胜者。还有一种玩法叫吃棱角，即在场地上画一个直径20厘米左右的圆圈，参与者同时将棱角甩在地上，如有不转的棱角即为"死角"。放在圆圈内让人吃（甩），被吃出圆圈的"死角"即为"救活"。

**打弹子**　人数不限，玻璃弹子石从货郎那儿换来，用钱买的很少。先在玩的场地上挖4个比球大一点的泥洞，前3个洞间隔25分米左右，称为"老虎洞"。用猜拳的方法排次序，弹子滚进第四个洞者为"老虎"，在洞边守着，未当"老虎"的弹子滚到哪儿就停在哪儿，滚完后"老虎"开始击弹子，击中的弹子归自己，可连续击，击不中时弹子停在那儿不许动。

打弹子

未进"老虎洞"的球继续向"老虎洞"进军，当上"老虎"再击别人的弹子，依次进行直至场上弹子击完为止。

**踢毽子**　踢毽子是境内儿童中最为流行的一种传统游戏，这种游戏既能娱乐，又能健身。一些成年人也以踢毽子锻炼身体。踢毽子者基本人手一个自制毽子。踢毽子比赛有单人赛和集体赛。单人赛根据每人踢毽子的个数来评判胜负，高手能一口气单脚踢100个以上，双脚能踢50个以上；集体赛，按个人技术的高低分组，以集体踢毽子的总个数来评判输赢。还有一种团踢，即一群人共踢一毽。毽子落到谁面前，谁就可任意选择踢法把毽子传踢给别人，毽子落在谁面前的地上谁就输。进入21世纪，境内踢毽子活动基本少见。

**跳皮筋** 50—90年代，跳皮筋是女孩常玩的游戏，皮筋是用橡胶制成的有弹性的细绳，长3米左右，两端各站一人将皮筋环脚牵直固定，即可来回踏跳。可3~5人一起玩，也可以分两组比赛，边跳边唱，非常有趣。跳皮筋有挑、勾、踩、跨、摆、碰、绕、掏、压、踢等10余种腿部动

跳皮筋

作，同时还可组合跳出若干种花样来。皮筋的高度从脚踝处开始，到膝盖、腰、胸、肩头、耳朵，再到头顶，难度越来越大。

**跳绳** 该活动是老少皆宜的健身活动，深得大家喜爱。境内学校将跳绳作为重要的体育项目，常抓不懈。成年人把跳绳作为娱乐兼健身项目，在各自的场头、庭院里活动。单人跳，中学生每分钟平均跳160个，成年人平均跳120个；多人跳，需要多人协作，共同跳绳或者进行接力跳绳等；花样跳，需要较高的技巧和身体素质，如交叉跳、单脚跳、跳绳踢腿、旋转、扭动身体等，具有挑战性。此项活动一直保留至今。

**篮球** 50年代，境内以武装基干民兵为主体组成横沥乡篮球队，蒋惠良、蒋品泉、唐锦华、吴玉章等人为篮球队队员。没有球架，自制篮圈挂在大树上练习。1965年起，掀起群众性篮球运动热潮，横沥、红新大队以生产队为单位组成各支篮球队，利用各生产队仓库场地作为篮球场，篮球架用废旧木板制成。各生产队球队优秀队员被选拔到大队篮球队，球队常和隔壁大队举行友谊赛，参加县、公社组织的篮球比赛活动。70年代，横沥大队球员有朱国兴、黄家祥、钱月良、蒋正祥、黄文球等，红新大队球员有张耀明、王惠平、侯彩明、吴纪康、戴克勤、徐卫生等。红新篮球队参加赛事活动较多，除本乡活动外，还组织球队到上海娄唐公社三里大队、庵桥大队进行交流赛。1979年，参加公社篮球比赛，获得第一名。2007年，横沥村重组男子篮球队，队员有陆明元、管中林、陆卫元、马志平、胡建国、胡正初、王建明、吴健、吴昌明、吴晓军、王鹏飞、陆正帆、顾龙杰、潘俊等。是年6月，参加太仓市首届百村篮球赛，荣获季军。

2007年横沥篮球队参加太仓市百村篮球赛

**其他项目**　放风筝和踏高跷在境内也非常盛行。风筝以八角风筝、蝴蝶风筝为主，风筝以竹片做龙骨、桑皮纸糊面。戴家宅村民徐忠明是制作风筝高手，周边村民的风筝大部分由他制作。大风筝直径有2米，放飞时需要6~7人操作，风筝线上能挂上十几个小红灯笼，夜间放飞十分壮观。村内放风筝高手有吴美奎、吴品成、吴茂佰、吴仲良等人。高跷用踏水车连斗制成，高跷杆高1.6米左右，表演者身穿各色戏服，扮成传统戏名角色，以各种舞姿缓缓踏行，还能表演各种踏、打、滚、跳的武功动作，以庙会表演为主，1958年，境内踏高跷曾参加公社万人大会表演。80年代起，镇、村利用节日组织群众乒乓球、游泳、拔河、毽球、田径等赛事。2005年，得胜组吴秀月组建太极拳队，队员15名。2006年，太极拳队参加太仓市全民健身太极拳比赛，获农村组团体三等奖。2007年，横沥村建立体育健身俱乐部，重组男女乒乓球队。是年6月，参加太仓市首届百村乒乓球赛。男子乒乓球队荣获团队第五名，参赛队员吴昌明、陆正帆、沈文清；女子乒乓球队荣获团队亚军，参赛队员唐玉芬、吴丰花、王金娥。2016年，陈秀娟组建广场舞队，队员15名。至2020年，横沥村群众广场舞普及，境内共有3支广场舞队。

男子乒乓球队

# 第十三章 医疗、卫生

## 第一节 医 疗

### 一、医务人员

1969年，横沥、红新大队分别建立合作医疗卫生室，横沥大队卫生员吴伟林、红新大队卫生员张志伟为首批赤脚医生，参加由陆渡卫生院组织的医疗培训，为期1年。1970年后，两大队都配备有3名赤脚医生。横沥大队先后有钱桂芬、马品其、蒋丽琴。红新大队先后有沈玉芳、包君秋（知青）、蒋伟文、姚瑞华、黄桂英。1984年，江苏省卫生厅对全省乡村医生统一进行考试。考试合格者，获取乡村保健医生证书。1990年，钱桂芬、蒋伟文取得医师任职资格证书，马品其取得医士任职资格证书。早期的赤脚医生还参加县、乡医疗部门组织的中医针灸、推拿等培训学习，并取得行医证书，通过中西医结合治疗常见疾病。如姚瑞华、吴伟林、马品其等掌握针灸医术。2001年后，村卫生室更名为社区卫生服务站，医生由街道卫生院统一下派，每站配2名医生，横沥站先后有吴萍亚、倪炳忠、瞿德红、孙丽萍、朱玉红等医生。

### 二、医疗设施

1969年，横沥、红新大队分别建合作医疗卫生室，都设在大队部旁边，都是1间房屋，20平方米左右，当时医疗设备简陋，只有药橱、药箱、听诊器和消毒设备等。1971年，横沥合作医疗卫生室随大队部搬迁至孙家港边，扩建2间医务室，70平方米。1983年，随村部迁移至胡家港东边。合作医疗室更名为村卫生室，增设诊疗室、观察室，添置血压计、

2005年横沥社区卫生服务站

听诊器、注射器、手术包设备。1986年，又增添消毒锅、洗胃器、导尿管等器械。1995年，达甲级卫生室标准。1997年，横沥村卫生室设在浏太公路商业网点。2001年，更

名为社区卫生服务站,有病床4张,可以给病人输液。红新村卫生室1986年和2000年随村委会经过两次搬迁,2003年并入横沥村卫生室。2005—2022年,横沥社区卫生服务站设在景湖南路。有6间房200多平方米,设诊疗室、治疗室、换药房、药房、公共卫生室、卫生知识宣传室等。

### 三、医疗事迹

早期赤脚医生经过中西医知识业务培训,不仅能熟悉中药配方、自己采集中药,还能通过针灸、推拿、伤口手术等医术,用中西医方法治疗村民的常见病,女医生能够为产妇接生。70—80年代,农村交通不发达,都是赤脚医生走村串巷为患者诊疗医治,不论风雨、夜晚,只要有人患病便随叫随到,如有严重病人配合陪送医院。平时2名医生分片出诊,轮流值班,不出诊时间段,还要参加生产队集体劳动,如碰到开河等工程,随民工边劳动边医务。赤脚医生全年报酬一般参照村副职干部待遇。吴伟林医生通过培训学习,掌握中医配方治疗和脱臼纠正术。1973年6月,钱巷队吴秀英被毒蛇咬伤,他及时用中草药和蛇药敷住伤口,并消毒处理,吴秀英经医治康复。1981年10月,团结队范进如因脚关节炎发作,痛苦难熬,马品其医生运用针灸术多次治疗,范进如病情完全好转。女医生钱桂芬在30年行医中,为孕妇接生120多次。1975年1月,朱宅队潘建华孕妇难产,此时钱桂芬自己也即将生产,她依然坚持去接生,经过正确处理并亲自陪送医院,潘建华顺利产下一女,次日钱桂芬生下一男。1977年,闵村队陆亚珍在生产中出现大出血,钱桂芬及时打针进行止血,使病人病情得到控制,最后母子平安。姚瑞华医生擅长针灸医术,对中暑、胃病、神经痛等,用针灸治疗,疗效较好,在当地颇有名声。周边地区的病人常来请他接诊。

### 四、疾病防治

中华人民共和国成立前,境内基本无疾病防治,加上卫生条件差,传染病流行严重,诸如天花、霍乱(俗称"瘟症")、麻疹(俗称"痧子")、疟疾、白喉、伤寒、百日咳、脑膜炎等时有传染流行。尤其是霍乱,蔓延快,死亡率高。1935年金家巷发生瘟疫,金家人氏死了10多人,幸存者也逃亡外地。中华人民共和国成立后,人民政府重视疾病防治,广泛开展预防接种工作。1950—1961年,境内普遍接

2011年5月17日健康知识培训

种牛痘、霍乱、白喉、百日咳、伤寒等预防疫苗，流行疾病得到有效控制。1962—1965年，重点进行全民性霍乱疫苗预防注射，从此，天花、霍乱等疾病绝迹。1973年，境内普遍接种牛痘疫苗。1977年，首次接种卡介苗。1978年开始，对2~8个月的婴儿实行计划免疫接种卡介苗、百白破疫苗（百日咳、白喉、破伤风三联苗）、麻疹疫苗和服用防小儿麻痹症糖丸等；对1~7岁的儿童，增加接种流行性脑炎、乙型脑炎疫苗，儿童发病率大幅降低。1986年后，预防接种点由村卫生室转向镇卫生院，接种率占全境人口的90%以上。1994—2022年，境内计划免疫接种，幼儿接种率100%。2003年，境内为做好非典防治工作，成立村"防非"领导小组，对各单位、村民组实行每天定时零报告制度，取得抗非典阶段性胜利。2020年，全境进行新冠疫情防治。2021年，继续做好新冠疫情的宣传、防治工作。2022年，全境提倡接种疫苗，喜事缓办，丧事简办。

### 五、境内驻院

**新安康复医院**　是2000年由太仓民政局与新加坡产业集团合作开发的康复医疗机构，属二级医院，院长李瑞炎，地址为郑和路桃园车站旁。除康复科外，设内科、心血管科、外科、妇科、儿科、中医科、眼科、五官科、影像科等科室，床位100多张，医护人员31名。康复医院为太仓市残疾人中心、太仓市拥军优属及城镇医疗保险和居民医疗保险的定点单位。

## 第二节　爱国卫生运动

1956年，横沥境内开展除"四害"（苍蝇、蚊子、老鼠、麻雀）群众性爱国卫生运动。1958年，开展除"七害"（原"四害"加臭虫、蟑螂、钉螺）运动。1962年后，以除害防病为中心，开展以"三管二灭"（管水、管粪、管饮食，灭蚊、灭蝇）为主要内容的卫生运动。实行农户粪坑相对集中设置，马桶粪便不准倒入河内。每个生产队由专人负责，把每户粪便集中处理。70年代，生产队为集体养猪和施肥，在河内放养"三水一绿"。至90年代，因"三水一绿"大面积繁殖，河道水变黑发臭，滋生虫害，泛滥成灾，至2000年后，"三水一绿"被全部打捞清理。1995年起，横沥村着力进行环境治理，依托工业经济，投入大量资金进行筑建村级道路，疏浚、拓宽河道，全境开展农户改厕、绿化环保、卫生防病、生活垃圾处理等全面整治工作。1997年，横沥村被评为"江苏省卫生村"。2001—2008年，横沥村先后被评为"江苏省百佳生态村""江苏省生态示范村""江苏省庄园建设整治示范村""江苏省康居示范村"。

## 一、改厕工作

1996年,村委会投入10万多元资金,全面规划,组织人力,致力于对全村190户农户的露天茅坑进行全面改造,统一建成三格式水冲式厕所,改厕率达100%。2003年,红新、横沥两村合并,对剩余红新老区50多户农户进行单双厕改造。至2004年,横沥全境改厕339户,改厕率100%。2005—2006年,投入20多万元,建居民小区公厕3座。

## 二、河道整治

2004年,筑建北蒋河及潮塘河东段600米石驳岸工程。2004—2005年,完成孙家港300米石驳岸,1020米冲浆、清淤工程;完成黄家港、北蒋河共1720米清淤疏浚。2006年,完成汤泾河1200米疏通清淤工程。2010—2023年,对村域内9条河道进行冲浆、清除杂草、铲除淤泥。

2006年汤泾河疏浚

表13-1　2004—2022年村内河道整治情况一览

| 序号 | 河名 | 项目 | 长度(米) | 土方量(立方米) | 经费(万元) | 动工年份 |
|---|---|---|---|---|---|---|
| 1 | 北蒋河 | 冲浆 | 320 | 1920 | 1.25 | 2004 |
| 2 | 潮塘河 | 冲浆 | 320 | 1920 | 1.25 | 2004 |
| 3 | 孙家港 | 冲浆 | 320 | 1920 | 1.25 | 2004 |
| 4 | 黄家港 | 冲浆 | 1400 | 14341 | 9.1 | 2005 |
| 5 | 横港河 | 冲浆 | 530 | 4048 | 6.56 | 2005 |
| 6 | 胡家港 | 疏通清淤 | 1000 | 15634 | 11.5 | 2005 |
| 7 | 孙家港 | 冲浆 | 700 | 6225 | 1.4 | 2005 |
| 8 | 北小泾 | 冲浆 | 700 | 6195 | 4.3 | 2005 |
| 9 | 汤泾河 | 疏通清淤 | 1200 | 18000 | 30 | 2006 |
| 10 | 潮塘湖 | 冲浆 | 1864 | 29572 | 18.9 | 2007 |
| 11 | 北蒋河 | 冲浆 | 600 | 5320 | 3.82 | 2008 |
| 12 | 北蒋河 | 冲浆 | 350 | 2080 | 1.75 | 2013 |
| 13 | 潮塘河 | 冲浆 | 350 | 2080 | 1.75 | 2014 |
| 14 | 黄家港 | 疏通清淤 | 1400 | 9800 | 6.5 | 2016 |
| 15 | 北小泾 | 冲浆 | 420 | 2350 | 2.5 | 2018 |
| 16 | 潮塘河 | 冲浆 | 400 | 2180 | 2.3 | 2020 |
| 17 | 钱巷河 | 冲浆 | 400 | 2180 | 2.3 | 2020 |
| 18 | 汤泾河 | 冲浆 | 420 | 2380 | 2.5 | 2021 |

续表

| 序号 | 河名 | 项目 | 长度（米） | 土方量（立方米） | 经费（万元） | 动工年份 |
|---|---|---|---|---|---|---|
| 19 | 汤泾河 | 污水处理 | 420 | — | — | 2022 |
| 20 | 北小泾 | 污水处理 | 800 | — | — | 2022 |

### 三、污水处理

2004年，横沥村投资100万元，建成日处理能力300吨的集中式生活污水处理站及配套管网，可满足500户农户的污水处理需要，采用SBR污水处理工艺，尾水达到国家二级排放标准，减少传统化粪池的二次污染弊端。2003年起，境内景湖花苑二至四区实行"三线三管"入地，实行雨水管网和污水管网分离。

横沥村污水处理站

2006年，全村357户住宅小区农户中，有244户接入污水管网。2011年，剩余113户农户全部接入污水管网，实现全村生活污水100%集中处理。2018年起，重点对境内北小泾、潮塘河、钱巷河水质差，存在异味问题进行整治，对区域河道网箔进行拆除，对河道进行清淤、冲浆，增设曝气装置和浮植，同时进行南北排管链接，建造泵站，定时开闸放水，促进河道水流内循环。2022年，高新区规划环境局在横沥地块建造2000吨污水处理站，重点解决横沥佳苑、奥森尚东2个小区的污水排放，从此解决汤泾河和北小泾的水源污染问题。

### 四、垃圾清理

90年代前，农村垃圾靠突击清理为主。2000年，横沥村建立"户集、组收、村运、镇压缩中转、市处理"的生活垃圾运行机制，公共场所放置大型垃圾桶，每户放置1只小型垃圾桶，由村保洁员每天收集并运送至压缩中转站。每年投入20多万元，用于10多名保洁人员经费，组建长效管理机制，建立管理组织网络和完备的

垃圾分类站

考核制度，使环境卫生始终处于监管状态。2018年，横沥全境小区率先实行垃圾分类，每户发放2只小型垃圾桶，分别倒放厨余垃圾和生活垃圾。每天由3名保洁员收集，转

运至压缩中转站。2020年6月起，垃圾分类工作由镇街道办接管，垃圾分类更细致，明确划分有害、无害、厨余、生活、其他等几大类。居民生活垃圾处理率达100%。

### 五、绿化环保

旧时，横沥境域农户家前屋后都栽种一些楝树、榆树、杨树等，也有的屋后有竹园。70年代，大队、生产队在机耕路和河道两边种植水杉木、柳树等。90年代，境内开始加强绿化环保建设。1995年，全境绿化带面积3000多平方米，花房200平方米。度假村绿化覆盖率达30%。2006年起，横沥村以"三清"（清

小区绿化

洁田园、清洁水源、清洁家园）、"三绿"（绿色通道、绿色基地、绿色家园）为抓手，按照农村"生态、绿化、美化"的环境要求，投资300多万元，实施汤泾河等河道清淤、宅基土深埋、植树造景等工程，完成土方1.8万立方米，种植2万多株绿化树木，将1200米长、60米宽的汤泾河装扮成绿色生态景观带。投资150万元，实现景湖花苑住宅小区景观绿化10万平方米。至2016年，村内主要道路绿化长度1.5万米，小区新增绿化面积5000余平方米，小区绿化覆盖率达40%。

### 六、重点整治

2006年，投入30万元，组织人力300多人，清理违章搭建72处，清理乱堆垃圾200多吨。2011年，投入120万元，增设小区停车位、居民健身点。2013年，横沥村按照《苏州市村庄环境整治工作方案》的要求，对村庄环境问题进行排查摸底，作出整治工作方案。重点整治景湖花苑小区乱倒房屋装修垃圾和私自搭建出租房等现象，并制定奖罚措施，实行常态化巡查管理。2016年，开展城乡环境"整治百日行动"，一是取缔非法养禽、养猪户，拆除村内养猪、养鸡户棚舍5个并进行土地复耕；二是清除小区楼道等公共场所乱堆杂物；三是对工业污染河道环境进行整治；四是对新浏河沿岸黄砂场等17户经营场所进行拆迁安置。2018年5月起，境内开展"331"专项整治，围绕"三会一场所"，对出租房（群租房）和电动自行车三类突击火灾隐患，履行追责3张清单，为期100天集中整治运动。2020年，对小区外围周边地段进行整治拆迁，统一划设停车场。2021年，对景湖花苑一至四区拆除弄堂违建42处，共计拆违1800平方米。2022年，重点对境内集宿区、小区出租房和餐饮场所进行消防检查整治，同时做好村域烟花爆竹禁放、食品安全检查工作，确保安全无事故。

# 第十四章　村民生活

## 第一节　村民收入

### 一、收入节节攀升

中华人民共和国成立前,境内一直沿袭封建土地私有制和小农经济的生产方式,农民大都以种田谋生,部分贫苦农民缺田少地,靠做长工、打短工养家糊口。中华人民共和国成立后,通过土地改革和农业社会主义改造,促进生产力发展,农民收入有了较大提高。1957年,人均收入110元。1958年之后,农民生活水平提高不快。1966年后,出现"高产穷队",家庭全靠单一的劳动力收入。1969年,境内农民人均收入152元。改革开放初期,随着农村产业结构的调整,推行家庭联产承包责任制,承包土地种上经济作物,剩余劳动力进入乡镇企业务工,农民收入快速上升。1989年,境内村民人均收入2036元,是1978年198元的10.28倍。90年代起,大力发展外向型经济,利用外资企业发展壮大集体经济,同时对农业生产进行集约化经营,农村劳动力开始转移到第二、第三产业。实现农、副、工、商全面发展,给农民收入带来新的增长点。农民人均收入由1990年的2262元增长到1999年的5832元,提高了1.58倍。2000年起,国家高度重视"三农"(农业、农村、农民)经济,强化强调惠农政策,推进农村各项改革,高度关注民生问题,大力推行三产服务业,居民生活更加殷实。2013年后,深入推进供给侧结构性改革,经济由高速增长转向高质量发展,缩小城乡居民收入差别进入新常态,境内农民收入再上新台阶。农民人均收入由2000年的6479元增长到2022年的41507元,提高5.4倍。从1957年到2022年,经过65年的长足发展,境内农民人均收入从110元到1985年跨越千元大关,2005年达万元,再到2013年突破2万元,2017年超3万元,至2022年突破4万元大关,居民人均收入增长377倍。

表 14-1　1966—2022 年横沥境域村民收入情况

| 年份 | 人均年收入（元） | | 年份 | 人均年收入（元） | | 年份 | 人均年收入（元） | |
|---|---|---|---|---|---|---|---|---|
| | 横沥村（大队） | 红新村（大队） | | 横沥村（大队） | 红新村（大队） | | 横沥村（大队） | 红新村（大队） |
| 1966 | 178.2 | 154.41 | 1985 | 1293 | 1248 | 2004 | 9932 | |
| 1967 | 181.26 | 162.2 | 1986 | 1495 | 1463 | 2005 | 10000 | |
| 1968 | 175.34 | 165.55 | 1987 | 1650 | 1634 | 2006 | 9992 | |
| 1969 | 151.23 | 139.17 | 1988 | 1833 | 1921 | 2007 | 11500 | |
| 1970 | 157.2 | 136.77 | 1989 | 2036 | 2002 | 2008 | 13046 | |
| 1971 | 142.76 | 130.58 | 1990 | 2262 | 2193 | 2009 | 15000 | |
| 1972 | 139.6 | 131 | 1991 | 2513 | 2575 | 2010 | 15795 | |
| 1973 | 149.5 | 141.95 | 1992 | 2792 | 2772 | 2011 | 16937 | |
| 1974 | 182.73 | 166.53 | 1993 | 3102 | 3095 | 2012 | 19645 | |
| 1975 | 154.57 | 132.56 | 1994 | 3466 | 3419 | 2013 | 22253 | |
| 1976 | 161.21 | 145.89 | 1995 | 3828 | 3831 | 2014 | 25478 | |
| 1977 | 145.6 | 131.58 | 1996 | 4253 | 4183 | 2015 | 27107 | |
| 1978 | 198.11 | 182 | 1997 | 4725 | 4731 | 2016 | 29071 | |
| 1979 | 267.1 | 246 | 1998 | 5249 | 5231 | 2017 | 32301 | |
| 1980 | 259.4 | 231.3 | 1999 | 5832 | 5841 | 2018 | 34920 | |
| 1981 | 221.3 | 192.04 | 2000 | 6479 | 6409 | 2019 | 37192 | |
| 1982 | 372.12 | 307.95 | 2001 | 7198 | 7035 | 2020 | 40017 | |
| 1983 | 634.47 | 612.50 | 2002 | 7997 | 8039 | 2021 | 41301 | |
| 1984 | 912.15 | 863 | 2003 | 8885 | | 2022 | 41507 | |

注：2003 年，红新村并入横沥村。

## 二、收入趋于多元化

中华人民共和国成立后，农民收入有了较大提高，但全靠单一的农业经济收入。至 1977 年，境内农民收入 145.6 元。80 年代起，随着乡村企业和私营企业的发展，农民有了工资性收入。90 年代后，由于外向型经济和三产服务业的兴起，农民收入趋于多元化。2000 年后，农民收入从以工资为主要来源转变为工资为主、经营收入次之、财产收入和转移净收入进一步提高的格局。2004 年工资收入的占比是 78.3%，2022 年工资收入占比为 60%，下降 18 个百分点。经营性收入占比由 2004 年的 15% 上升到 2022 年的 20%，提高 5 个百分点。农民的理财意识日益增强，财产收入潜力进一步体现，占比由 2004 年的 4.9% 上升到 2022 年的 9%，提高 4.1 个百分点。政府对农民的各项政策补贴更加全面，社会保障实现全覆盖，同时也提升了保障力度。转移净收入占比从 2004 年的 1.8% 上升到 2018 年的 11%，提高 9.2 个百分点。

## 生产队社员收入结算制

　　1962年，横沥大队贯彻公社、大队、生产队三级所有制政策，以生产队为基础的基本核算单位的管理体制，采用定额记工，年终按各生产队实际收益，按劳动得分取酬。生产队收入主要包括粮食作物和经济作物，如增产生产队收入多，分配给社员的也多，反之则少。社员的收入高低则由工分和工日构成，工分高，工日多，年终的收益分配就多。一劳动日最高定为十分，一般由男壮正劳力得十分；妇女劳力得八至九分；老人和未成年劳力得五至六分，称为"半劳力"。社员评分决定，在社员大会上通过社员们的评议，决定每个人得分（一般为每月一次），有时候社员们也会争得面红耳赤，有些社员因为对评分不满意，也有出工不出力的情况。很多时候都不能量化和细化，要进行精确评分有一定难度。社员的工分单价根据生产队全年生产出来的农作物全部货币化（除公粮部分不作价）减去生产队全部支出，除以生产队的劳动力（工分总和），得到工分的单价，然后报大队、公社审批，大队和公社会根据生产队上交公粮和出售余粮的情况，批准生产队的基本口粮和工分单价，批准后的方案叫年终决算方案，简称决算，但各个生产队的年终收益分配也不是一致的。年终由生产队会计给各户结算分配方案，家庭分红由全家总工分乘以工分单价减去全家总支出（生产队分配的粮油柴草）。1978年，红新大队新桥生产队，全员劳动日工分23921分，一日工

图为太仓县陆渡公社红新大队1978年经济分配汇总表（分配部分）

图为太仓县陆渡公社红新大队新乔生产队经济分配归户结算表

分为0.75元,按98个劳动人口分配,平均每人收入185元(不包括支出)。如顾文耀家庭全年得8270分,工分报酬为628元,加上生产队积肥共收入706元,扣除预支、粮食、柴草等支出541元,全年实分现金164元。缺少劳动力的家庭户在年终结算时,还欠生产队钱,称之为"超支户"。三级所有队为基础的人民公社体制,虽然对恢复和发展农业生产起到重要作用,但存在社员之间的平均主义问题。实行家庭联产承包责任制,标志着三级所有队为基础的人民公社体制真正退出历史舞台。

## 第二节 村民消费

### 一、生活消费持续提高

60—70年代,横沥村村民收入基本靠农业,收入较低,因此村民消费水平极低,只能靠自给型消费方式过日子,加上生活物资紧缺,全凭票证供应,吃肉凭肉票,购布凭布票,吃饭凭粮票。1976年,境内村民人均消费不足100元。改革开放后,农民的致富门路拓宽,村民消费水平明显提高。1985年,境内村民人均生活消费958元,比1976年提高近9倍。随着经济的快速增长和社会全面发展,人民生活水平实现历史性跨越,消费水平快速上升,消费质量明显提高,消费结构不断升级,消费观念显著变化。村民由自给型消费转变为商品型消费,由生存型消费转变为享受型消费。

**由吃饱到吃好**　随着生活水平的提高，人们更加关注膳食结构的合理搭配，追求食品的营养性、均衡性和多样性。副食、高档食品、酒水饮料和饮食服务的消费占比逐渐上升。2022年，横沥村村民家庭人均食品支出8811元，较1985年的383元，增长22倍。

**由穿得暖到穿得美**　改革开放后，村民对衣着开始有了审美要求，各类服饰极大地满足了人们求新、求美的消费心理。2022年，横沥村村民家庭人均衣着支出1842元，较1985年的121元，增长14倍。

**住房大而舒适**　人均居住面积由1985年的40平方米，到2005年的60平方米，再到2022年的76平方米，实现阶段性攀升。住房装修更现代、更豪华，家具材料讲环保，家具用品上档次。2022年，横沥村村民家庭人均居住支出7606元，较1985年的325元，增长22倍。

**交通、通信现代化**　2000年前，境内少数家庭拥有汽车。2010年后，家庭汽车逐渐普及，私家汽车成为人们自驾出游、走亲访友的主要交通工具。2000年后，手机、电脑开始普及，互联网已日益成为村民获取信息的重要渠道。同时也丰富了人们的文化生活，带来学习方面的便利。2022年，横沥村村民家庭交通、通信支出5328元，较2000年的445元，增长11倍。

**教育文化迅速发展**　现代家庭对提升文化程度和增长知识的需求日益剧增，对孩子教育与兴趣培养和成人知识更新都很重视，对教育文化娱乐产品及服务的消费欲望和消费能力都有明显提高，对教育文化的投入不断增加。2022年，横沥村村民家庭人均教育文化娱乐支出4523元，较2000年的554元，增长7倍。

**医疗保障水平明显提高**　2000年前，境内村民医疗主要靠农村合作医疗制度。2006年，太仓建立城乡居民医保整合制度，农村居民医疗保险待遇显著提高。2011年，参加基本医疗保险的居民进入大病医疗保险。2015年，农村居民参加"普惠+特惠"的医保新模式。同时，现代农村居民健康意识越来越强，流行于城市的各种健身器材、保健品等走进居民家庭，因此医疗保健消费支出也在不断增加。2022年，横沥村村民家庭人均医疗保健支出1574元，较2000年的240元，增长5.5倍。

表14-2　横沥境域人均生活消费支出情况（选年）

单位：元

| 年份 | 食品 | 衣着 | 居住 | 生活用品及服务 | 交通和通信 | 教育文化娱乐 | 医疗保健 | 其他 | 合计 |
|------|------|------|------|------|------|------|------|------|------|
| 1985 | 383 | 121 | 325 | 89 | 0 | 0 | 0 | 0 | 918 |
| 1995 | 971 | 242 | 650 | 284 | 251 | 442 | 40 | 90 | 2970 |
| 2000 | 1443 | 408 | 975 | 852 | 445 | 554 | 240 | 160 | 5077 |

| 年份 | 食品 | 衣着 | 居住 | 生活用品及服务 | 交通和通信 | 教育文化娱乐 | 医疗保健 | 其他 | 合计 |
|------|------|------|------|----------------|------------|--------------|----------|------|------|
| 2005 | 1985 | 459 | 1163 | 936 | 1039 | 1032 | 346 | 260 | 7220 |
| 2010 | 3410 | 580 | 1380 | 1020 | 1070 | 1734 | 475 | 205 | 9874 |
| 2015 | 4882 | 998 | 3937 | 1434 | 3049 | 2504 | 853 | 350 | 18007 |
| 2022 | 8811 | 1842 | 7606 | 1909 | 5328 | 4523 | 1574 | 412 | 32005 |

数据表明,横沥村域2022年居民人均消费32005元。其中,食品消费占比27.5%,衣着消费占比5.8%,居住消费占比23.8%,生活用品及服务消费占比6%,交通和通信消费占比16.6%,教育文化娱乐消费占比14.1%,医疗保健消费占比4.9%,其他消费占比1.2%,与2000年消费支出占比相比,食品、衣着、生活用品及服务的消费占比有所下降,交通和通信、居住、教育文化娱乐、医疗保健的消费占比分别提高了7.9%、4.6%、3.2%、0.2%。

**二、耐用消费品数量快速提升**

70年代前,农村家庭几乎没有耐用消费品,个别条件好的人家有钟表、自行车。改革开放之初,农村家庭设备以"三转一响"(自行车、缝纫机、手表和收音机)为家庭四大件代表。80年代,家庭拥有摩托车、黑白电视机。90年代起,境内家庭彩色电视机、电话机、电冰箱、洗衣机等逐渐普及,成为生活必需品。进入21世纪后,耐用消费品种类更加广泛,尤其是微波炉、空调、热水器和电动出行车等享受型消费品开始走入农村居民家庭。随着电子产品和互联网的迅速普及,手机、电脑等高科技产品的出现,极大地丰富了居民家庭耐用消费品的种类。2010年后,微波炉、空调、热水器、手机、电脑、汽车等耐用消费品普及每个家庭。

表14-3　横沥境域家庭主要耐用消费品拥有量情况(选年)

| 年份 | 1985 | 1990 | 1995 | 2000 | 2005 | 2010 | 2015 | 2022 |
|------|------|------|------|------|------|------|------|------|
| 家庭户(户) | 400 | 373 | 375 | 385 | 380 | 363 | 480 | 650 |
| 自行车(辆) | 850 | 1080 | 1130 | 1020 | 495 | 352 | 350 | 330 |
| 黑白电视机(台) | 180 | 310 | 290 | 280 | 105 | 25 | — | — |
| 彩色电视机(台) | 28 | 110 | 252 | 460 | 750 | 770 | 982 | 1509 |
| 洗衣机(台) | 23 | 145 | 205 | 335 | 380 | 392 | 532 | 780 |
| 电冰箱(台) | 10 | 52 | 163 | 305 | 385 | 421 | 576 | 722 |
| 摩托车(辆) | 4 | 38 | 193 | 412 | 690 | 535 | 192 | 8 |
| 电话机(部) | 1 | 15 | 412 | 430 | 460 | 444 | 492 | 85 |

续表

| | | | | | | | | |
|---|---|---|---|---|---|---|---|---|
| 微波炉（台） | — | — | — | 44 | 135 | 268 | 480 | 550 |
| 热水器（台） | — | — | — | 192 | 420 | 432 | 520 | 650 |
| 移动电话（部） | — | — | — | 140 | 745 | 815 | 1587 | 1960 |
| 空调（台） | — | — | — | 105 | 405 | 750 | 974 | 2300 |
| 家用计算机（台） | — | — | — | 8 | 82 | 182 | 378 | 650 |
| 抽油烟机（台） | — | — | — | 35 | 280 | 363 | 480 | 638 |
| 汽车（生活用）（辆） | — | — | — | 4 | 25 | 193 | 452 | 752 |
| 电动出行车（辆） | — | — | — | 18 | 78 | 371 | 892 | 1318 |

# 第三节　生活变迁

## 一、住房

中华人民共和国成立前，横沥村民住房条件较差，多数农户住"五路头"平瓦房，少数贫困户住草房，草房低矮潮湿，人均居住面积约15平方米。富裕人家有两进、三进砖木结构大套房，前有塞门，侧有厢房，后有包堂。中华人民共和国成立初期，农民住房基本没有改变。60年代后期至70年代，国民经济恢复，社员收入增加，农户普遍在原地翻建或少数出宅建造砖木结构"五路头"小瓦房，外墙以石灰粉刷，带有木质门窗。建筑面积在80平方米左右。

70年代后期，多数农户又将"五路头"小瓦房翻建成较宽敞、明亮的"七路头"瓦房，经济条件较好的农户，在正屋东西侧加建夹厢（称"三间一转"），用作厨房或杂物堆放间。建筑面积约120平方米。

50—60年代住房

80年代住房

90年代住房

80年代初,农村建房和村镇规划结合起来,农户建房宅基由镇统一安排,宅基占地不得超过0.35亩。村民开始陆续建造三上三下加转厢"七路头"楼房。建筑面积为180~200平方米,造价为0.8

2000年后住房

万~1.5万元。自80年代中期起,村民建房向高大上发展,造型讲究美观,新颖别致,阳台宽敞,外墙粉刷水泥或镶嵌彩色石子和马赛克。建筑面积在260平方米左右,造价在5万元左右。至80年代后期,横沥全境有214户家庭翻建两层或三层楼房。90年代中期后,建房式样转向多边形、庭院式别墅。内墙涂防水乳胶漆,外墙贴各式条形砖,门窗大部分采用铝合金。2000年后,村民住房集中规划,自建新颖别墅,都为钢筋混凝土框架结构,有大开间客厅和大小阳台,装潢精致,地面铺地板、地砖,墙面贴有墙布或以涂料粉刷,装配花式灯具,厨房、卫生间设施齐全。

## 二、饮食

中华人民共和国成立前,横沥村民多数过着半饥半饱的生活,遇上灾年,只能以野菜充饥。50—60年代,村民一日三餐两粥一饭,粮食紧缺,村民曾以麦片杂粮补充主粮。素菜靠自种自给,逢熟吃熟,以瓜菜为主。荤食靠养禽产蛋或捕鱼、虾、蚬蚌、螺丝等。很少去市场买鱼肉等食品。70年代,每人每年平均分得口粮约270千克、食油2千克,粮食不够吃的人家以麦换米补充。1978年改革开放后,吃粮宽裕,农户整年以大米为主食,荤食品中鸡、鸭、鱼、肉类常吃。90年代起,主粮消耗明显下降,珍稀水产、反季蔬菜常吃,牛奶、水果、点心等副食品增加。进入21世纪,主食品以大米、面食、粗粮为主,副食品有点心、鸡蛋、豆制品、糕点、果品等,菜肴讲究荤素搭配、营养合理、绿色环保。

### 三、服饰

旧时,服饰区分等级,士绅阶层着长袍马褂,玄鞋白袜,头戴瓜皮小帽,衣服质地一般为丝绸、毛麻之类;商界人士,有着长衫的,也有着短褂的,头戴礼帽或绒线帽;农工阶层,男士上身穿对襟、小布衫、夹袄、老棉袄,下身穿大档长裤,有单裤、夹裤、棉裤之分。女士上衣穿大襟衫,左侧系纽扣,下身穿大襟裤,头裹兜头布。秋冬季,男女普遍腰围祝裙,男士从腰到小腿部位,女士稍短。祝裙用青色或蓝色土林布拼为两幅合成,前幅叠合外缝有暗袋,带头上缝有"寿"字形或菱形等喜庆的图案,女士服饰还有围兜和包头布,围兜一般用1.2尺见方的黑布或蓝布系在腰间即成。有双层、单层之分,用于上灶、洗衣等家务。包头布长约1尺7寸,宽7~8寸,四周绳边,两角有系带,包头时,两角兜正好在发髻上方系住,带端有红绿流苏挂在发髻两边。走路摆动起来显得飘逸、俏丽。

60—70年代,中青年盛行列宁装、中山装、人民装、学生装,蓝色居多,质地多半为半线卡。流行军装、军帽、黄跑鞋,也流行白衬衫、西式蓝长裤,布料以棉质为主,也有的确良、卡其布。冬天盛行穿自编结的羊毛绒衫。80年代,境内村民服装穿着有一点讲究,开始流行城市风格,喜好穿滑雪衫、皮夹克、西装、套裙、一步裙、长短风衣、弹力衫、紧身裤、各种羊毛衫。

进入21世纪,服装穿着追求个性化、舒适化、风尚化。一是不再拘于传统,中性服饰选择多,如宽松衬衫、西装、牛仔裤;二是追捧休闲服装,不限于运动和休闲时穿着;三是注重环保,出现防水、防火、防污等门类多样的服装。总之,时尚、靓丽的新服饰和着装的新理念在新农村展现。

### 四、出行

**道路** 1935年,横沥境内仅有一条2~3米宽的泥石路,位于老横沥桥、汤泾河沿线,是通往太仓至浏河的交通要道。1936年,境内筑建县道浏太公路。70年代前,村庄道路都是弯曲不平的小路。80年代起,村内筑建砂石机耕路。1983年村出资筑建第一条胡家港路(景湖路),1992年砂石路通往各生产队农户,1997年村道全部为水泥硬化路。至2022年,境内道路6横5纵,其中村级道路有景湖路、横沥路、黄家湾路、闵村路,镇级道路有金湾路、万金路、富达路、中市路,市级道路有上海路、十八港路、滨河新路。

**交通工具** 中华人民共和国成立前,横沥村民出行主要靠步行,交通工具有人推独轮车、黄包车、人抬轿子,有的村民以船代步出行。富有人家骑马出行,吴家角村落吴康成等3户有马匹。

1952年,村民邵近如等5人购买村里的第一辆自行车,从此,村民借助自行车出行。1958年,全村共有27辆自行车。至70年代末,全村1473人,413户,拥有自行车672辆,平均每户1.5辆自行车。1970年后,公共交通有了长足发展,浏太公路上增设桃园车站。至2022年,境内上海路公交车站有5路班车,中市路有2路班车。

1985年,村民吴露生、吴昌明、胡金林、戴国忠等首先购买摩托车。90年代,摩托车普及,2000年后摩托车逐渐减少,开始购置电动自行车。2010年起,电动自行车盛行,至2022年每家至少有2辆电动自行车。

1980年,美佳乐食品厂购买横沥第一辆中型面包车。1985年,永胜家具厂吴伟明购买横沥第一辆私家汽车。2000年后,购置汽车的家庭逐渐增多。2010年后,汽车基本普及至村民家庭。2020年,平均每户家庭拥有汽车2辆。

# 第四节 方言 风俗

## 一、方言

称谓类

| | |
|---|---|
| 爹爹:父亲 | 姆妈:母亲 |
| 阿公:爷爷 | 阿婆:奶奶 |
| 太公:祖父 | 太婆:祖母 |
| 伯伯:伯父(父亲的兄) | 爷叔:叔父(父亲的弟) |
| 妈妈:伯母(伯父的妻子) | 婶娘:叔母(爷叔的妻子) |
| 好公:外祖父 | 好婆:外祖母 |
| 娘舅:舅父(母亲的兄弟) | 舅妈:舅母(舅父的妻子) |
| 舅公:娘舅公公(母亲的娘舅) | 舅婆:舅妈婆婆(母亲的娘舅的妻子) |
| 夫夫:姑父(母亲姐妹的丈夫) | 阿伯:姑母(母亲的姐妹) |
| 丈人:岳父 | 丈母娘:岳母 |
| 小官人:丈夫 | 娘子、家子婆:妻子 |
| 阿哥:长兄 | 弟弟:兄弟 |
| 嫂嫂:兄的妻子 | 弟媳妇:弟的妻子 |
| 姑娘:丈夫的姐妹 | 堂兄弟:父亲兄弟的儿子 |
| 伲子:儿子 | 囡姆:女儿 |
| 新妇:儿媳妇 | 女婿:女儿的丈夫 |
| 阿侄:兄弟的儿子 | 外甥:男家姐妹的子女 |

孙子、孙囡：儿子的子女 　　　　　　外孙、外孙囡：女儿的子女

新娘子：新结婚的女人 　　　　　　　新相公：新结婚的男人

毛脚女婿：未结婚的准女婿 　　　　　囡徒婿：子女总称

儿子家：男孩 　　　　　　　　　　　小娘家：女孩

大姑娘：未婚少女 　　　　　　　　　老姑娘：大龄女性

寡妇：孤孀

生活类

揩面：洗脸 　　　　　　　　　　　　汰浴：洗澡

白相：玩玩 　　　　　　　　　　　　做生活：干活

困觉：睡觉 　　　　　　　　　　　　吹风凉：乘凉

拆屎：大便 　　　　　　　　　　　　拆水：小便

赤骨里：赤膊 　　　　　　　　　　　阿做啥：是否有空

阿勒浪：是否在 　　　　　　　　　　啥场化：在哪里

歇角落：结束 　　　　　　　　　　　一塌括子：全部

阿来三：是否可以 　　　　　　　　　死样怪气：慢吞吞

勒煞吊死：气量小 　　　　　　　　　狗皮到灶：排场太小

混淘淘：很多 　　　　　　　　　　　搭浆：差劲

精括：精占便宜 　　　　　　　　　　有青头：懂事

巴结：节约 　　　　　　　　　　　　肉麻：舍不得

戳壁脚：背后说坏话 　　　　　　　　戳霉头：倒霉

噢佬：后悔 　　　　　　　　　　　　相打：打架

相骂：吵嘴 　　　　　　　　　　　　推板：人品差

黄绿：靠不住 　　　　　　　　　　　出客：漂亮

眼红：羡慕 　　　　　　　　　　　　曲死：齐啬鬼

现世：丢脸 　　　　　　　　　　　　弄送：捉弄

角切：干活精细 　　　　　　　　　　撇脱：手脚快

富胜：宽裕 　　　　　　　　　　　　发格：发脾气

惹厌：讨厌 　　　　　　　　　　　　泡汤：落空

厌气：寂寞 　　　　　　　　　　　　坍台：失面子

拆烂活：不负责任 　　　　　　　　　适宜：舒服

下作：下流 　　　　　　　　　　　　吃生活：挨打

滑头：不诚实 　　　　　　　　　　　对脚板：面对面

作兴：也许 　　　　　　　　　　　　几化：多少

枉东道：打赌

时间、气象类

今朝：今天　　　　　　　　　早上：早晨

夜里：晚上　　　　　　　　　夜快：傍晚

日里：白天　　　　　　　　　前日子：前天

隔年子：前年　　　　　　　　前隔年子：大前年

旧年：去年　　　　　　　　　日中相里：中午

热天式：夏天　　　　　　　　冷天式：冬天

大伏天：大暑　　　　　　　　黄梅里：夏天雨季

开年：明年　　　　　　　　　老底子：古时候

姜喊：刚才　　　　　　　　　该歇：现在

啥晨光：什么时间　　　　　　有常时：有时候

上趟：上次　　　　　　　　　下趟：下次

日头：太阳　　　　　　　　　扼亮：月亮

霍星：闪电　　　　　　　　　开阳：冰雪融化

阴山背后：晒不到太阳的地方　炀日头：阳光灿烂

雷响：打雷　　　　　　　　　麻花雨：毛毛雨

迷雾天：雾天　　　　　　　　阵头雨：阵雨

秋拉洒：秋雨绵绵　　　　　　扫帚星：彗星

星搬场：流星

动植物

猡：猪　　　　　　　　　　　老猪娘：母猪

老婆鸡：母鸡　　　　　　　　羊妈妈：羊统称

鸭哩：鸭子　　　　　　　　　白乌鸡：鹅

蚕宝宝：蚕　　　　　　　　　田鸡：青蛙

癞团：蛤蟆　　　　　　　　　知了蚕：蝉

赚绩：蟋蟀　　　　　　　　　曲鳝：蚯蚓

结蛛：蜘蛛　　　　　　　　　老虫：鼠

百脚：蜈蚣　　　　　　　　　偷瓜畜：刺猬

刚果：蜗牛　　　　　　　　　番麦：玉米

长生果：花生　　　　　　　　番瓜：南瓜

番芋：山芋　　　　　　　　　野芋艿：土豆

草头：金花菜　　　　　　　　谢菜：荠菜

寒豆：蚕豆

小梨园：豌豆

别桃：葡萄

木习花：桂花

扇子树：棕榈树

地梨：荸荠

番茄：西红柿

灵眼树：银杏树

喇叭花：牵牛花

惯用语

一拍抿缝：完全吻合

一脚落手：不停歇，一气呵成

一天世界：到处都是

一门心里：专心致志

乌黑胧胧：天将明或很黑

乱话三千：瞎说、乱说

吭手筛锣：无法应付、收拾

七勿牢牵：不合常规，不像样子

下代不秀：下辈不出息

赤冷打新：全新

松泼累瘦：蓬松、不结实

结格罗多：很多很复杂

少世千年：很少有过

缸空甏空：什么都没有

滴粒滚圆：很圆

操拳络臂：摩拳擦掌，跃跃欲试

跃搭落滚：做事干脆利落

拆血乱天：谎言连篇

一薄乱蟹：人多散乱，无法集合

一刮两响：办事、说话干脆果断

一塌糊涂：到处都是

乌星摸夜：入夜，天很黑

赤手落脚：放开手脚，很有劲的样子

乱嚼喷蛆：胡说、满嘴脏话

肚膨气胀：肚子胀饱而不适

七歪八牵：不整齐，不像样

六亲聚会：亲友到齐，碰头

油脂格腻：油污很多的样子

格里糊涂：心里不服、嘴里嘀咕

百搭揽头：事情揽得很多

还年笃嘴：不听劝告，强辩说话

精干毕刮：干透了

碧光生清：水清澈见底

劲丝无力：一点力气也没有

趁汤落水：顺便、乘机

踢脚撬手：到处是东西，阻碍行动

生活谚语

公要馄饨婆要面。

拼死吃河豚。

生勒皮里，蛀勒骨里。

村中出了好嫂嫂，全村姑娘全学好。

行得春风有夏雨。

一人做事一人当。

大不算，小牵钻。

心慌吃勿得热粥。

十网九网空，一网活龙动。

吃次苦头学次乖。

冷来棉絮，老来徒婿（指子媳）。

乡邻好，够金宝。

吃不穷，用不穷，不会打算一世穷。

一只碗不响，两只碗叮当。

天无一直雨，人无一世穷。

百步吭轻担。

笑一笑，十年少。愁一愁，白了头。

青草里瓦片也有翻身日。

棒头上出孝子，筷头上出逆子（忤逆）。

吃了人家嘴软，拿了人家手软。

笑笑活得命，气气要生病。

### 农事谚语

人误一时，地误一年。

杨花落在尘土里，收麦收在烂泥里。

麦怕清明连绵雨，稻怕寒露一朝霜。

头莳棉花二莳豆，三莳正好种赤豆。

大伏不搁稻，秋里喊懊恼。

夏至田里选稗草，秋里可以吃个饱。

白露白迷迷，秋分稻莠齐。

冬季浇河泥，麦田好盖被。

养猪不赚钱，回头看看田。

旱九水三春，菜麦烂脱根。水九旱
　　三春，麦菜好收成。

若要麦，沟底白。

寸麦不怕尺水，尺麦怕寸水。

好种出好苗，秧好半年稻。

大伏不熟，五谷不结。

小暑莳秧，正好还粮食。

三年不选种，产量要落空。

寒露无青稻，霜降一齐倒。

春施一勺肥，不及腊里一笃泥（河泥）。

养羊不蚀本，贴根稻柴绳。

### 气象谚语

日枷风，夜枷油。

云加云，雨淋淋。

雨打黄梅头，四十五日晒日头。

西南风，热烘烘。

天黄有雨，人黄有病。

清明断雪，谷雨断霜。

乌头风，白头雨。

冬（指立冬）前不结冰，冬后冻煞人。

雪晒干，棉花搭棚看。

春东南，夏西北，必下雨。

头九暖；二九寒；三九中心腊，河
　　里冻煞鸭；四九腊中心，夜壶马
　　桶都要冰；六九五十四，再冷无
　　意思；七九六十三，衣帽两头单；
　　八九七十二，畜牲躺阴里。

早霞不出门，晚霞行千里。

小暑一声雷，倒转黄梅头。

东北风，雨祖宗。

三朝迷露发西风。

东鲎日头西鲎雨。

白露里的雨，到一摊坏一摊。

雨后知蝉叫，预告晴天到。

雪后冷，晴得长。

黄梅里迷雾，雨在半路。

### 歇后语

蚂汉子摔跤——小扭扭

歪嘴吹波螺——邪气

| | |
|---|---|
| 额骨头上搁扁担——头挑 | 螺蛳壳里做道场——穿不转 |
| 麻雀打雄——越小越凶 | 癫子撑伞——无法无天 |
| 肉骨头敲鼓——昏咚咚 | 黄鼠狼给鸡拜年——不怀好意 |
| 肉里山药——好和头 | 麻雀飞在砻糠里——空欢喜 |
| 粪坑里的石头——又臭又硬 | 瞎子采毛头——巴结 |
| 阳漕里放牛——两面吃 | 白笔画在白墙上——白说 |
| 背心上拉胡琴——挨不着 | 阎罗王的阿爹——老鬼 |
| 顶了石臼做戏——吃力不讨好 | 汤罐里笃（烧）鸭——独出一张嘴 |
| 圈里黄牛——独大 | 瞎子望天塌——幸灾乐祸 |
| 两个哑子睡一横头——没话可说 | 老鼠衔薄刀——自作死 |
| 六月里死脱绵羊——说来话长 | 飞机上吊蟹——悬空八只脚 |
| 饭镬上炖蛋——现捞 | 十二样头里大虾——缺不得 |
| 乌龟爬户槛——待看此一番 | 猢狲戴帽子——象煞有介事 |
| 老婆鸡生疮——毛里有病 | 砻糠搓绳——起头难 |
| 临时上轿穿耳朵——仓促 | 鳗鲤死在汤罐里——不直 |
| 癫里头上插花——忍痛熬好 | 戴勒箬帽亲嘴——大勿碰头 |
| 叫花子打难民——穷人欺穷人 | 开眼跑河里——自作死 |
| 针尖对麦芒——尖对尖 | 六月里穿棉鞋——日脚难过 |
| 乌龟甩石头——硬碰硬 | |

## 二、风俗习惯

### （一）岁时习俗

**春节** 农历正月初一，俗称"大年初一"，是民间最隆重的传统节日，正月初一至正月十五统称为"新年"。初一凌晨，家家户户燃放鞭炮，也称"开门炮仗"，寓意为开门大吉、连连高升、新年好运。早餐全家吃百岁圆，晚上吃兜财馄饨。新年出门与邻居见面相互问好，说"新年好""恭喜发财"等吉祥话。晚辈向长辈拜年祝福，长辈赠送晚辈压岁钱。一般初一不走亲，不扫地倒垃圾。初二开始走亲访友，馈赠节日礼物，互相应酬请吃，一起娱乐，呈现欢乐祥和气氛。

**元宵节** 农历正月十五为元宵节，俗称"正月半"，也称"花灯会""闹元宵"，是民间较大的节日。早餐全家吃汤圆，寓意为全家团圆。晚饭前，放鞭炮接灶君，在灶台上香点烛，备水果、汤圆等供品。家门口挂彩灯，小孩子玩兔子灯、捉迷藏等游戏。镇文化单位、社区开展猜灯谜、观花灯等活动，村民兴高采烈，欢度元宵。

**清明节** 一般4月5日为清明节，是祭扫亲人墓地之节，旧时称"上坟"日。家人要将坟边草除去，坟上插花，供上烟酒食品，在坟前烧纸币、纸锭以告慰亡灵。21世纪以来，死者骨灰安放在公墓或者安息堂后，流行献鲜花。清明节前后，政府机关、学校、团体等组织到烈士陵园祭奠革命烈士，进行革命传统教育。

**端午节**　农历五月初五为端午节，此日家家户户包裹粽子，门上悬挂菖蒲、艾草、大蒜头等，以祈治虫、驱邪。旧时，小孩穿"五毒"（蝎子、蜈蚣、蛇、壁虎、蛤蟆）图案的衣裤和虎头鞋，意为预防疾病、百毒不侵。

**中秋节**　农历八月十五为中秋节，俗称"八月半"，又称"团圆节"。家家团聚赏月吃月饼。旧时，有的人家晚餐之后，在庭院中供瓜果、月饼，焚香点烛祭月神、赏月亮，阖家欢庆，共聚团圆。近年来，吃月饼的风俗仍在延续，人们以月饼馈赠亲友，已形成敬老爱幼的新风。

**重阳节**　农历九月初九为重阳节，又称"重九节"，民间有蒸吃重阳糕的习惯，传说登高能避祸驱邪。1988年起，重阳节被定为"老人节"，重阳节已成为倡导全社会树立尊老、敬老、爱老、助老新风尚的节日。

**除夕**　农历十二月三十日（遇上小月为29日）为"除夕"，又称"大年夜"。是日，家家备酒菜、焚香点烛，祭奠祖先。晚上全家老小团聚吃年夜饭，点烛，迎灶君，放鞭炮，贴春联。年夜12点后，各家燃放爆仗，俗称"关门爆仗"，以示辞旧迎新。近年境内"吃年夜饭"习俗移至节前进行，招待亲朋好友。

（二）婚姻习俗

**说媒**　男方家长看中某户人家的姑娘，便托媒人到女方说亲，也有少数女方托媒人到男家说亲。媒人为促成其事，往往隐瞒说谎，造成不少婚姻悲剧。中华人民共和国成立后，说媒改由介绍人介绍。随着时代发展，男女选择自由恋爱已成趋势，"网络"恋爱也越来越多，说媒介绍已成形式。

**请庚帖**　俗称"请月生"。说亲后，若女方同意，则将姑娘的生辰八字写在红纸上，谓"庚帖"，由媒人带至男方，男方请算命先生"排八字"，如八字相合，就可定亲，如相克，则作罢。中华人民共和国成立后，此俗已废。

**订婚**　旧称"攀亲"。由男方请媒人送衣料及金银首饰等彩礼至女方，表示作准。男方需邀亲戚和女方父母临门，设酒席招待，名曰"攀亲酒"，今称"定亲宴"。如今，此俗还存在。

**行聘**　旧称"担盘"或"行盘"。盘内放聘贴（男方定结婚的日期）和鸡、鱼、肉、糕点等八大盘，由媒人和新郎等人一起送至女方。行聘一般在迎娶前几个月进行。2000年后，行聘基本上以现金为主。

**请媒**　在结婚前一天进行。有迎娶人家开厨"落桌"，那天由新郎接媒，晚上宴请媒人，俗称"请媒酒"，也称"待媒酒"，意为感谢媒人。如今，媒人都在结婚当天一起参加婚宴。

**行嫁**　女方临结婚前置办嫁妆，包括家具、被褥、家用电器和日用品等物。在迎娶前一天或当天，由男方请媒人引领，派抬妆队伍将女方嫁妆抬至男家，俗称"抬嫁妆"。本地嫁妆一般为12~16扛，多的为30~40扛。80年代，手表、自行车、缝纫机、收音机合称"三转一响"，成为婚嫁标准。90年代，嫁妆为电视机、洗衣机、冰箱，"新三件"流行，运嫁妆用汽车。2000年后，富裕人家男女双方都安置婚房，无需操办嫁妆。

**结婚**　择日举行结婚仪式，俗称"好日"。结婚吉日，最为隆重，男女双方都要大摆酒席。旧时，请堂名鼓手助兴，用花轿到女方迎娶新娘，一路乐声悠扬至男家。花轿停在客堂外，由伴娘（亦叫喜娘）搀扶新娘下轿，爆仗迎接，新娘入室。婚礼开始，设香案花烛，先拜天地祖宗，后拜公婆、伯婶、长辈，逐个"叫应"，收受"见面钿"，然后花烛引导，由乐队伴奏，踏袋（地上铺红袋子，意传宗接代），入洞房。宴毕，亲朋好友"闹新房"，要喜果，逗新娘，至深夜才散。婚后第二天，新婚夫妇回娘家省亲，俗称"回门"，女方家也办酒设宴款待。中华人民共和国成立后，结婚已不坐花轿，仪式从简，但仍保留吃喜糖、办酒席的习俗。90年代后，流行用

花轿

轿车迎娶，摄像机开始用于婚礼拍摄，酒席费用水涨船高。进入21世纪后，酒店已成为婚礼的主战场，婚礼车队越来越豪华，具有中国特色的婚庆公司越来越多，各种仪式五花八门。婚纱照拍摄自由选择，婚礼越来越像一场炫目的表演仪式。

（三）特殊婚姻

**童养媳**　中华人民共和国成立前，贫困家庭因生活所迫，把小女孩送给人家做"童养媳"。童养媳其地位低下，饱受歧视和压迫。成年后草草结婚，一般只拜堂，不设宴。中华人民共和国成立后，境内此俗已绝迹。

**叔接嫂**　弟接亡兄遗孀为妻，谓"叔接嫂"。中华人民共和国成立前，因贫困所致。中华人民共和国成立后，此俗渐消。

**换亲**　男女双方家境贫困，而双方各有子女，于是互通婚姻，各以他家子为婿，女为媳，俗称"换亲"。嫁妆、酒席等也可从简。中华人民共和国成立后，此俗已绝迹。

**入赘** 男子就婚于女家,称入赘。旧时,上门女婿要改名换姓,且没有地位,子女也随女家姓氏,还要承担赡养岳父母的义务,有财产继承权,所以一般不再继承生父母的遗产。中华人民共和国成立后,入赘女婿受国家法律保护,不再受歧视,可不改姓。家庭出现独生子女后,男到女家,已视为正常现象。

**填房** 女子死了丈夫,另找男人进门,谓"填房"。一般不改姓,有财产继承权。男子死了妻子,再娶称"继弦"。

**纳妾** 中华人民共和国成立前,富家豪绅的男人娶两至三房妻子,娶第二个开始称为"纳妾",俗称"讨小老婆"。妾在其家庭一般无地位,还被社会歧视。中华人民共和国成立后,《婚姻法》规定一夫一妻制,纳妾现象被禁止。

(四)喜庆习俗

**生育** 旧时,生育第一胎,临产前由女方娘家备送婴儿新衣、尿布和红糖、枣子、粉丝等物品,谓"催生"。生育后,女方母亲送营养食物,问候、照料女儿,谓"望三月";并通知亲戚择日备宴席招待,称"邀送糖"。亲戚备送食物称"送舍姆羹"。产房称"血房",月内生人不能擅入。孩子满月,剃去胎发,邀亲友吃"满月酒",产妇回娘家吃"满月饭",还会给每个亲朋好友送五个红蛋(象征五子登科)。小孩周岁,要办酒请客,称"纪过酒",亲友备礼赴宴祝贺。此俗在境内仍流行。

**庆寿** 旧时,富裕人家年届50岁以上过生日就要举行庆寿。家中置寿堂,悬寿星,供"寿桃""寿糕""寿面",焚香点燃,大摆宴席。子孙幼辈和亲友向寿翁、寿婆拜寿祝贺,吃寿面,喝寿酒。一般人家过生日,只是家人团聚,吃顿寿面,礼仪从简。贫困人家则连生日也淡忘。中华人民共和国成立后,祝寿极少,每逢有亲人过生日,亲属买蛋糕、点红烛、吃面条、合家欢聚。随着家庭经济水平的提高,近年来,民间年满60岁的长者中,举行庆寿的也渐增多。

(五)丧葬习俗

**报丧** 凡人故世,家属即派人讣告亲戚好友。旧时,报丧人不管天气晴雨都带伞,进门后,将雨伞倒置堂上,主人即明其意。中华人民共和国成立后,报丧者改为腰束白腰带。如今,此俗已简易。

**灵堂** 人故后,将死者床上帐子卷起来,抛到大门前屋檐上,由子女"买水"(买碗舀河水和井水,叫阴阳水)替死者擦身,换上洁衣,然后在客堂中放一门板,将尸体头南足北平放搁置,盖上被单,脚上套斗,屋顶上取3张瓦片做枕头。头前挂白帏,上挂遗像,中置灵座,桌上点一盏油灯,桌前放一只铁锅焚烧纸锭,俗称"灵堂"(孝堂)。子女昼夜守灵,痛哭不绝。亲友来时,需到灵前向遗体跪拜。请道士、和尚或佛婆念经超度亡灵。至今,此俗基本沿袭。

**开丧** 旧时,故世第二日为小殓,亲人为死者缝衣、穿衣。第三日入殓开丧,又叫大殓。大殓日，至亲、好友、邻居前往吊唁。馈赠锡箔、钱币，丧家备"丧酒"招待。饭后开丧，死者头前桌上点白色蜡烛和棒香，供猪头羹饭。在吹鼓手的哀乐声中，子女儿媳披麻戴孝，其余亲友晚辈或同辈腰束白带，向死者磕头告别。开丧罢，死者入殓，出丧。中华人民共和国成立后，丧事从简。2000年后，旧习又回升。

**出殡** 旧时死者入棺后，木匠钉住棺材盖（即冥材）出丧。死者如果是老人，要8人扛棺材，由幡幛引路，边走边撒白纸，长子捧排位前导，其余子女扶棺材护送，亲友随之，鼓手尾随，吹奏哀乐。棺材至预定墓地安葬。出丧毕，家中客堂壁角设一个"灵台"，放上"神主牌"，壁挂挽联。60年代起死者实行火葬，不再用棺材土葬，火化后骨灰盒带回家安放1~3年再入土。2000年以后，遗体火化后骨灰盒随即安葬于公墓。

**做七** 自死者亡故之日起算，每隔七日祭奠。家属每天端饭菜，焚纸帛悼念，直到七七四十九天才"断七"。其中，"三七"和"五七"之日备酒菜祭供，俗称做"三七"和做"五七"。"断七"之日，子女要请僧道诵经拜忏（称"做道场"），以超度亡灵，还要请纸竹匠扎纸屋、纸家具等焚烧。中华人民共和国成立后，此俗一度废除，近年又恢复，但已简化。

（六）农耕习俗

**照田财** 旧时，农历正月十五，传说是田财娘娘的生日。是日晚上，农家用稻草扎成火把，点燃后围绕自家田园转一圈，边跑边喊："炱炱田角落，一亩好收三石六"。"炱"后将火把插在田头，看草灰堆积高低：堆积高年景好，堆积低欠收成。"炱田角"习俗有农民驱病虫害、求丰收之意。

**抛田财** 又称"滑田财"。农历年初三，村民打扫出来的生活垃圾，都倒在自家的田里，预示自家田地增肥，全年丰收。

**白米囤** 旧时，农历十二月三十（大年夜），农民为了预祝来年稻谷丰收，用布袋装好石灰粉，吃过年夜饭后，在自家的场地、客厅印出一个个圆圆的石灰印，谓"白米囤"。60年代后，此俗逐渐消失。

**百花生日** 农历二月十二为百花生辰，本地称"百花生日"。旧时，农民在果树上系一根红头绳或贴一张红纸，祈求花盛叶茂。有些村民用红纸贴在稻谷囤和棉花桶等家用器具上，以求稻花、棉花花开繁盛，五谷丰登。

**开秧园** 旧时，有钱及田多的人家，莳秧第一天，发粽子给帮工和邻居，预示种子好。莳头行秧落棵时要放鞭炮，预示秧苗迅速长高。丢秧把时，忌抛在别人身上，以免遭殃（秧），秧把不能用手接，接了会有"祸秧"。60年代后，此俗逐渐消失。

**蒸饭团** 农历六月二十四，传说是关帝爷的生日。当晚，村民把蒸好的饭团放在自家灶台上祭供关老爷和灶神爷，因饭团形似棉花，预示秋天棉花有个好收成。

（七）造房习俗

　　旧时，境内农户造房首先注意选址和风水，住宅不宜建于丁字路的交叉路口，正门不宜有树，以避祸害。其次要选好黄道吉日，开工前在新宅基上由主人铺土，四角焚烧纸币以求平安。建房前先与邻居沟通，筑建宅基要与邻居宅基同一水平线，如果建房位于邻居西边，房屋不得高于邻居家，若建在东边，房子稍高可以接受。房屋上正梁时，要放鞭炮，梁上要悬挂糕点、团子和"发禄"，贴上"福禄寿"红字。上好梁由木匠作头从梁上往下扔馒头、团子、糕点、钱币等，边抛边说好话，以示吉祥发财，此谓"抛梁"。所抛馒头、糕点谓"抛梁馒头""抛梁糕"。馒头寓示"发"，糕以其音寓示"高"。上面抛，下面抢，谓之"抢发禄"。一抢双发禄，本家发禄，自己跟发禄。当日，东家要办"上梁酒"款待匠人。建好房屋，邀请匠人和亲朋好友吃"待匠酒"，亲友赴宴送红包贺礼，东家向新居四邻分送糕点。90年代之后，此俗逐渐简化。

# 第十五章  人物、荣誉

横沥这块古老而充满生机的土地上，自建置以来，经历近百年的沧桑巨变，孕育出一批仁人志士。他们在经济建设、社会事业、文化教育、医疗卫生等事业中，发扬敬业奉献、勇于开拓、自强不息的精神，成为时代潮头的先锋者、改革者。他们当中不乏人民公仆、企业精英、抗战老兵、当代军人、辛勤园丁、青年才俊、英模人物等。

## 第一节  人物传略

**吴吉云**（1908—1982）  横沥闵家村人，出身于富裕家庭。年少时在父亲开办的太镇新庙初等小学学习，深受父亲的教育和熏陶，18岁时，为时任乡长吴益香代写文书。19岁时就读太仓师范。毕业后接任父亲担任新庙小学校长，兼教师。1933—1935年，在父亲担任横沥乡长时期，他帮助乡里管理户籍和丈量土地等工作。1936年，吴吉云接任横沥乡长。1937年，"八一三"淞沪抗战爆发，参加陆渡地区抗日后援队，负责招募运输队、救护队，开展后方救护工作。同年，辞去乡长职务。中华人民共和国成立后仍从事教育工作，直至1961年8月退休。自清光绪三十年（1904）至1961年的57年间，吴吉云父子在新庙小学教书育人，可谓桃李满天下。

**陆维震**（1934—1992）  横沥王巷组人，小学文化。1958年任横沥大队团支部书记，1961年5月任新庙大队党支部书记。1968年至1983年3月，任横沥大队党支部书记，1984年调陆渡乡党校工作。在群众心目中，陆维震以身作则，任劳任怨，领导的班子团结一心，在田间村头和群众同甘共苦、打成一片，是个称职好干部。在任职大队党支部书记的22年中，大队的农、副、工业走在全乡前列。1964年，横沥大队首先试种双季稻获得成功，然后在全乡逐步推广，被陆渡人民公社树立为农业样板大队。1975年，境内100%种植双季稻，是年横沥农科队30亩双季前作稻高产试验田平均单产获得1097斤，为全县最高纪录，得到太仓县科委奖励。双季稻栽培技术在全县得到推广。1980

年，横沥大队80亩棉花参加全县高产竞赛，获得最高奖。在农业学大寨运动中，陆维震带领干部群众垦荒造田，先平整荒废坟地50亩，然后对全境1800多亩耕地进行平整，实现方整化、规格化，并进行水利建设，为农业生产打好基础。在抓好农业的同时，致力于发展副业和工业。1971年，横沥知青点养殖意蜂40箱。1974—1982年，保持80箱规模养殖。1980年，横沥王巷队1900平方尺蘑菇，每平方尺收入3元，创太仓县最高纪录。1974年，横沥竖杆架线4000米，增容50千伏变压器，开办境内第一个玻璃纤维厂。至1983年已有建材厂、彩印厂、玻璃纤维厂3个村办企业，也为横沥工业经济打下良好基础。由于工作出色，陆维震分别于1962年、1966年、1980年连续三次出席太仓县第三、第四、第五届党代会。1992年病故。

**金根发**（1945—2005） 横沥得胜组（戴家宅）人，1962年7月毕业于陆渡中学。1962年8月，担任得胜队会计、队长。1969年8月至1975年，任红新大队农技员、大队长。1975年3月，被分配到陆渡农科站工作。1975年4月至1976年2月，被公社委派至江苏省农科院学习，成绩优异。1976年3月任副站长，任职期间，正值大面积种植双季稻年份，为缓解时间紧张和劳动力紧缺的矛盾，金根发带领同事研究前季稻秧田抽条留苗新技术，获得苏州市科技进步奖。1978年6月，任陆渡公社管委会副主任。1981年9月至1983年7月，任陆渡乡党委副书记、管委会主任。1983年7月，任陆渡乡党委书记。任职期间，他带领班子，抓住改革开放机遇，规划建设陆渡中市路、花园街、飞沪路等主要道路，建设陆渡商业街，为陆渡经济发展奠定基础。1990年8月，调任浮桥镇党委书记。1992年11月至1997年11月，任太仓水利农机局局长。1996年，他主持开发建设浏河套闸，极大地提高船运通航能力，同时对内河渔业资源发展起促进作用。1998年2月，调任太仓市政协社会事业委主任。2003年1月因病离职退养。2005年病逝。

**杨惠标**（1926—2021） 横沥闵家村人，1949年，毕业于无锡高中。1950年，参加陆渡区中队地方武装。1951年，参加抗美援朝志愿军，在部队负责新兵的接收、登记，以及伤病员的传运工作。1954年，复员后被报送到上海财经学院学习，成为横沥村第一名大学生。1955年加入中国共产党，为横沥早期党员之一。1957年，被分配到上海宝山县交通局工作，先后任陆上运输公司、水上运输公司经理。1976—1988年，先后在宝山、吴淞地区任房管所所长。1989年退休。2021年谢世。

**黄锦华**（1935—2022） 横沥顾家宅（新桥组）人，小学文化。1951年1月，加入中国人民解放军苏州独立师，参加江南剿匪。1952年12月退役。1953年1月，加入中国人民解放军四十六军直属供给处，在某部队任司机班长。跨过鸭绿江参加抗美

援朝保家卫国战争,负责运输战争物资、保障后勤需求。1954年8月,加入中国新民主主义青年团。1958年9月,加入中国共产党。1959年1月退役,被分配到吉林省白城市中国兵器工业装备集团公司实验基地任驾驶员,同时加入吉林省白城市中国人民解放军预备役部队,任预备役少尉军官。1961年,调入中国人民解放军总后勤部第3525工厂,任汽车队班长。1975年,原工厂改名为中国兵器工业部国营5727工厂,任汽车班班长、教练员。1995年12月,光荣退休。黄锦华1953年抗美援朝时获"和平万岁""抗美援朝"纪念章。1961—1995年,他多次获"先进生产工作者""安全行车标兵""优秀共产党员"等荣誉称号。2020年,荣获国家颁发的"抗美援朝出国作战70周年"纪念章。2022年辞世。

## 第二节　人物简介

**姚晋良**　1931年出生,红新西湾组人。父亲36岁英年早逝,由姑妈带大。1951年9月参加中国人民解放军,在苏州某部服役一年回乡,1952年加入中国共产党。1953年4月加入中国人民志愿军三九七团侦察二连。是年,跨过鸭绿江到达三八线黄鸡山。1954年编入三九七团工兵连,1956年任工兵连班长,是年8月任九一三五部四中队班长。在部队思想坚定,勤学苦练,帮助战士,成绩优秀。获团嘉奖1次、营嘉奖1次、连嘉奖8次、排嘉奖1次。1957年退任回乡。1962—1980年任红新大队大队长、党支部书记。1983—1992年,任陆渡镇农机站站长。1992年3月退休。

**王秋明**　1954年12月出生,大专文化,横沥王巷组人。1976年2月在中国人民解放军某部队服役,1978年8月入党,1988年1月退伍。1980年5月任横沥大队党支部委员。1983年5月至2001年1月,任横沥村党支部书记。在18年的党支部书记工作岗位上,他始终坚持自己"来自于民,服务于民"的诺言,带领村民走"富民强村之路",使村里的农、工、商业齐头并进,村级经济和社会各项事业有了较大的发展。在农田水利方面,疏通胡家港主干河道和北小泾、孙家港、北潮塘3条支流,筑建水泥渠道,兴办小农场,建设300多亩高标准的农田,建立"百亩丰产方"。1992年,稻麦亩产量超吨,获太仓市农业丰收一等奖。在公共事业上,筑建和硬化景湖路、富达路等村级道路,在全镇率先建成通往各队农户的水泥道路。他主持工作后,村里兴办村办企业,开发三产项目,壮大村级经济。1993年,投资120万元,建造2420平方米现代化横沥小学,规模为全镇之最。1995年,太仓冠生园食品有限公司实现利税500万元。1995年,投资2000万元建设三星级桃园度假村,为全市唯一村级宾馆;为促进村级经济和提升便民服务,同时开发浏太公路商业网点。横沥村1997年获评江苏省卫生村,1998年被列入江苏省第一批农村现代化试验区先行示范村。1998—2001年,横沥村连续获评苏州市文明村、江苏省文明村。王秋明1996年获评江苏省优秀党支部书记、苏州市劳动模范。2001年2月调任陆渡镇纪委副书记,2006年任陆渡镇人大副主席。2014年退休。

**王建林** 1954年12月出生,初中文化,横沥王巷组人,1974年到村办企业工作,1991年加入中国共产党。1984年,他负责筹办美佳乐食品厂,面临资金技术缺乏难题。通过动员企业员工集资,聘请上海师傅,利用知青点旧房生产糖果产品,第一年实现产值100万元,利润4.6万元。1986年,企业与上海冠生园食品公司联营,注册太仓冠生园食品有限公司生产"冠生园"各类糖果,产品销往全国各地。其间不断扩大企业生产规模,1995

年,生产各类糖果4000吨,产值6026万元,利税500多万元,利税占全镇村办企业总和的83%,因此横沥村成为陆渡镇首富村。至1997年,新建厂房面积8500平方米,厂区占地面积52.56亩,拥有固定资产4000万元。自1990年起,太仓冠生园食品有限公司出资120万元建造横沥新小学,投入125万元疏浚村级河道,筑建村级道路,援助8万元,补贴村民安装电话机,每年为村老年人发放养老金补贴。太仓冠生园食品有限公司3次获得太仓市"明星企业"称号,经理王建林1993年被苏州市政府评为"苏州市优秀企业家"。

**陆秋林** 1963年8月出生,横沥陆宅组人。1980年毕业于陆渡中学,1980年9月至1984年6月在南京农学院植物保护系植物保护专业学习,获农学学士学位。1984年8月至2003年4月,在南京农业专科学校工作,先后任校团委书记,园艺系、经济系党支部书记,基础课部、马列主义室主任(其中1988年9月至1990年6月,在浙江大学哲学社会科学系思想政治教育专业脱产学习,获法学学士学位;2000年7月至2002年8月,在南京师范大学"两课"在职硕士学位班学习,获法学硕士学位;2000年10月,获副教授任职

资格）。2003年5月至2023年8月，在金陵科技学院（原南京农业专科学院）先后担任公共基础课部、国际教育学院党总支书记，材料学院党委书记等职。2023年9月退休。任职期间主要从事马克思主义理论教学与研究，先后在《南京社会科学》，北华大学、金陵科技学院学报发表论文10多篇，获南京哲学社会科学"三等奖"一次。

## 第三节　人物名录

表15-1　横沥境域副科级及以上干部

| 姓名 | 性别 | 出生年份 | 组别 | 工作单位 | 职务 |
|---|---|---|---|---|---|
| 金根发 | 男 | 1945 | 得胜组 | 陆渡乡党委 | 党委书记 |
| 王秋明 | 男 | 1954 | 王巷组 | 陆渡镇人大 | 副主席 |
| 蒋惠文 | 女 | 1959 | 新村组 | 太仓经济开发区社会事业局 | 副局长 |
| 管海峰 | 男 | 1963 | 新村组 | 太仓市委党校 | 主任科员 |
| 陆秋林 | 男 | 1963 | 陆宅组 | 南京金陵科技学院材料学院 | 党委书记（副教授） |
| 潘国忠 | 男 | 1966 | 横沥组 | 太仓经济开发区企业管理局 | 副局长 |
| 管海雄 | 男 | 1966 | 钱巷组 | 太仓城西派出所 | 所长 |

表15-2　横沥境域中级职称及以上知识分子

| 姓名 | 性别 | 出生年份 | 工作单位 | 专业技术职称 |
|---|---|---|---|---|
| 李忠林 | 男 | 1935 | 陆渡中心小学 | 小学高级教师 |
| 朱耀明 | 男 | 1944 | 陆渡中心小学 | 小学高级教师 |
| 朱国兴 | 男 | 1945 | 陆渡中心小学 | 小学一级教师 |
| 陆永明 | 男 | 1955 | 陆渡卫生院 | 中级医师 |
| 陆金中 | 男 | 1960 | 太仓市陆渡中学 | 二级教师 |
| 管海峰 | 男 | 1963 | 太仓市委党校 | 高级讲师 |
| 陆秋林 | 男 | 1963 | 南京金陵科技学院 | 副教授 |
| 侯剑玉 | 女 | 1965 | 常熟市第一人民医院 | 主管助产师 |
| 吴娟 | 女 | 1976 | 陆渡中学 | 中学一级教师 |
| 顾玉萍 | 女 | 1979 | 江苏省沙溪高级中学 | 高级教师 |
| 钱春燕 | 女 | 1981 | 江苏省沙溪高级中学 | 中学一级教师 |
| 张建方 | 男 | 1981 | 太仓港协鑫发电有限公司 | 机械工程师 |
| 陆健 | 男 | 1982 | 陆渡街道办事处 | 中级工程师 |
| 陆文俊 | 男 | 1982 | 通标标准技术服务有限公司 | 检验工程师 |
| 马志平 | 男 | 1983 | 娄东街道建设城市管理办公室 | 市政管理工程师 |
| 邵淑婷 | 女 | 1983 | 上海嘉定区普通小学 | 中级教师 |

| 姓名 | 性别 | 出生年份 | 工作单位 | 专业技术职称 |
|---|---|---|---|---|
| 马珠红 | 女 | 1984 | 太仓市第一人民医院 | 主管护师 |
| 顾婷婷 | 女 | 1985 | 无锡市第一女子中学 | 高级教师 |
| 陆佳星 | 男 | 1985 | 太仓港协鑫发电有限公司 | 中级工程师 |
| 陆 叶 | 女 | 1986 | 太仓市政府娄东街道办事处 | 助理政工师 |
| 黄莉莉 | 女 | 1988 | 太仓市实验小学 | 中小学一级教师 |
| 周玉峰 | 男 | 1991 | 苏州规划设计院太仓分公司 | 工程师 |
| 侯雯君 | 女 | 1991 | 太仓市中医院 | 中级医师 |
| 黄彬瑶 | 男 | 1992 | 太仓市大通建设景观有限公司 | 工程师 |
| 董青卿 | 男 | 1995 | 苏州长枫电子航空有限公司 | 工程师 |

表 15-3 横沥境域重点高校学生

| 组别 | 姓名 | 毕业大学名称 | 毕业年份 |
|---|---|---|---|
| 王巷组 | 李建青 | 南京大学 | 1990 |
| 王巷组 | 张建方 | 南京理工大学 | 2005 |
| 王巷组 | 傅寅驰 | 东南大学 | 2006 |
| 北蒋组 | 蒋建锋 | 苏州大学 | 2002 |
| 北蒋组 | 蒋海斌 | 东南大学 | 2006 |
| 钱巷组 | 吴 琳 | 南京师范大学 | 2021 |
| 钱巷组 | 钱 兮 | 南京航空航天大学 | 2020 |
| 闵村组 | 吴勇志 | 苏州大学 | 2009 |
| 朱宅组 | 邵文彪 | 西南财经大学 | 2009 |
| 朱宅组 | 周 健 | 苏州大学 | 2021 |
| 朱宅组 | 顾 健 | 南京大学 | 2003 |
| 朱宅组 | 朱 炜 | 同济大学 | 2015 |
| 朱宅组 | 朱红艳 | 南京大学 | 2006 |
| 横沥组 | 周 洁 | 大连理工学院 | 2013 |
| 陆宅组 | 陆秋林 | 南京农学院 | 1984 |
| 陆宅组 | 陆永明 | 苏州医学院 | 1979 |
| 陆宅组 | 陆昕仪 | 苏州大学 | 2020 |
| 陆宅组 | 侯雯君 | 苏州大学 | 2017 |
| 陆宅组 | 陆 叶 | 南京师范大学 | 2008 |
| 陆宅组 | 邵欣雨 | 苏州大学 | 2021 |
| 陆宅组 | 邵柳英 | 中国农业大学 | 2021 |
| 团结组 | 吴晓辉 | 江苏大学 | 2009 |
| 吴角组 | 吴一峰 | 中国地质大学 | 2020 |
| 胡宅组 | 管晓磊 | 上海大学 | 2010 |
| 胡宅组 | 郁佳晔 | 江苏师范大学 | 2017 |
| 胡宅组 | 胡灵利 | 江南大学 | 2005 |

续表

| 组别 | 姓名 | 毕业大学名称 | 毕业年份 |
|------|------|--------------|----------|
| 胡宅组 | 沈许睿 | 南开大学 | 2020 |
| 胡宅组 | 胡嘉昊 | 南京理工大学 | 2020 |
| 胡宅组 | 胡志宏 | 江苏大学 | 1984 |
| 胡宅组 | 胡晓君 | 大连理工学院 | 2022 |
| 胡宅组 | 胡蕴珠 | 南京理工学院 | 2008 |
| 得胜组 | 金 标 | 清华大学 | 1992 |
| 得胜组 | 周玉峰 | 大连理工学院 | 2023 |
| 得胜组 | 胡伊敏 | 南京医科大学 | 2020 |
| 新村组 | 董清卿 | 南京理工大学 | 2019 |
| 东湾组 | 黄建强 | 西安交通大学 | 2011 |
| 东湾组 | 吴梦倩 | 河海大学 | 2015 |
| 东湾组 | 孙 易 | 苏州大学 | 2017 |
| 新桥组 | 顾玉萍 | 南京师范大学 | 2002 |
| 新桥组 | 顾铃君 | 河海大学 | 2016 |
| 新桥组 | 顾婷婷 | 苏州大学 | 2011 |
| 南蒋组 | 陆 健 | 河海大学 | 2005 |
| 南蒋组 | 蒋孙君 | 苏州大学 | 2019 |
| 南蒋组 | 蒋铃铃 | 苏州大学 | 2020 |

# 第四节 先进荣誉

## 一、集体荣誉

表15-4 横沥村获省级荣誉

| 授予年份 | 荣誉称号 | 授奖单位 |
|----------|----------|----------|
| 1997 | 江苏省卫生村 | 江苏省爱国卫生运动委员会 |
| 1998 | 1997—1998年江苏省文明村 | 江苏省精神文明建设指导委员会 |
| 2000 | 1999—2000年江苏省文明村 | 江苏省精神文明建设指导委员会 |
| 2001 | 江苏省百佳生态村 | 江苏省环保厅、农林厅 |
| 2002 | 2001—2002年江苏省文明村 | 江苏省精神文明建设指导委员会 |
| 2005 | 2003—2004年江苏省文明村 | 江苏省精神文明建设指导委员会 |
| 2006 | 江苏省管理民主示范村 | 江苏省村务公开工作领导小组 |
| 2006 | 农村集体财务管理规范化管理示范村 | 江苏省农林厅 |
| 2007 | 江苏省村庄建设整治示范村 | 江苏省建设厅 |
| 2007 | 2005—2006年创建文明村工作先进村 | 江苏省精神文明建设指导委员会 |
| 2007 | 江苏省生态家园示范村 | 江苏省农林厅 |

| 授予年份 | 荣誉称号 | 授奖单位 |
|---|---|---|
| 2008 | 江苏省康居示范村 | 江苏省建设厅 |
| 2010 | 江苏省新农村建设档案工作示范村 | 江苏省档案局 |

表 15-5 横沥村获苏州市级荣誉

| 授予年份 | 荣誉称号 | 授奖单位 |
|---|---|---|
| 1990 | 苏州市文明单位 | 中共苏州市委、苏州市政府 |
| 1994 | 苏州市先进集体 | 苏州市关心下一代工作委员会 |
| 2000 | 苏州1999年文明村 | 苏州市精神文明建设指导委员会 |
| 2001 | 苏州市2000—2001年度文明村 | 苏州市精神文明建设指导委员会 |
| 2003 | 苏州市2002—2003年度文明村 | 苏州市精神文明建设指导委员会 |
| 2003 | 苏州市先进基层党组织 | 中共苏州市委 |
| 2005 | 苏州市2004—2005年度文明村 | 苏州市精神文明建设指导委员会 |
| 2005 | 苏州市妇女工作先进基层组织 | 苏州市妇女联合会 |
| 2006 | 苏州市实践"三个代表"实现"两个率先"先锋村 | 中共苏州市委 |
| 2006 | 苏州市村务公开民主管理示范村 | 苏州市村务公开和民主管理领导小组 |
| 2006 | 苏州市基层妇女工作先进集体 | 苏州市妇女联合会 |
| 2007 | 苏州市建设社会主义新农村示范村 | 中共苏州市委、苏州市政府 |
| 2007 | 苏州市廉洁文化建设示范村 | 苏州市廉洁文化工作领导小组 |
| 2008 | 苏州市2006—2008年度文明村 | 苏州市精神文明建设指导委员会 |
| 2008 | 苏州市消费维权工作先进单位 | 苏州市消费者权益保护委员会 |
| 2008 | 秸秆气净化技术研究与开发技术进步二等奖 | 苏州市政府 |
| 2009 | 2008年度苏州市充分就业行政村 | 苏州市就业促进工作领导小组 |
| 2010 | 苏州市农村消费维权先进集体 | 苏州市政府 |
| 2010 | 苏州市消费者合法权益工作先进集体 | 苏州市政府 |
| 2021 | 苏州市健康村 | 苏州市爱国卫生运动与健康促进委员会 |

表 15-6 横沥村获太仓市级荣誉

| 授予年份 | 荣誉称号 | 授奖单位 |
|---|---|---|
| 1990 | 太仓市文明村 | 中共太仓市委、太仓市政府 |
| 1990 | 太仓市村级价格监督示范点 | 太仓市物价局 |
| 1991 | 太仓市标准化调委会 | 太仓市司法局 |
| 1994 | 太仓市安全文明村 | 太仓市综治委 |
| 1994 | 太仓市先进集体 | 太仓市关心下一代工作委员会 |
| 2000 | 太仓市青年文明号 | 太仓市"双争"活动领导小组 |
| 2001 | 太仓市敬老先进村 | 太仓市老龄工作委员会 |
| 2002 | 太仓市妇女儿童工作示范村 | 太仓市妇女儿童工作委员会 |

续表

| 授予年份 | 荣誉称号 | 授奖单位 |
|---|---|---|
| 2002 | 太仓市老年文明活动室 | 太仓市老龄工作委员会 |
| 2002 | 太仓市五好党支部 | 中共太仓市委组织部 |
| 2002 | 太仓市全民健身活动先进集体 | 太仓市委宣传部、体育局、文明办 |
| 2002 | 2003年度社会治安安全村 | 太仓市社会治安综合治理管委会 |
| 2003 | 太仓市三八红旗集体 | 太仓市妇女联合会 |
| 2003 | 2001—2003年关心下一代工作先进集体 | 太仓市关心下一代工作委员会 |
| 2004 | 2004年综治创建工作先进集体 | 太仓市社会治安综合治理管委会 |
| 2005 | 2004年度十佳农村实事工作先进集体 | 中共太仓市委、太仓市政府 |
| 2006 | 太仓市平安农机示范村 | 太仓市农林局 |
| 2006 | 太仓市生育文化示范点 | 太仓市人口和计划生育委员会 |
| 2006 | 太仓市党建工作示范点 | 中共太仓市委组织部 |
| 2006 | 2006年度民主法治示范村 | 太仓市依法治市领导小组办公室 |
| 2006 | "十五"人口和计划生育工作规范村 | 太仓市人口和计划生育委员会 |
| 2006 | 2005年度农村改革先进单位 | 中共太仓市委、太仓市政府 |
| 2006 | 中老年太极拳比赛农村团体三等奖 | 太仓市体育局 |
| 2006 | 2003—2005年先进基层党组织 | 中共太仓市委 |
| 2006 | 太仓市十佳敬老先进村 | 太仓市老龄工作委员会 |
| 2006 | 2003—2006年老年人体育工作先进集体 | 太仓市老年人体育协会 |
| 2006 | 2006年太仓市科学技术进步奖 | 太仓市政府 |
| 2006 | 2004—2006年关心下一代工作先进集体 | 太仓市关工委、精神文明建设指导委员会 |
| 2007 | 2005—2006年度人民调解工作先进集体 | 太仓市司法局 |
| 2007 | 党员干部现代化远程教育优秀接收站点 | 中共太仓市委组织部 |
| 2007 | 2003—2006年度全市平安建设先进集体 | 中共太仓市委、太仓市政府 |
| 2007 | 2003—2006年度社会治安安全示范村 | 中共太仓市委、太仓市政府 |
| 2007 | 2006年度社会治安安全村 | 太仓市社会治安综合治理委员会 |
| 2007 | 老年体育工作"五有一好"合格单位 | 太仓市体育局 |
| 2007 | 2006年度农村社区服务中心建设先进单位 | 太仓市村民自治指导小组等 |
| 2007 | 太仓市江南丝竹演奏比赛演出奖 | 太仓市文化广播电视管理局 |
| 2007 | 优秀节目奖(《三六》) | 太仓市老龄工作委员会 |
| 2008 | 2007年度新农村建设试点示范先进单位 | 中共太仓市委、太仓市政府 |
| 2008 | 2006—2007年度文明村 | 中共太仓市委、太仓市政府 |
| 2008 | 2006—2007年度档案工作先进集体 | 太仓市人事局、太仓市档案局 |
| 2008 | 2007年度村务公开民主管理示范村 | 太仓市村务公开协调小组 |
| 2008 | 关心下一代工作"四有五好"优秀单位 | 太仓市关心下一代工作委员会 |
| 2008 | 党员电化教育星级播放点(四星级) | 中共太仓市委组织部 |
| 2008 | "平安家庭创建"活动示范村 | 太仓市妇女联合会 |
| 2008 | 村民自治标兵村 | 太仓市村民自治指导小组 |

| 授予年份 | 荣誉称号 | 授奖单位 |
|---|---|---|
| 2008 | 2007—2008年度老年体育工作先进集体 | 太仓市体育局 |
| 2009 | 2008年度新农村建设示范先进单位 | 中共太仓市委、太仓市政府 |
| 2009 | 2008年机插秧推广工作先进单位 | 太仓市农林局 |
| 2009 | 太仓市第五届江南丝竹演奏三等奖 | 太仓市文化广播电视管理局 |
| 2009 | 2009年度水稻机插秧推广工作先进单位 | 太仓市农林局 |
| 2009 | 有线电视整转工作先进集体 | 太仓有线电视整体转换领导小组 |
| 2011 | 2006—2010年度太仓市农业保险先进集体 | 太仓市政府办公室 |
| 2018 | 太仓市村庄环境长效管理工作先进村 | 太仓市爱卫办和环保局 |
| 2020 | 太仓市三星级"发展型"幸福社区 | 太仓市城乡社区治理办公室 |
| 2020 | 太仓市优秀村规民约 | 太仓市精神文明建设指导委员会 |
| 2022 | 2021年度民兵营全面建设先进单位 | 中共太仓市委 |
| 2023 | 太仓市家庭教育示范阵地 | 太仓市妇女联合会 |
| 2023 | 2020—2022年太仓市文明村 | 中共太仓市委、市政府 |

## 二、个人荣誉

表15-7　横沥境域村民个人荣誉

| 获奖年份 | 姓名 | 性别 | 荣誉名称 | 授奖单位 |
|---|---|---|---|---|
| 1990 | 李明泉 | 男 | 颁发居民身份证先进工作者 | 江苏省公安厅 |
| 1992 | 潘国忠 | 男 | 江苏省青少年绿化突击手 | 共青团江苏省委 |
| 1996 | 王秋明 | 男 | 江苏省优秀村党支部书记 | 中共江苏省委组织部 |
| 2008 | 侯剑玉 | 女 | 江苏省重视临床妇孕工作三十年特别奖 | 江苏省卫生厅 |
| 2011 | 杨建钢 | 男 | 江苏省第六次全国人口普查先进个人 | 江苏省统计局 |
| 2021 | 蒋英芳 | 女 | 江苏省第七次全国人口普查成绩显著个人 | 江苏省统计局 |
| 1993 | 王建林 | 男 | 苏州市优秀企业家 | 苏州市政府 |
| 1996 | 王秋明 | 男 | 苏州市劳动模范 | 苏州市政府 |
| 2004 | 朱彩亚 | 女 | 苏州市村务公开民主管理先进个人 | 苏州市村务公开民主管理领导小组 |
| 2007 | 李忠林 | 男 | 2005—2007年度关心下一代先进个人 | 苏州市关心下一代工作委员会 |
| 2010 | 管海荣 | 男 | 世博保卫工作三等功 | 苏州市政府 |
| 2011 | 胡伟标 | 男 | 苏州市水利监督工作先进个人 | 苏州市水利局 |
| 2018 | 陆秋林 | 男 | 南京市哲学社会科学三等奖 | 南京市政府 |
| 2018 | 周玉峰 | 男 | 苏州市红色工匠先锋杯优秀先导 | 苏州市总工会 |
| 2019 | 薛健锋 | 男 | 2018年度苏州市政法系统先进个人 | 苏州市委政法委 |
| 2020 | 杨建钢 | 男 | 苏州市能手网格长 | 苏州市委政法委 |
| 2021 | 杨建钢 | 男 | 苏州市优秀基层河长 | 苏州市河长制工作领导小组 |

续表

| 获奖年份 | 姓名 | 性别 | 荣誉名称 | 授奖单位 |
|---|---|---|---|---|
| 2021 | 邵思佳 | 男 | 苏州市优秀民间河长 | 苏州市河长制工作领导小组 |
| 2022 | 顾玉萍 | 女 | 苏州市学科带头人 | 苏州市教育局 |
| 1980 | 朱国兴 | 男 | 太仓县教育系统先进工作者 | 太仓县政府 |
| 1989 | 李忠林 | 男 | 太仓县优秀德育工作者 | 太仓县文教局 |
| 1992 | 吴国良 | 男 | 太仓县农业技术推广先进工作者 | 太仓县农业局 |
| 1997 | 顾正明 | 男 | 太仓市抗洪救灾先进个人 | 太仓市政府 |
| 2000 | 顾凤娟 | 女 | 太仓市劳动模范 | 太仓市政府 |
| 2004 | 黄桂英 | 女 | 太仓市十佳双带妇女干部 | 太仓市妇联 |
| 2007 | 庞兴贵 | 男 | 太仓市劳动模范 | 太仓市政府 |
| 2017 | 侯 斌 | 男 | 太仓市公共法律服务均等化先进个人 | 中共太仓市委、太仓市政府 |
| 2017 | 陆 叶 | 女 | 太仓市拥军优属先进个人 | 中共太仓市委、太仓市政府 |
| 2019 | 蒋英芳 | 女 | 农村产权交易先进工作者 | 太仓市农业农村局等 |
| 2020 | 孙晓晨 | 男 | 为农服务先进个人 | 中共太仓市委、太仓市政府 |
| 2020 | 沈金春 | 男 | 太仓市"两优一先"优秀共产党员 | 中共太仓市委 |
| 2021 | 陆 叶 | 女 | 太仓市优秀党务工作者 | 中共太仓市委 |
| 2022 | 孙佳春 | 男 | 太仓市最美网格长 | 太仓市委政法委 |
| 2022 | 沈金春 | 男 | 太仓市事业单位年度优秀工作人员 | 太仓市政府 |
| 2023 | 梁怡琳 | 女 | 太仓市优秀儿童主任 | 太仓市民政局 |

# 附　录

## 一、村民忆事

**日军侵略暴行**　1937年11月14日，日军侵入陆渡桥，日军飞机炸毁民房51间、店铺85家。横沥乡蒋家村遭日军飞机投下一枚炸弹，炸弹在村南70米左右的农田中炸开一个4米深的大坑。1973年，村民在蒋家村老胡子河中，发现一枚弹头。1942年，农历十月十四，日军侵入太仓城后出来扫荡，一群日兵经过横沥乡几个村落，沿途烧掉农房十几家。其中，日军欲烧蒋家大院时被蒋氏老太发现。老太把燃烧的稻草扔出院外后逃跑，却被日军紧追并打死。邻居马瑞佰见状前去救援，被日兵刺了数刀。然后，日兵不甘罢休，把蒋家邻居的2户草房、6间瓦房全部烧掉，致2户人家逃亡。日军"清乡"时，新村组董秋生祖父因烂脚卧床，日军入屋不分事由，认为他是抗日分子，点火把其房屋全部烧掉。日军游荡到吴家角边总管堂古庙，听见杂物下有声响（实为老鼠），认为里边躲人，一把火把小庙全烧了。

**浏太公路竹篱笆**　1942年1月，日伪在太仓浏太公路沿线筑建竹篱笆"封锁线"，同时投入兵力3000多人，企图对抗日游击武装力量进行"清剿"。陆渡地段封锁沿线设4个检问所和2处瞭望台。其中，横沥吴家角边上有一个检问所，由伪军看守，行人经过都要凭良民证并接受检查搜身，检问所在规定时间内放行。这对横沥浏太公路一带的农民种田极为不利。为了抢收抢种，有的农民起早摸黑偷钻竹篱笆，被看守发现便会遭受毒打。横沥桥潘仲山和金家巷吴茂佰为钻竹篱笆被日伪兵打伤腿脚，村民深受其害，怨声载道。1945年抗战结束，竹篱笆才被拆除。

**吴仲良吞纸条**　1949年，横沥乡为支援解放军粮食补给，由村里甲长负责收缴各农户粮食。5月12日，突然从浏太公路来了一群国民党兵，村民们纷纷逃避，时任永胜村甲长吴仲良被国民党兵押走。走了500米左右，他假装穿鞋蹲下，顺手把藏在口袋里的收粮记录纸条放进嘴里吞下。行走1000米时，遇见埋伏在农户蚕豆田里的解放军向国民党开枪，国民党见势逃窜，吴仲良趁机逃跑躲进田里，后被解放军救下。

**桃园知青点**　1968年，为响应毛主席"知识青年到农村去，接受贫下中农再教育"号召，54名苏州和太仓知识青年到横沥大队插队落户。早期先安排到各生产队贫下中农和生产队干部家庭中，每户居住2~3名知青。知青与农民同住在一个屋檐下，同吃一锅饭，同甘苦、共患难2年多，结下了深厚的感情。1971年生产队建造每人一间的知青房,知青们因此有了自己的生活空间。他们日出而作,日落而息,在田间参加生产队集体劳动,与农民一起播种、收割、挑担、施肥,学到了农耕技术。1973年,横沥大队在桃园吴角队建造600多平方米的楼房,有22个房间,将此作为大队知青点;同时成立横沥知青生产队,为知青分配耕地50亩,其中种粮田30亩、果园20亩。大队委派生产队长、农技员指导知青队员开展农业生产,实行收益分配独立核算,知青收入按劳动出勤记分,年终按工分得报酬。从此知青们自食其力参加集体生产劳动,在这块土地上跌打滚爬,洒下辛勤的汗水。1974年,知青点成立农科实验站。1975年,实验站双季前作稻平均亩产549千克。其中,广六矮4号品种取得600千克高产纪录,获得县科委奖励。是年,知青点养蜂75箱,年产蜂蜜4000千克,蜂王浆15千克,蜂蜡160千克。经过几年的磨炼,知青们在思想和工作上都有了很大的提高。女知青张英成为知青点团支部书记、大队党支部委员,加入了中国共产党,成为一名优秀的党员。张富林被保送至大学。1978年,这批插队青年相继上调回城工作。插队知青10年的劳动、生活岁月,给人们留下难以忘怀的回忆。

**桃园气象哨** 1972年,太仓气象站为及时正确掌握全县范围气象情况,在全县境内设点气象哨。横沥大队气象哨设在桃园知青点内,设备由县气象站提供,技术由县科委专人指导。由吴志伟、吴国良、知青钟愚公三人担任气象哨观察员,同时聘请洙泾大队管巷队管伯华老农观察天气。观察员经过专业培训,每天早上8时、下午2时、晚上8时记录当时的日照、气温、地温、风力、温度等天气状况,并通过电话报太仓气象站。在雨雪、风暴等恶劣天气来临前,将老农的观察经验及时报告县气象站作参考,同时告知横沥大队部,用广播形式告知全大队农户,做应急准备。至80年代初,太仓气象站设备全面更新,气象哨才停止工作。

**走不出的黄家湾** 旧时,红新境内有条黄泥泾自然河,宽10米,长2000米,东西向贯通胡家港和十八港,河道一线坐落于顾家宅、张家宅、黄家宅等三个古村落。大部分农户住房依河而建,由于黄泥泾多弯曲折,且宅河众多,造成农房方向各异,有朝东南、西南方向,也有朝正东、正西方向,地形极不规则。因此在中华人民共和国成立前,人们把顾家宅、张家宅、黄家宅统称"黄家湾",也称"捉狗湾"。外村人员经过黄家湾走沿宅小路,多数转错方向而迷路。有一次,一位吴家角村民到太胜村走亲戚,夜间路经黄家湾,因迷路走了一个晚上也没走出黄家湾,待第二天天明问路才走出去。60年代,有一个小偷晚上窜入黄家湾,因迷路没法逃跑,第二天被村民抓住。所以,70年代以前,一直有"黄家湾走进去,摸不出"的说法。70年代后,农户统一规划出宅建房到机耕路,这一情况才改变。

**邵家巷和陆家宅的历史演变** 旧时,横沥桥村东部有两个古村落:南邵家巷、北陆家宅。邵家巷形成于清朝中期,由邵氏一户大家族发展而来,到中华人民共和国成立前有6户,因邵家兄弟发生矛盾,有3户出宅到其他村庄,留下3户。陆家宅的形成晚于邵家巷,早年由陆姓3户发展到中华人民共和国成立前的6户,因陆宅农房都建在垒土的田垛中间,古时称"陆家田垛"。由于周边没有河浜,村民生活用水只能用井水。1949年,邵家巷和陆家宅均隶属于横沥乡永胜村。1958年成立横沥生产大队时,因邵家巷形成历史相对较早,邵家巷、陆家宅、金家巷合并称为邵家巷生产队。1961年,调整大队和生产队区域,实行以队为基础的三级所有核算体制,因陆家宅人口、土地面积多,邵家巷队改为陆宅队。70年代,实行农田和建房统一规划,陆宅队9户人家全部搬迁至邵家巷。2003年农户动迁时,陆宅队有陆姓9户,邵姓5户,吴姓、侯姓各1户,全部安置于景湖花苑三区。

**沈家火灾** 2005年8月1日中午,横沥村东湾组沈家一户楼房突发火灾,火势凶猛。当地群众和消防队及时赶到现场抢救,但火灾损失特别严重,三上三下的楼房已成为危房,不能居住。为了解决沈家生活问题,事发后,太仓市慈善基金会、陆渡镇政府、横沥村委会以及党员干部和村民组长进行捐款资助。经村党支部、村委会商议并报镇政府批准,对沈家房屋作出预拆迁安置决定,安置于景湖花苑四区两套商品房。沈家人对政府关怀和各方援助十分感激。

### 二、民间技艺

**金方友补锅子** 金方友,1918年出生,祖籍安徽。民国时期,他带着妻儿到横沥乡戴家宅定居,为了生计,他操起祖传手艺补锅子。当时,农户为了省钱,将家里有漏洞的锅子都拿来修补。金方友身材瘦小,每天挑着担走村串巷为老百姓补锅,很少歇息。补锅时,他先拉风箱把旧锅、废铁烧成铁水,然后一只手心垫上布块和草木灰,放上铁水蛋,从锅背塞入漏洞。另一只手在锅正面用布团迅速擦平铁水,动作娴熟,一气呵成。他补过的锅从未再漏,他不仅手艺精湛,还为人和善,因此生意特好。自40年代至90年代,他从事补锅50多年,在村民记忆里印象很深。

**针灸高手陈伯明** 1921年出生,横沥蒋家村人。18岁时,他跟外公学医,主要掌握了针灸医术。1952年,到太仓浏河医院工作,成为针灸科室负责人,在10年的工作中,带出4名高徒,一位到陆渡医院工作,三位留在浏河医院。1963年,陈伯明回乡出诊,他医术高明,特别是对中暑患者一针见效,人称"陈一针"。闵家队吴玉章母亲在一次劳动时中暑休克,家人及时请他用针灸疗治,病人逐渐苏醒。侯家宅侯仰高因中暑突然休克,不省人事,急请太仓东门名医治疗,却未好转,陈伯明使用针灸术后,患者得以挽救,复针后完全康复,患者家人万分感激。陈伯明医德高尚,行医出诊无论昼夜、天气好坏,只要有病人请他,随叫随到,不收钱财。他名声在外,常受到周边地区以及上海市娄塘几个大队村民的出诊邀请,深受好评。

**巧竹匠潘云如** 1919年出生，横沥村横沥桥人。13岁时到董家学竹匠，因尊敬师傅、聪明伶俐、刻苦好学，深受师傅喜爱。在学艺3年中，他发现师傅保留绝活，便偷着观察，记在心里，自己琢磨技术。学艺结束自立门户后，逐渐有了名声。附近太胜村（原东汰角）大地主陆兰田邀请他去做小孩摇篮，要求做三层花纹，规格很高。他精细制作，用了72工时完成。东家看了精美的作品，如获至宝，十分高兴。潘云如不论是农用竹器，还是家用簟席、筛子、针线匾样样精通。周边村民都乐意请他，他为人和气，口碑很好，从艺60多年。一生带出的4个徒弟，在行业中都小有名气。

**祖传木匠吴伟明** 1949年出生，小学文化。祖父吴星山是当地有名的木匠，对造房建筑比较内行，吴伟明从十几岁就跟着祖父学艺，由于刻苦钻研，多年后熟练掌握了建筑这门技术。由于他手艺精、工程质量好、为人谦和，生意十分兴隆。80年代正值农村造房高峰，多数农户都邀请他去建房。他带过10多个徒弟，对他们的要求很严格，传教有方。徒弟各自创业，都有成就，师徒感情深厚。1984年，吴伟明抓住改革开放机遇，创办横沥村第一个私营企业——永胜美术家具厂，有员工12名，对外承接办公桌椅及家具订单。由于产品质量上乘，取得客户信赖，业务量持续上升。为了业务需要，1985年，他购置了横沥村第一辆私家汽车，同时装了私家电话。1995年，更新设备，扩大规模，全年产值80万元，利润6万元。至2003年，因征地拆迁，家具厂停业。

**黄家湾经布** 旧时，境内农民身上穿的都是自织土布。土布要经过弹棉花、纺棉绒、染纱、浆洗、经布、织布等十多道工序，经布是从棉纱到织布之间一道最重要的环节。经布实质上是经纱，也就是将筒管上的纱拉开，按程序放到织布机的后轮上，俗称"经布"。横沥地区及周边有几家经布行，但数黄家湾张家经布最有名，生意最好。业主张田成，年轻时就跟父母学经布，能经各种花式布。他拉纱技术熟练，手脚灵活，很少有断线，纱线拉得均匀整齐。他为人谦和，周边农户都愿意上门请他经布，其子张元龙子承父业，专业从事经布行业，直至80年代初才停业。

**灶头画** 横沥境域灶头画起源于明清时期，一度在农村广为兴盛。农家灶头一般依墙而建，砌成两眼或三眼灶，灶头砌好后，只粉刷灶的正面和侧面，背面留下毛坯，请灶头画师傅在灶的正面和

灶头画

侧面绘一些花鸟之类的图案,以增加美感。民国年间,横沥蒋家村马瑞佰,不但擅长砌灶,而且绘画技艺高,名声传遍十里八乡。马瑞佰在1946年将自己的手艺传授给女婿陆佳洪,灶头画被几代师傅传承下来。60年代至80年代末,横沥桥潘永喜、潘永泉兄弟俩和邵国栋,北蒋蒋永发,新村许仁元等师傅都擅长灶头画。随着时代的变化,灶头画已成为过去的老手艺。2007年,"灶头画"被列入太仓市级非物质文化遗产项目。

### 三、古地名、遗址

**横沥桥** 旧时,老十八港有2条横沥桥。其中一条建于明永乐年间,由邑民朱令逊发动周边乡民在横沥河(老十八港)上建石板桥,桥长15米,宽3米,有6根石柱桥墩,桥面由3段石板连接。此桥是旧时横沥乡民出入太仓城东的主要交通要道。1933年,在横沥桥边有蒸汽轧米厂、棉花行、唐家酒店、理发行、杂货店和茶馆等,形成一条集市街,街长100多米,人流繁多。1968年石板桥被拆除。另一条横沥公路木桥于1936年因筑建浏太公路而建,离石板桥200米,桥长15米,宽8米,桥墩、桥梁、桥面均为木质材料。1942年因日军轰炸致毁,1954年重新修建。1975年开挖十八港时,此桥被移位重建成水泥桥。80年代,农民在横沥桥自发形成农贸交易市场,市场长达1000米。因此,横沥桥历史上是集交通和商贸功能于一体的枢纽之地。2010年接通上海路,横沥桥从郑和路(浏太公路)移位至上海路。

**里新桥** 位于老十八港南处,顾家宅东侧。1912年建造,全木结构行人桥,桥长15米,宽3米。顾家宅因桥名改称新桥队。1975年,开挖新十八港,改建水泥桥。1990年拆除。

**桃园** 民国时期,在横沥吴家角、金家巷队有一片50多亩的坟地,大多安葬太仓城内无地人员和流浪者,俗称"化人台"。1958年,陆渡公社在这里重建公墓,占地60亩,并在公墓边种植35亩桃树。1966年,桃园白凤水蜜桃品种总产量高达2万千克,多数销往太仓果品公司,少数零售,因此周边地区买桃者都熟悉横沥桃园。1970年,太仓公交浏太线设桃园车站。1972年成立知青桃园试验场。1984年后,美佳乐食品厂扩建,桃园面积逐渐减少。1994年,在桃园旁建造三星级桃园度假村宾馆。2011年,桃园度假村拆迁停业,仅保留桃园舫酒店经营,桃园已成为一个历史地名。

**渡口** 为解决向东村民过河的困难,1959年1月,在新浏河上设立渡口,北岸为红新村胡家宅,南岸为向东岛。1987年,县、市投资建造桩基结构混凝土码头1个,配备钢制渡船1艘,两岸设候船亭。1989年8月,渡口达到"五定"(定渡口、码头、渡工、客位、制度)、"四化"(渡船钢制化、候船站埠化、码头阶梯化、管理制度化)、"三统一"(统一渡船编号、渡船颜色、安全设备)的要求,确保安全无事故。1999年因新浏河上娄陆大桥建成,此渡口停运。

**十八港**　原名"石婆港"，始于浏河，穿湖川塘、杨林塘、七浦塘，流经娄东、陆渡、板桥、新毛、沙溪等乡镇。横沥境内长2000米，因该河长十八里，民间称之为"十八港"。历来是太仓东门外南北向主要河道。明清时期，运输十分繁忙，史志记载，从清乾隆六年（1741）至道光十六年（1836）共疏浚十八港6次。中华人民共和国成立后，又分别于1957年、1969年、1970年对十八港河段做了疏浚。1974年冬，为改变十八港弯多狭浅、航运不畅的状况，板桥、陆渡、城郊3个公社联合开挖十八港南段，形成新十八港。2010年，填没境内老十八港湾段。2018年，十八港横沥段建湿地公园，便利居民休闲活动。

**老孟江明王庙**　庙在曹家巷村落汤泾河南岸，建于明末时期。庙堂7间，建筑面积200平方米。传说当地有位绅士在县衙做官，为老百姓做了很多好事。他死后，老百姓为求一方平安建造此庙，奉他为"土地爷"。后立"侯公主""朱公主"和"神王爷"。每年农历七月初六举办庙会，十分热闹。1948年在庙内开办永胜小学，1961年老庙拆除。

**新孟江明王庙**　庙在闵家村西侧，建于清朝初期。庙有正房3间、辅房4间，建筑面积300多平方米。庙堂供有"神王""孟将""观音""王公子"等。庙基有银杏树2棵，树周长2米，树高16米。每年农历九月二十六举行庙会。清光绪三十年（1904）在庙内办学。1992年，因小学搬迁，新庙拆除。

**碉堡**　1945年日军侵占太仓期间，在陆渡镇东、镇西和横沥桥等要地建碉堡及隐蔽军事工事8处。其中横沥桥十八港边有4处，碉堡均为混凝土结构，顶部呈平台，枪炮口朝向市河，顶部后侧为通道。现存一处地堡，面积最大，内部空间宽敞，隔有7个小间，堡内有水井和地道，传说是日军的后方医院。当时与4座碉堡战壕相通。抗战胜利后，这些碉堡

碉堡遗址

曾被国民党占用，中华人民共和国成立后因水利建设需要，3处碉堡被挖掉。

**戴家大宅**　清道光年间，戴氏祖先定居横沥，几代人靠勤劳种田逐渐发家致富。到第四代传人戴永甫、戴小仁兄弟时，拥有150亩土地和10余间房屋。1912年，兄弟俩拆除老宅，招募名匠良工合建新宅，新宅占地面积3330平方米，建筑面积2300平方米，共有房屋36间。据第八代传人戴明秋描述，戴宅建筑富有江南水乡特色，结构为三进大院，中间有前后大天井、中客厅和后大厅，两边有厢房、花厅，前有倒座房，后有后罩房。外围两侧有弄堂，弄堂外侧各有纵向辅房。宅边另有雇工用房、马房、牛

房、粮仓共20间。为连通宅河,打制花岗石驳岸,建石头廊桥。整个大宅建筑豪华高端,有石库大门、砖雕门楼、花岗石踏步、观音兜山墙。正屋大厅和花厅圆柱叠梁、弯椽,迎风木板均有戏曲人物浮雕,花格子门窗。天井、弄堂以青砖勾勒线条铺地,宅基四周铺设花岗石板。70年代,戴宅有15户60多人居住。1983年,因戴宅各户陆续出宅建房,戴宅被拆除。

**吴家大宅** 清初时期,吴家祖先居住在太仓城内,曾在县衙门当差役,依靠经营土地发家。咸丰十年(1860)吴家经选址在横沥交通便利的闵家村孙家港边购地建宅。据第八代传人吴寿其口述,大宅建筑面积800多平方米,为两进大院,宅院方向朝东,有三扇院门,正门石库大门、高门槛,两侧小墙门。正屋有大天井、大客堂,两侧有厢房和小客厅6间。正屋两边各有小天井、过路间,后有小弄堂,外围有厨房、花厅、住房12间。宅边有磨坊、马棚、牛棚等辅房12间。大宅建筑结构古典精细,室外大门上有雕花,翘脊花瓦头,观音兜山墙。室内大厅、花厅横梁立柱上有彩画和花纹木雕,全屋设花格子门窗。1980年前,吴宅有6户30人居住。1982年,吴家子孙各立门户,老宅被拆迁。

### 四、文件选编

#### 创建省级卫生村工作实施方案

创建省级卫生村是我村党支部、村委会、村创建领导小组今年的一项系统复杂、维度大的实事工程。开展创建活动对于进一步改善投资环境,扩大对外开放,促进我村经济持续、稳定、健康发展,同时促进精神文明建设的同步发展,提高人民的卫生意识,保护人民的身体健康,具有重大和深远的意义。创建工作是一项宏大的系统工程,时间紧、要求高、任务重,为了确保完成创建工作的各项任务,早日实现省级卫生村的目标,经过村党支部、村委会和创建领导小组以及广大干部、群众的共同努力,进一步加大力度,真正做到思想不松、队伍不散、力度不改,共同做好创建工作,特作如下工作实施方案。

一、健全和完善组织网络和各项规章制度。一是在原有组织的基础上,加强扩大创建队伍的建设。每月不少于二次例会,发现问题及时解决,部署和布置当月创建工作任务。二是签订"卫生三包"责任书,明确职责,为创建工作有条不紊地顺利展开打好扎实基础。

二、组织宣传教育,提高思想认识。利用广播,组织会议,通知发文、黑板报、画廊和上课培训等形式,加深村民对创建工作的重要性和必要性的高度认识,推动村民积极配合和培养行为自觉性,具体实施方案如下:

第一季度:以除"四害"、绿化、植树等为主要内容的宣传活动。每季至少四项措施落实工作扎实完成。

第二季度：深入开展卫生工作达标要求的落实工作，以"爱国卫生月"行为为动力，大力宣传食品卫生工作的重要性，提高全民的自我保健知识。开展全村范围内的卫生大检查一次，使村容村貌有一个明显的改观。

第三季度：开展卫生活动为内容的宣传教育工作，抓好各行业卫生与食品卫生教育，促进村民的身体健康。布置季节性卫生知识的宣传栏四期，形成一个以讲卫生为荣，不讲卫生为耻的社会氛围。全面检查全村范围的创建工作的落实完成的程度，以便及时调整，迎接太仓市、苏州市卫生检查团的考核。

第四季度：巩固创建工作，加大宣传以除害防病和健康教育为内容的宣传力度，全面地仔细地检查全村村民户内外周围创建工作落实情况，查出问题及时纠正，迎省级卫生检查团的到来。

三、创建工作硬件设施及各项活动的实施方案。

1.1—3月份，找差距、作整改、抓落实、总结经验教训，完善创建中存在的问题，召开一个再创动员会，进一步统一思想，疏通河道、改变水质，落实植树、绿化工作。

2.4—6月份，开展一次全村范围内的卫生大检查，做好各项各业的卫生达标工作，对村两条主路浇筑水泥路面，完成全村的纵横路的修复，清楚蚊、蝇滋生地，使蚊、蝇密度得到有效控制。

3.7—9月份，大力开展除"四害"活动，对全村农户的厕所全面进行改造，重建设计新型的水冲三格式无毒无害厕所，学校卫生环境投资配套齐全。商业网店前的水泥路扩大浇筑，使"四害"无生存区。

4.巩固创建工作成果，在全村范围内开展一次卫生大检查，对农户的宅前宅后、室内卫生经常性整治，使创建工作达到卫生村标准，迎接太仓市、苏州市、省级卫生检查团的到来。

创建工作是一项既重要又艰巨的工作，我们决心在上级有关部门的指导下，以创建省级卫生村为动力，创造一个清洁卫生、舒适、优美的社会环境，为促进我村经济发展再接再厉，加倍努力，为建设具有中国特色的社会主义现代化新横沥而努力拼搏。

横沥村党支部
横沥村村委会
1994年1月20日

# 横沥村基本现代化规划

## （1995—2000年）

### 一、概况

陆渡镇横沥村位于陆渡镇最西部，与太仓市技术开发区接壤，浏太一级公路横穿横沥村东西，地理位置优越，水路交通方便。全村行政辖区面积2平方千米，有9个村民小组，1569亩耕地，总人口846人，1993年被太仓市评为市级明星村。

近年来，工业经济飞速发展，1994年底拥有企业3家，固定资产达2200万元，利税总额1500万元。主要生产爱狮奶糖、满口香、金纳子、乒乓果质软糖等高档糖果及各种冷饮。工业经济的发展带动了第三产业，总投资180万元的上海冠荣食品公司、太仓大申酒家及桃园商场应运而生。为进一步适应外向型经济的发展，投资2000万元、建筑面积8000平方米的桃园度假村一期工程即将交付启用，一个新型的现代化新村正在悄然崛起。

农业服务基础设施进一步完善，规模生产得到了发展。投资50万元建造了标准电灌站、小型泵站各2座，修筑了4千米长科学合理的地下水泥渠和永久性明渠；投资60万元购置中型拖拉机4台，联合收割机3台和各种农机配套设施，大大提高了机械化作业程度。同时，农业服务队伍建设日趋完善，规模性集约化经营的步子加快，投资30万元建办的4个农场，承包经营面积305亩，承包了全村每年的粮食上交任务，农业服务基本实现了产前、产中、产后的一条龙服务体系。

在振兴经济的同时，社会公共事业得到了发展，长达10千米的砂石路通往全村各户，100%的农户吃上了自来水，实现了全市第二个电话村。为了发展教育，建造了2400多平方米的完小；20套3200平方米的商品房拔地而起，包括各种社会公共事业的建设，总计投资额达500万元。一个集工业、商业、通信、文化、教育、卫生、娱乐于一体的具有现代气息的物质文明和精神文明的新村将会迅速建成。

### 二、规划目标

#### （一）指导思想

坚持以邓小平同志建设有中国特色社会主义理论为指导，解放思想，求实上进，勇于开拓创新，树立学先进、赶先进，坚持以速度求发展、以规模求效益为中心的原则，按照经济繁荣、科技发达、生活富裕、环境优美、社会文明的总要求，把横沥村建设成为一个具有高度物质文明和精神文明的新农村。

#### （二）人口发展及土地利用规划

1.人口发展规划

按照本村前三年的出生率、死亡率和自然增长率预测，至2000年人口为880人，净增人口34人，年平均自然增长率为6.6%。

2.土地利用规划

（1）农田保护区：确定胡家港以西分成四个片，为一级农田保护区，面积为1000亩。

（2）工业发展区：以浏太公路北、胡家港东西两侧为工业发展区，占地面积从现有河东的80亩，再增加至河西的100亩。

（3）居民住宅区：全村拟将胡家港以东作为居民住宅区，占地面积为60亩。

（4）教育区：设在居民住宅区间，占地面积12亩，建筑面积2420平方米，现已交付使用。

（5）文化娱乐、商业、行政服务区：设在浏太公路南北两侧，占地面积150亩。

（6）副业区：在现有副业基地的基础上新增100亩（注：村住宅区基本完成之后开始实施）。

（三）经济发展规划

按照农村现代化农业要上水平、工业要上规模、各业经济要有新突破的要求，到2000年全村社会总产值实现2.2亿元，国民生产总值5300万元，人均国民生产总值6万元，全村人均收入1万元。

1.农业

农业围绕农田标准化、服务社会化、生产专业集约化为核心的现代农业迈进，到2000年，第一产业总产值1000万元，增加值200万元，第一产业所占比重降至5%。

（1）农田标准化：胡家港以西开好二条支河1520米，填没老河浜，建成暗渠3000米，形成路、渠配套，梁田成片的高产丰产方。

（2）服务社会化：建立一支适应现代农业发展的有偿服务队伍，实现粮食作物生产全过程机械化。

（3）生产专业集约化：在原有农场的基础上，进一步巩固、提高和发展，到2000年粮田规模经营面积在80%以上，做到粮食生产专业化。在副业生产上形成年产猪2000头、羽禽5000只、鱼200担及水果500担的副业生产规模基地。

2.工业

围绕高、精、尖、效益的发展路子，到2000年实现年产糖果6000吨，工业产值1.5亿元，工业增加值4500万元，职工人均收入1.2万元。

（1）以食品厂为龙头企业，组建太仓冠生园集团，逐步使企业集团向市级、省级集团靠拢，增强集团的市场占有率。

（2）增加企业投资，加快技术改造，到2000年村有企业固定资产总额达2850万元，平均每年新增投入100万元。

（3）开发新产品2只，引进独资项目2只，拓展市场，发展外向型经济。

3.三产

围绕一、二产业规划,接辐射,争主动,求发展,适应改革形式,调整一、二、三产业结构,到2000年实现产值1400万元,三产增加值600万元,形成贸易、商业、服务、旅游业等一体化的三产专业。

继续投资3180万元完成桃园度假村第二期工程,在浏太公路两侧投资120万元,形成商业网点,并建成一个投资200万元的贸易市场。

(四)村镇建设规划

1.道路规划:按照等级标准完成一条居民住宅区的主干道水泥路1200米,农业保护区的主干道1200米,宽12—15米,其次是支干道。

2.居民区规划:建成一个新型的农民公寓式5层楼,下设车库,每户有200平方米,形成上下二套公寓式房,设施达到通热、通电话、通卫星电视,1996年下半年启动,2000年完成200套,每40户为一个居民住宅小区,全村分为5个居民区。

3.文化娱乐区:桃园度假村有水上公园、古代建筑、有现代景点气息的别具一格的文化娱乐活动中心,建设好度假村第二工程,总投资5000万元。

4.水电、通信规划:建造好一个小型热水气站,安装500门总机程控电话。

(五)绿化、环保规划

道路、居民区绿化覆盖率在25%以上,使居民区达到绿化配套、环境优美,每区有一个观光景点,每区有一座公厕,建造三格式排水处理设施,各设二只垃圾箱,按照居民住宅区的排水工程,搞好工业污水处理,村域内水质保持国家卫生标准。

(六)精神文明建设规划

建设社会主义现代化新农村必须按精神文明建设的总要求作出规划。

1.思想、组织建设:充分发挥党组织的战斗堡垒作用,进一步健全村民委员会、村集体经济组织,村级工、青、妇等群众组织。制定遵纪守法教育和职业道德、社会公德等精神文明建设规划。按照《村民委员会组织法》的要求,充分发挥村民委员会群众自治组织的"自我管理、自我教育、自我服务"的作用,达到村民自治示范目标。

2.文化教育:在普及九年制义务教育的基础上普及12年制教育,幼儿入园率100%,高中教育普及率在80%以上,不断提高村民素质,到2000年在职职工的高中以上文化程度在50%以上,在此同时继续投资30万元完成横沥小学的后期工程。

3.计划生育:计划生育率达100%,按照2000年人人享有卫生保健的要求,按上级的标准建立好卫生室,配好医生,完善社会保障体系,对全村65岁以上的老人实行养老补助。

4.搞好综合治理,犯罪发案率控制在5%以内,严禁赌博、迷信,普法受教育率达100%。

（七）投资预算及资金来源

1.农田基本建设和水利河道规划，每年投资35万元，资金由合资企业上缴。

2.企业开发产品、项目、技术改造每年200万元，度假村二期工程和后花园商业网点投资3500万元，资金由太仓冠生园食品有限公司自筹。

3.居民住宅的公共设施每年投资100万元，资金由桃园度假村自筹。

4.横沥小学后期工程投资30万元，资金来源是太仓美佳乐塑料工厂的免税部分。

5.保护美化环境投资及其他投资，其资金由村自筹。

陆渡镇横沥村村委会

一九九五年八月二十日

## 横沥村环境综合整治工作总体规划

《国民经济和社会发展第十一个五年规划纲要（草案）》中提出的"村容整洁"要求是新农村建设的突破口和重要抓手，也是直接关系农民现实利益的问题。因此，做好"六清六建"农村环境综合整治工作具有重要意义。

近年来，横沥村在加快经济发展的同时，着力推进全村资源和环境的整合优化，逐步实现"企业向工业园区集聚，农民向居住小区集中，土地向规模经营集约"的发展格局。

基于本村的发展格局，我村的"六清六建"环境综合整治工作主要围绕以下几方面展开：

一、加强组织领导，建立健全工作责任制

成立专门的工作领导小组，由村党总支书记挂帅，村委会主任具体负责，村"两委"成员分工落实，确保各项工作抓紧、抓细、抓实、抓出成效；制订具体工作计划和工作机制，将任务分解落实；及时召开动员大会，通过村民代表、村民组长、党员各个层次向群众进行广泛宣传、发动，其间村领导班子成员，以身作则，积极带头参与，有效推动整治工作的深入开展。

二、加强宣传，提高全民生态保护意识

坚持不懈抓好有关"六清六建"的宣传教育工作，切实有效地促进群众环保意识的提高。一是利用会议、宣传栏、发放宣传资料等形式进行宣传，使村民不断提高"保护环境，人人有责"的意识；二是通过制定村规民约来规范村民行为，逐渐养成生态环境的荣辱观并转化为自觉行动；三是通过招募村民参加保洁队伍、做监督员等，来增强他们主动参与环境保护的积极性。

三、强化管理，不断推进"六清六建"工作的顺利开展

加强管理，通过软硬件两手抓，不断改善生态环境质量，提升品位，确保取得实实

在在的效果,使群众得实惠。

1.以实施"六清六建""三清一绿"工作为抓手,大力开展农村环境综合整治工作,提高村庄整体生态环境质量。

2.以"三改"(改水、改厕、改路)、"三绿"(绿色通道、绿色基地、绿色家园)为抓手,加快集中居住区建设,全村绿化覆盖率达21%。全村每户均用上了市自来水公司统一供应的长江水,饮用水卫生合格率100%。全村户用卫生厕所合格率100%,生活污水处理率100%。

3.抓好村域内的工业污染源治理工作,全面提高无公害农产品、绿色、有机生产基地的比例,秸秆、畜禽粪便的综合利用率等长期整治工作。

4.建立长效管理机制,落实人员、经费,确保取得实效。村每年投入20多万元用于日常保洁人员经费,组建了河道保洁、卫生保洁、绿化养护、义务监督四支队伍,共有人员30名,并建立了一套考核制度,定期检查考核,使环境卫生工作始终处于监督状态。为高效全面地实现"六清六建"环境综合整治工作,特制订此总体规划,望通过各方面的努力与通力合作,使本村的环境综合整治工作早日实现预期成果,真正为广大人民群众创建一个舒适、安全的生活环境,实现新农村梦想。

横沥村村民委员会

2005年5月

太仓市发展和改革委员会文件

太发改〔2007〕19号

关于对陆渡镇横沥村创建"省新农村生态家园示范村"

工作进行考核验收的申请报告

苏州市农林局:

去年,陆渡镇横沥村申报了"江苏省新农村生态家园示范村"的创建试点,自开展创建工作以来,该村严格按照《江苏省新农村生态家园示范村建设考核标准》,加强组织领导,周密部署,制订了实施方案,突出重点,狠抓落实,村庄生态环境得到美化优化,管理工作得到加强,受到了群众的欢迎和好评。

根据自查情况,该村已达到了各项创建考核指标,为客观评价创建工作成效,促进我村生态环境建设上水平,特申请贵局并转报上级有关部门组织对该村生态家园示范村创建工作进行考核验收。

特此申请。

太仓市发展和改革委员会

二〇〇七年三月二十日

# 编后记

在太仓高新区管委会和陆渡街道办党工委领导下,在太仓市史志办的工作指导下,2023年3月,横沥村党支部、村委会决定启动《横沥村志》的编纂工作。成立《横沥村志》编纂领导小组,由横沥村党总支原书记杨建钢、横沥村党总支书记蒋丽琴任组长。领导小组下设志稿编写工作组,聘请沙喜明、吴国良、顾正明负责《横沥村志》的编写工作。编写组人员面对工作量巨大的编写任务,下定决心不辜负横沥人民的信任和期望,发扬勇于担当、乐于奉献的精神,齐心合力、加班加点、不辞辛劳、攻坚克难,经过两年多的精心付出,《横沥村志》二更纲目,三易其稿,终于付梓。这是横沥村文化建设一项丰硕成果,可喜可贺。

《横沥村志》编写经历四个阶段的工作。第一阶段(2023年4—5月),学习、取经。首先参与史志办举办的编纂人员的义务培训,其次学习《太仓市志》《陆渡镇志》以及昆山市等先行村志编写经验,同时了解横沥村的历史发展现状,在此基础上拟定工作计划和编写纲目。第二阶段(2023年6—9月),资料采集和整理。面对村历史年代久远、跨越时间长,而众多档案史料严重缺失、难以寻觅的难题,编写组人员无所畏惧、克服困难、四处寻找。阅读相关志书、文档,搜寻有关资料,先后到市档案局、统计局、开发区土地局、镇、村档案室,以及街道办派出所等处查找有价值的资料,发动居民组长挨家挨户统计相关数据,以走访、座谈、交流等形式,重点采访老干部、老党员、老教师达395人次,获取大量口述资料。然后对搜集到的所有资料进行核实、筛选,归纳整理、去芜存菁。第三阶段(2023年10月至2024年7月),志书初稿编写。横沥村是一个平凡、普通且名不见经传的小村,我在写作方式上侧重以小见大,从微观资料着手,博采广收,记平凡事,写普通人。力求图文并茂、文字简洁、条理清晰、通俗易懂,提升志书的可读性。从编写内容上,接地气、抓特色、抓实情,侧重典型事例,简述共性内容,努力把村史写真、写实,充分体现横沥村的历史变迁。第四阶段(2024年8—12月),志稿审核、完善。2024年8月13日,由史志办领导、编纂领导小组和编写组人员共同参与的村志初稿评审会议召开,会上大家相互交流意见。史志办领导、专家对《横沥村志》初稿给予高度评价,并提出精辟独到的建议。于是我们针对性地对初稿进行补充、调整、修改、完善。12月,《横沥村志》通过太仓市村志编纂领导小组终审。

　　《横沥村志》的编纂、出版全过程,得到太仓市史志办、横沥村村委会等有关部门的支持,尤其是得到史志办领导范志芳和张庆老师的多次指导,得到横沥村历届老领导、老同志以及广大村民的热情帮助,在此一并表示衷心的感谢。

　　由于历史年代久远、史料缺失、口述资料或许有出入,史述有不完善的地方。由于编者阅历和水平有限,加上时间紧迫,在本志编纂中难免有谬误、疏漏和不完善之处,敬请各位领导、社会贤达、广大读者赐教指正。

编者

2025 年 3 月